> ケアマネジャー必携

居宅ケアプラン コンパクト文例集

居宅ケアプラン研究会

TAC出版

はじめに

　本書は居宅サービス計画書(2)の中心となる「生活全般の解決すべき課題（ニーズ）」と「長期目標」「短期目標」「サービス内容」を、単なる文例ではなく、実際の計画書のフォームに従って、ニーズ・目標・サービス内容を関連づけた形での実例集として作成したものです。
　実際の事例で作成した居宅サービス計画書を「ケアプラン点検支援マニュアル」（平成20年7月18日厚生労働省）などを参考に見直し編集しました。
　例えば、問題点・困りごと欄に記入するのはニーズの欄で「〜したい」となっていることの裏返しになっているかを確認しました。個々の原因・背景は、困りごとが発生する原因・背景でもあるので、複数あることも考えられます。
　一例を挙げますと、脊柱管狭窄症・半身麻痺・下肢筋力低下のために歩行困難なAさんの場合は以下のとおりです。

- **ニーズ**……………「不安なく歩行したい」
- **困りごと**…………「歩行困難（歩行時転倒不安）」
- **原因・背景**………「脊柱管狭窄症・半身麻痺・下肢筋力低下」
- **サービス内容**……「リハビリ」

　ニーズが同じ「不安なく歩行したい」であっても原因・背景の「脊柱管狭窄症・半身麻痺・下肢筋力低下」に、「室内移動時に支えがない」という背景が加わった場合の「支えの必要」を焦点にすると、

- **困りごと**…………「室内移動時、支えがない」
- **サービス内容**……「動線上に手すり設置」

となります。

ニーズが「友人と外食を楽しみたい」であれば、困りごとは「外出困難・友人と食事に行けない」ことになるでしょう。背景は「歩行困難」となり、サービス内容は「外出をいかに支援するか」になります。

　このように、脊柱管狭窄症・半身麻痺・下肢筋力低下のために歩行困難なＡさんですが、その状況から起きてくる困りごとはいくつもあって、それに対応したニーズもいくつかあり、それによって必要なサービス内容が変わってくるということになります。
　このような内容を計画書のフォームの中で、どのように表現できているかがポイントとなると思います。

　また、ニーズの抽出のためには、アセスメントにより利用者本人の生活上の困りごとを具体的に把握し、その困りごとの原因を明らかにすること、その困りごとについての本人や家族の意向を明らかにし、ニーズとしてまとめていくことが必要です。
　しかし、実際に作成したケアプランを振り返ってみると、そのようにはできていないものが多くあることに気づきました。手を加えて修正できたものもありますが、ケアプラン作成の時点で、そこまで実情を把握できずに介護をスタートした事例も少なからずありました。
　本書においてお気づきになった不備な点は他山の石として、よりよいケアプラン作成の参考としていただければ幸いに存じます。

本書の使い方

1 「居宅サービス計画書(2) 項目別検討ヒント集」の使い方

- 居宅サービス計画書(2)の「ニーズ」「長期目標」「短期目標」「サービス内容」各項目の記載内容を考えるためのヒントを掲載しています。ケアプラン作成に際して、具体的な事例の「生活上の問題点や困りごと」「原因・背景」をしっかりつかんだ上でご覧いただき、表現のヒントや新たな視点での文案作成のヒントとなれば幸いです。

2 「居宅サービス計画書(2) 項目別文例集」の使い方

- 2部構成になっています。
- 第1部は「生活上の問題点・困りごと」「原因・背景」「事例No.」「参照ページ」という項目で整理されています。
- 第2部は「事例No.」「ニーズ」「長期目標」「短期目標」「サービス内容」の項目で整理されています。
- まず、第1部の項目を見て、利用者の「生活上の問題点・困りごと」「原因・背景」を探します。次に、第1部と同じ「事例No.」を第2部において探します。すると、ケアプラン第2表作成に必要な「ニーズ」「長期目標」「短期目標」「サービス内容」を参照することができます。
- 第1部は第2部の索引の役割を果たし、第1部と第2部を分離して掲載しています。
- 本書ではニーズに「生活上の問題点・困りごと」「原因・背景」をかなり詳しく書き込み、ニーズの原因・背景がしっかりわかるようにしています。そのため、なぜそのような支援が必要なのかが明確にな

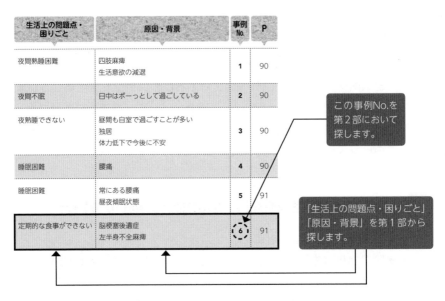
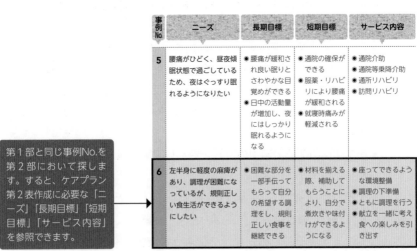

り、ニーズとサービス内容が具体的に結びつくようになっています。また、第1部と第2部のつながりもわかりやすくなっていると思います。実際に使われる場合は、もう少し簡略に書いてもかまいません。
- 同種類の困りごとが前後に並ぶように収録していますので、参照したページの前後を見れば、他の類似の事例も見ることができます。
- 実際に居宅サービス計画書(2)を作成する手順、すなわち、「①アセスメントにより利用者本人の生活上の困りごとを具体的に把握する、②その困りごとの原因を明らかにする、③その困りごとについて本人や家族の意向を明らかにし、ニーズとしてまとめていく」といった手順に従って使用いただけます。

③ 「居宅サービス計画書(1)総合的な援助の方針文例集」の使い方

総合的な援助の方針を作成するときにご覧ください。
方針をひとつにしぼった短文にしていますので、複数の方針が必要な場合は複数の文例を参照してください。

④ 「居宅サービス計画書 参考事例」の使い方

本書では居宅サービス計画書の中から「ニーズ」「長期目標」「短期目標」「サービス内容」だけを抜き出して、分野別に分類しています。そこで、実際の居宅サービス計画書の全体の構成を把握できるように、居宅サービス計画書の全体を掲載しました。フェイスシートも含めたひとつの実例となっています。居宅サービス計画書の全体を把握する際に参照してください。

居宅サービス計画書見直しのチェックポイント

　実際の事例で作成した居宅サービス計画書の見直しを行う際に使ったチェックポイントを以下に記載しました。
　計画書作成時のチェックポイントとして、ご利用いただければ幸いです。

問題点・困りごと、原因・背景

- 問題点・困りごと、原因・背景だけを見て、その利用者のニーズがある程度推測できるものになっているか？
- 問題点・困りごとと原因・背景で内容が重複していないか？

課題（ニーズ）

- 書かれた問題点・困りごと、原因・背景から出てきたニーズになっており、利用者またはその家族の生活に対する意向（〜したい）が表現されているか？
- 課題の中にサービスの種類（内容）を記載してしまっていないか？
- 「安全・安楽に過ごす」などの抽象的かつ誰にでもあてはまる表現になっていないか？（利用者その人にとっての安全・安楽とは何かを考え、具体的にその内容を表現していく）
- 介護サービスの利用の必要性のない課題（利用者や家族が取り組んでいく課題）についても記載されているか？　自立を目指す課題になっているか？
- 利用者の取り組むべき課題が明確になっているか？
- 利用者の望む生活を実現する課題になっているか？

長期目標

- 解決すべき課題(ニーズ)を目指した達成可能な目標設定になっているか？
- 抽象的・あいまいな目標になっていないか？
- 単なる努力目標になっていないか？
- 自立を目指す目標になっているか？
- 支援者側の目標やサービス内容を目標に設定していないか？
- 短期目標が一つずつ解決できた結果(ゴール)として表現されているか？(最終ゴールでなくてよい)

短期目標

- 長期目標を達成するための具体的・段階的な目標になっているか？
- サービス提供者が作成する個別サービス計画を立てる際の指標を含んでいるか？
- サービス提供者が作成する個別サービス計画の目標になることを意識したものになっているか？
- 抽象的な目標設定になっていないか？
- 「○○まで改善したい」とか「○○までできるようになる」など、利用者家族にとって具体的な達成目標や取り組み目標になっているか？

サービス内容

- 短期目標達成に必要なサービス内容になっているか？
- 医療ニーズの高い利用者には医療系のサービスも盛り込まれているか？
- 家族支援やインフォーマルサービスなども必要に応じ記載されているか？
- サービス提供事業者の担う役割が短期目標で表現しきれていない場合は、ここに記載されているか？

第1章 居宅サービス計画書(2)
項目別検討ヒント集

- » 00　全分野共通 ……………… 2
- » 01　生活リズム ……………… 2
- » 02　健康管理 ………………… 3
- » 03　病状管理 ………………… 3
- » 04　移動(屋内) ……………… 3
- » 05　移動(屋外) ……………… 4
- » 06　外出・交流 ……………… 4
- » 07　起居動作 ………………… 4
- » 08　整容 ……………………… 4
- » 09　食事 ……………………… 5
- » 10　排泄 ……………………… 5
- » 11　入浴 ……………………… 5
- » 12　家事 ……………………… 6
- » 13　生活環境 ………………… 6
- » 14　認知症 …………………… 7
- » 15　飲酒 ……………………… 8
- » 16　介護負担 ………………… 8
- » 17　経済的負担 ……………… 8

第2章 居宅サービス計画書(2)
項目別文例集　第1部

- » 01　生活リズム ……………… 10
- » 02　健康管理 ………………… 11
- » 03　病状管理 ………………… 14
- » 04　移動(屋内) ……………… 23
- » 05　移動(屋外) ……………… 28
- » 06　外出・交流 ……………… 34
- » 07　起居動作 ………………… 40
- » 08　整容 ……………………… 44

x

- » 09　食事 ………………………… 46
- » 10　排泄 ………………………… 51
- » 11　入浴 ………………………… 54
- » 12　家事 ………………………… 60
- » 13　生活環境 …………………… 67
- » 14　認知症 ……………………… 69
- » 15　飲酒 ………………………… 80
- » 16　介護負担 …………………… 81
- » 17　経済的負担 ………………… 88

第3章　居宅サービス計画書（2）
項目別文例集　第2部

- » 01　生活リズム …………………… 90
- » 02　健康管理 …………………… 94
- » 03　病状管理 …………………… 104
- » 04　移動（屋内） ………………… 130
- » 05　移動（屋外） ………………… 142
- » 06　外出・交流 ………………… 156
- » 07　起居動作 …………………… 173
- » 08　整容 ………………………… 185
- » 09　食事 ………………………… 190
- » 10　排泄 ………………………… 202
- » 11　入浴 ………………………… 210
- » 12　家事 ………………………… 228
- » 13　生活環境 …………………… 249
- » 14　認知症 ……………………… 254
- » 15　飲酒 ………………………… 289
- » 16　介護負担 …………………… 293
- » 17　経済の負担 ………………… 312

第4章 居宅サービス計画書(1)
総合的な援助の方針文例集

- 病状管理 …………………… 316
- 健康管理 …………………… 318
- 家事援助 …………………… 318
- 認知症 ……………………… 318
- 独居 ………………………… 319
- 転倒予防 …………………… 320
- 通院 ………………………… 320
- ターミナル期 ……………… 320
- 相談援助・手続き代行 …… 321
- 生活意欲の向上 …………… 321
- 心身機能の維持 …………… 321
- 人工肛門造設 ……………… 322
- 失禁 ………………………… 322
- 在宅生活の継続 …………… 322
- 環境整備 …………………… 322
- 家事援助 …………………… 323
- 外出交流 …………………… 323
- 介護負担 …………………… 324
- 医療との連携 ……………… 325
- QOLの向上 ………………… 326

第5章 居宅サービス計画書
参考事例

- サービス利用者名　Aさん ……………… 328
- サービス利用者名　Bさん ……………… 331
- サービス利用者名　Cさん ……………… 334

第 1 章

居宅サービス計画書(2) 項目別検討ヒント集

分野No.	ニーズ	長期目標	短期目標	サービス内容
00 全分野共通	● 現状の維持、改善のための自立を支援 ● 本人の意向、希望（必要性のある中で） ● 家族の意向、希望（必要性のある中で） ● 意向はなくても必要なこと ● 実現性のあること（改善・予防・現状維持） ● 医療的に必要なこと ● サービス内容を記載しない	● ニーズを目指した達成可能な目標 ● モニタリング（効果判定）しやすい目標に ● 抽象的・あいまいな目標にならないように ● 単にサービスの利用が目標にならないように	● 長期目標を達成するための段階的目標 ● サービス事業所が作成する個別サービス計画を立てる際の指標になっている ● 抽象的な目標にならないように ● モニタリング（効果判定）しやすい目標に	● 目標を達成するための取り組みとして記載 ● 目標達成のために必要な支援のポイントを記載 ● 自立支援に結びつくサービスとして位置づける ● 利用者自身が取り組むことを記載 ● 家族が取り組むことを記載 ● サービス提供事業者が担う役割を記載 ● 必要により医療的サービス・実費によるサービスも記載 ● 主治医意見書の内容反映 ● 地域のインフォーマルサービスの活用を検討
01 生活リズム	● 夜間熟睡したい	● 夜間熟睡できるようになる	● 原因の軽減を目標とする ● 睡眠継続の時間の増加を目標とする	● 身体的原因を改善する内容 ● 精神的原因を改善する内容 ● 環境的原因を改善する内容 ● 昼間の過ごし方を改善する内容 ● 同居家族との生活パターンの違いを改善する内容

第1章 居宅サービス計画書(2) 項目別検討ヒント集

分野No.	ニーズ	長期目標	短期目標	サービス内容
02 健康管理	● 適切な健康管理がしたい	● 必要十分な健康管理ができる	● 原因ごとの改善の具体的な事象で表せる中間目標	● 認知症をカバーする支援 ● 身体的原因をカバーする支援 ● 身体的原因を改善する内容 ● 意欲の向上を図る内容・対応 ● 生活習慣を改善する内容 ● 食生活を改善する内容
03 病状管理	● 病状の維持改善のための支援がほしい ● 病状の維持改善のための適切な治療を受けたい ● 不安を軽減したい ● 病状の悪化を防止したい	● 病状が改善する ● 病状の悪化を防げる ● 病状改善のための適切な行動ができる ● 病状に対する不安が軽減する ● 病状改善の意欲がもてる	● 病状改善の中間目標 ● 病状管理のための環境づくりの中間目標 ● 不安状態解消の中間目標 ● 不安状態解消の条件づくりの中間目標	● 病状改善のための支援 ● 医療との連携 ● 本人の役割 ● 家族の役割 ● 本人への対応方法 ● 傷病ごとの注意事項
04 移動(屋内)	● 室内の移動を自力でしたい	● 室内の移動が自力でできる	● 自力移動に向けた中間目標 ● 疾病改善の中間目標 ● 住環境改善の中間目標 ● リハビリの中間目標	● 疾病改善のための治療 ● 住環境の整備 ● 福祉用具の使用検討 ● リハビリ訓練 ● 本人の課題 ● 家族の課題

3

分野 No.	ニーズ	長期目標	短期目標	サービス内容
05 移動（屋外）	● 屋外の移動を自力でしたい ● 屋外の移動を介助によってしたい	● 屋外の移動の方法は、安定レベルを目標とする	● 自力移動に向けた中間目標 ● 移動状況の中間目標 ● 疾病改善の中間目標 ● 住環境改善の中間目標 ● リハビリの中間目標	● 疾病改善 ● 住環境の整備 ● 福祉用具の使用検討 ● リハビリ訓練 ● 本人の課題 ● 家族の課題 ● 介助支援
06 外出・交流	● 外出したり他者と交流したりする生活を送りたい	● 他者との交流ができるようになる	● 他者との交流に向けた条件づくり ● 交流に向けての中間的目標	● 機能回復・リハビリ ● 病状の改善 ● 精神的支援 ● 外出手段の提供 ● 外出・交流機会の提供 ● 情報の提供
07 起居動作	● 自分で寝返りや起き上がりがしたい	● 自分で寝返りや起き上がりができるようになる	● 身体的状況の改善レベル ● 自力での寝返りや起き上がりに向けた中間目標	● 機能回復・リハビリ ● 病状の改善 ● 精神的支援 ● 介助 ● 住環境の改善 ● 福祉用具の利用 ● 情報の提供
08 整容	● 自分で整容をしたい ● 介助により整容をしたい	● 整容ができるようになる ● 整容ができることで得られる効用	● 自立に向けての身体的状況改善の中間目標 ● 自立に向けた中間目標	● 機能回復・リハビリ ● 病状の改善 ● 精神的支援 ● 住環境の改善 ● 福祉用具の利用 ● 情報の提供

第1章 居宅サービス計画書(2) 項目別検討ヒント集

分野 No.	ニーズ	長期目標	短期目標	サービス内容
09 食事	●自分で食事したい ●介助により食事したい	●適切な食事ができるようになる ●適切な食事ができることで得られる効用	●自立に向けての身体的状況改善の中間目標 ●自立に向けた中間目標	●機能回復・リハビリ ●介助の内容 ●病状の改善 ●精神的支援 ●住環境の改善 ●福祉用具の利用 ●情報の提供
10 排泄	●自分で排泄したい ●介助により排泄したい	●目標とする方法で排泄ができるようになる ●目標とする方法でできた場合の効用	●自立に向けての身体的状況改善の中間目標 ●自立に向けた中間目標	●機能回復・リハビリ ●介助の内容 ●病状の改善 ●精神的支援 ●住環境の改善 ●福祉用具の利用 ●情報の提供
11 入浴	●自力で入浴したい ●介助により入浴したい	●目標とする方法で入浴ができるようになる ●目標とする方法で入浴できた場合の効用	●目標とする方法での入浴に向けての身体的状況改善の中間目標 ●目標とする方法での入浴に向けた中間目標	●機能回復・リハビリ ●介助の内容 ●病状の改善 ●精神的支援 ●住環境の改善 ●福祉用具の利用 ●情報の提供

分野 No.	ニーズ	長期目標	短期目標	サービス内容
12 家事	●自力で家事をしたい ●介助を得て家事をしたい ●家事はできないので支援してほしい	●自力で家事ができるようになる ●介助により家事ができる ●家事ができることで得られる効用	●自力で家事をするための身体的状況改善の中間目標 ●自力で家事ができるまでの中間目標 ●介助により家事をするための身体的状況改善の中間目標 ●介助により家事ができるまでの中間目標	●機能回復・リハビリ ●介助の内容 ●病状の改善 ●精神的支援 ●住環境の改善 ●福祉用具の利用 ●情報の提供
13 生活環境	●生活環境を整備・改善して現状の暮らしを継続したい ●現状の生活環境の整備・改善は困難なので転居したい	●生活環境が整備・改善できる ●生活環境を変えるための転居ができる ●生活環境が整備・改善できたことで得られる効用	●生活環境を整備・改善できる中間目標 ●生活環境を変えるための転居ができるまでの中間目標	●機能回復・リハビリ ●介助の内容 ●病状の改善 ●精神的支援 ●住環境の改善 ●福祉用具の利用 ●情報の提供 ●手続きの代行

第1章　居宅サービス計画書(2) 項目別検討ヒント集

分野No.	ニーズ	長期目標	短期目標	サービス内容
14 認知症	● 認知症の周辺症状を軽減したい ● 認知症による介護負担を軽減したい ● 認知症によりできなくなった日常活動を介助によりできるようにしたい ● 認知症により危険になった日常活動をサポートしてほしい ● 認知症の進行を予防したい	● 認知症の周辺症状を軽減できる ● 認知症による介護負担を軽減できる ● 認知症によりできなくなった日常活動を介助によりできるようになる ● 認知症により危険になった日常活動がサポートによりできる ● 認知症の進行の予防となる活動を継続できる ● 対応できたことで得られる効用	● 対応ができるまでの中間目標（個々の具体的な日常活動を目標にする）	● 機能回復・リハビリ ● 介助の内容 ● 病状の改善 ● 精神的支援 ● 住環境の改善 ● 福祉用具の利用 ● 本人の課題 ● 家族の課題 ● 情報の提供 ● 手続きの代行

分野 No.	ニーズ	長期目標	短期目標	サービス内容
15 飲酒	● 飲酒量を少なくしたい ● トラブルを軽減したい ● アルコール依存症を治療したい ● 家族の意向 ● 本人の意向	● 飲酒量が減少する ● 断酒が継続できる ● トラブルが軽減できる ● 飲酒以外の楽しみができる	● 長期目標に至るまでの中間目標（個々の具体的な日常活動を目標にする）	● 専門病院への通院 ● 医師・アルコールワーカーとの連携 ● 服薬管理 ● 介助の内容 ● 精神的支援 ● 住環境の改善 ● 断酒会への参加 ● 本人の課題 ● 家族の課題 ● 情報の提供 ● 手続きの代行
16 介護負担	● 適切な介護がしたい ● 介護負担の軽減が必要	● 適切な介護ができる ● 介護負担が軽減できる ● 上記により得られる効用	● 具体的な事象で表せる中間目標	● 介助の内容 ● 通所サービスの利用 ● 入所サービスの利用 ● 精神的支援 ● 住環境の改善 ● 福祉用具の利用 ● 本人の課題 ● 家族の課題 ● 情報の提供
17 経済的負担	● 適切な介護がしたい ● 介護費用の負担軽減が必要	● 適切な介護ができる ● 介護費用負担が軽減できる	● 具体的な事象で表せる中間目標	● 介助の内容 ● 住環境の改善 ● 福祉用具の利用 ● ボランティアの活用 ● 情報の提供 ● 手続きの代行

第 2 章

居宅サービス計画書(2)
項目別文例集
第 1 部

01 生活リズム

生活上の問題点・困りごと	原因・背景	事例 No.	P
夜間熟睡困難	四肢麻痺 生活意欲の減退	1	90
夜間不眠	日中はボーっとして過ごしている	2	90
夜熟睡できない	昼間も自室で過ごすことが多い 独居 体力低下で今後に不安	3	90
睡眠困難	腰痛	4	90
睡眠困難	常にある腰痛 昼夜傾眠状態	5	91
定期的な食事ができない	脳梗塞後遺症 左半身不全麻痺	6	91
昼夜逆転	独居から家族と同居になった 家族と生活リズムが違う	7	91
昼夜傾眠状態 身体機能低下	アルツハイマー型認知症 低血圧	8	92
夜間熟睡困難 日中することがない	四肢麻痺 趣味がない	9	92
熟睡困難	不安症	10	93

02 健康管理

生活上の問題点・困りごと	原因・背景	事例No.	P
一人暮らしの継続不安	左半身麻痺 思い出のある自宅で最後まで暮らしたい	11	94
下肢筋力低下	骨折入院 引きこもり	12	94
下肢筋力低下	骨折にて長期入院 閉じこもり	13	94
健康な食生活ができていない	認知症 調理と食材管理ができない	14	95
誤嚥不安（嚥下困難）	加齢により咀嚼・嚥下機能の低下 未受診	15	95
口腔内不衛生	認知症 口腔ケアができない	16	95
高齢のため健康不安	高血圧症 高脂血症 骨粗鬆症	17	96
歯磨きがしっかりできない	脳梗塞後遺症 右半身麻痺・拘縮	18	96
常に痛みを訴え、通院を要求する	心気症・Drハンティング 家族もどうしてよいのかわからない	19	96
食材管理ができない	認知症 賞味期限がわからず、同じ食材を買ってしまう	20	97

生活上の問題点・困りごと	原因・背景	事例No.	P
身体機能低下の不安	高齢のため身体機能が徐々に低下し、諦めと不安がある	21	97
他者との会話がない	意欲の喪失 デイサービスなど大勢の人の中には行きたくない	22	97
脱水症状の不安	認知症 独居	23	98
動作時の痛み	変形性両膝関節症 膝関節置換術はしたくない 下肢筋力低下	24	98
認知症になる不安	認知機能の低下と自分で決めつけている	25	98
認知症進行の不安	閉じこもり 物忘れや意欲の喪失	26	98
病状の悪化不安	変形性膝関節症 高血圧症 病状に合った食事ができていない	27	99
歩行が不安定	下肢筋力低下	28	99
歩行不安定 身体機能低下	脳出血術後	29	99
生活意欲の減退	うつ病 閉じこもり	30	100

生活上の問題点・困りごと	原因・背景	事例No.	P
閉じこもり	うつ病 ゴミ屋敷状態 独居	31	100
ＡＤＬの低下 受診・リハビリの意欲なし	不安症からなる廃用症候群 寝たきり 生活意欲の低下	32	100
体力低下の不安	今までできた家事ができなくなった 歩くことも億劫	33	101
日により気分が落ち込んで何もする気にならない	半身麻痺 歩行困難	34	101
喫煙習慣	咳き込みなどが多い 喫煙一日４０本以上	35	101
最近、本や新聞をあまり読まなくなった	原因不明	36	101
体力低下	半身麻痺 通所にはなじめない	37	102
転倒不安	立ちくらみ 骨粗鬆症	38	102
話が伝わらない	高度難聴	39	102
褥瘡悪化不安	半身麻痺 両下肢拘縮 寝たきり状態	40	103

03 病状管理

生活上の問題点・困りごと	原因・背景	事例No.	P
おむつかぶれでかゆい	寝たきり	41	104
カテーテルの管理困難	尿閉のため自己導尿 独居 手のふるえ	42	104
コミュニケーション困難	脳梗塞後遺症 言語障害	43	104
ストーマーの管理困難	大腸癌 人口肛門造設	44	104
ひとりで通院ができない	慢性心不全 独居	45	105
医師の指示が受け入れ困難	知的障害 思い込みが強く新しい指示の受け入れに時間がかかる	46	105
横になると背中やお尻が痛い	脊柱管狭窄症	47	105
癌進行の不安	体調により通院も困難	48	105
緊急時不安	慢性心不全 独居	49	106
血圧不安定	高血圧症 心不全	50	106

生活上の問題点・困りごと	原因・背景	事例No.	P
血圧不安定	高血圧症 糖尿病 肥満	51	106
血糖コントロール困難	糖尿病 食事療法とインシュリン注射 理解力・病識不足	52	106
血糖値が高い	糖尿病	53	107
呼吸困難の不安	咽頭癌 身寄りなし	54	107
再発不安	脳梗塞後遺症 半身不全麻痺	55	107
歯の痛みで食欲減退	歯槽膿漏	56	107
持病の悪化が不安	慢性腎不全	57	107
自力通院困難	腎不全 透析治療の継続必要 家族の介助困難	58	107
失語症	脳梗塞後遺症 リハビリの意欲あり 家族の協力あり	59	108
食事療法ができない	糖尿病 食事療法が必要 間食がやめられない 独居	60	108

生活上の問題点・困りごと	原因・背景	事例No.	P
食事療法ができない 病状悪化不安	糖尿病 糖尿病性腎症 高血圧症	61	108
食欲不振	肝硬変 意欲の喪失 病状の悪化	62	109
心疾患による不安・孤独感	家事もできない 自分でどうしてよいかわからない	63	109
生活全般困難	心臓病 心的ストレス 夫も要介護状態 入退院の繰り返し	64	109
足腰の筋力低下	転倒骨折術後	65	109
足腰の痛み	骨粗鬆症 度重なる骨折	66	110
体位変換困難	骨折からの寝たきり 褥瘡の予防・悪化防止必要	67	110
体調管理困難	認知症 医師の指示も忘れ、服薬管理もできない	68	110
体力低下	外出・運動の機会がなくほとんど自宅内で過ごしている 適切な食事が摂れていない 生活意欲低下	69	110

生活上の問題点・困りごと	原因・背景	事例No.	P
単独歯科受診困難	軽度認知症 医師の指示説明の理解困難 昼間独居	70	111
通院拒否	胃の不快感が続いている	71	111
通院困難	アルツハイマー型認知症 医師の指示説明の理解困難	72	111
通院困難	狭心症 気管支喘息	73	111
通院困難 医師の指示説明の理解困難	慢性骨髄性白血病 硬膜下血腫で術後下肢不全麻痺 判断力の低下	74	112
通院困難 妻も高齢のため十分に管理ができない	右半身麻痺 肺梗塞後遺症 労作性狭心症 大腸癌術後 アルツハイマー型認知症	75	112
転倒不安	眩暈、ふらつき 体力の低下	76	112
二次性貧血 転倒不安	慢性関節リウマチに伴う貧血	77	113
認知症の悪化不安	認知症状 老々介護	78	113
認知症進行不安	初期認知症	79	113

生活上の問題点・困りごと	原因・背景	事例No.	P
脳梗塞の再発不安 認知症の悪化不安	脳梗塞後遺症 認知症状 老々介護	80	114
脳梗塞再発不安	半身麻痺 運動不足で肥満気味	81	114
背中の床ずれ湿疹	寝たきり 老々介護	82	114
病状に合った食事ができない	腎臓病 糖尿病 調理はできない	83	115
病状の悪化不安	慢性心不全 通院ができない	84	115
病状管理困難	双極性障害 糖尿病	85	115
病状進行に対する不安	大腸癌術後	86	116
頻尿、夜中に何度もトイレに行く	前立腺肥大	87	116
服薬の調整が難しく、在宅療養困難	パーキンソン病 自宅療養希望	88	116
服薬管理困難	右半身麻痺 回復意欲の減少 薬の飲み忘れが多い	89	117

生活上の問題点・困りごと	原因・背景	事例No.	P
歩行困難	腰・膝の痛み	90	117
両膝の痛みで歩行困難	変形性両膝関節症 通院困難	91	117
リハビリ通院介助困難	退院後のリハビリ継続必要	92	117
医師との連携困難	知的障害 透析が必要になる可能性大	93	118
医師との連携困難	軽度認知症 糖尿病悪化 たった一人の身内の妹も高齢で支援できない	94	118
痛みの原因がわからない	心気症 長期にわたり体調不良を訴える	95	118
関節の痛みが激しい	慢性関節リウマチ	96	119
在宅での病状変化を医師にうまく伝えられない	パーキンソン病	97	119
病状の改善意欲の喪失	肝硬変 家族は意欲回復希望	98	119
歩行不安でひとりで通院ができない	狭心症 両変形性膝関節症	99	119
慢性疾患の管理困難	軽度認知症 糖尿病 身寄りがない	100	120

生活上の問題点・困りごと	原因・背景	事例No.	P
病状管理困難 服薬管理困難	認知力の低下 ひどい物忘れ	101	120
言語障害で他者との交流が困難	脳梗塞後遺症 右半身麻痺	102	121
医師の指示受け入れ困難	判断力の低下 ひどい物忘れ	103	121
カニューレ装着部の皮膚のトラブル	咽頭癌 気管切開	104	121
関節拘縮不安	寝たきり	105	122
原因がわからず治療ができない	不安症 引き込もり Ｄｒハンティング	106	122
自宅療養希望	パーキンソン病 服薬調整入院を勧められている	107	122
自立意欲はあるが、身の回りのことが困難になってきている	パーキンソン病 増悪に対する不安	108	122
通院や服薬管理が困難	認知症 息子と二人暮らし 母親の心配はしているが就業時間が長いためかかわりが少ない	109	123

生活上の問題点・困りごと	原因・背景	事例No.	P
通院拒否	うつ病 多疾病あり 昼間独居 家族が忙しく利用者とゆっくり向き合えない	110	123
転倒不安	貧血によるふらつき	111	123
認知症症状の不安	一日中うつろな感じ 食事も忘れる	112	124
病状の増悪不安	間質性肺炎 在宅治療の継続を希望	113	124
病状管理ができない 医師の指示受け入れ困難	判断力の低下 ひどい物忘れ	114	125
病状変化に対する不安	老々介護 自宅療養希望	115	125
病状や管理方法がよく理解できない	軽度認知症 糖尿病性腎症	116	125
胃瘻部周囲の皮膚状態の管理困難	胃瘻造設	117	125
下肢の痛みが強い	糖尿病性神経症	118	126
関節の拘縮と筋力低下に不安	半身麻痺	119	126

03 病状管理

生活上の問題点・困りごと	原因・背景	事例No.	P
血圧が不安定	食道静脈瘤 高血圧で破裂の恐れ	120	126
拘縮の進行不安	両下肢運動機能低下により関節拘縮	121	126
仙骨部に褥瘡	一日中ベッドで臥床	122	127
冬になると頑固なかゆみがある	老人性乾燥肌と思っているが受診はしていない	123	127
糖尿病性壊疽の不安	糖尿病性神経障害	124	127
糖尿病の放置	かかりつけ医がおらず、放置している 独居	125	127
内服薬が適切に服用されていない	独居	126	128
膝・腰の痛みがひどく、体全体がつらい	両膝関節痛・腰痛 身体機能低下	127	128
膝の痛み	歩行・外出したい	128	128
歩行が不安定である	脳梗塞後遺症で左片麻痺	129	128
薬をうまく取り出せない	脳卒中後で右片麻痺	130	128
糖尿病の治療困難	軽度認知症 昼間独居 日課の理解ができない	131	129

04 移動（屋内）

第2章　居宅サービス計画書(2) 項目別文例集第1部

生活上の問題点・困りごと	原因・背景	事例No.	P
室内自立移動困難	半身麻痺 歩行困難	132	130
歩行時転倒頻回	硬膜下血腫で術後3か月 下肢不全麻痺 室内に物が散乱している 自分では歩けると思っている	133	130
歩行不安定	片麻痺 下肢筋力低下 転倒不安	134	130
室内でよく転倒する	歩行不安定	135	130
歩き方がわからない	認知症 下肢筋力低下	136	131
歩行不安定	半身不全麻痺 腰部圧迫骨折 下肢筋力低下	137	131
家の中で移動時に転倒があり、転倒しそうになることも多い	脊柱管狭窄症 膝・腰痛	138	131
一日中ベッドで横になっている	頸椎損傷 下肢麻痺	139	131
移動時転倒不安	脳梗塞後遺症 半身麻痺	140	132

生活上の問題点・困りごと	原因・背景	事例No.	P
屋内を安全に移動できない	下肢筋力低下 転倒不安	141	132
自宅内歩行に介助必要	介助なく歩行希望	142	132
室内移動困難	パーキンソン病 自立意欲あり	143	132
室内の移動に介助必要	腰部ヘルニアで坐骨神経痛が顕著	144	133
諸動作困難	脳梗塞後遺症 右半身麻痺 自立希望	145	133
転倒不安で室内移動が困難	脳梗塞後遺症 リハビリ通院訓練中	146	133
トイレまでひとりで行けない	半身麻痺 腰痛 手すりなし	147	133
歩行困難	知的障害B2 両膝関節人工骨置換術後 独居	148	134
歩行時に痛み 骨折不安	変形性両膝関節症 下肢筋力低下	149	134
歩行に障害がある	独居 室内散乱 骨折術後	150	134

生活上の問題点・困りごと	原因・背景	事例No.	P
歩行困難	脳梗塞後遺症 在宅生活の継続希望	151	135
移動時ふらつき	心臓疾患 身体機能低下 起立性低血圧	152	135
室内移動困難	下肢筋力低下 転倒骨折不安 すり足状態	153	135
転倒不安	脳梗塞後遺症 自立歩行希望	154	136
転倒不安	下肢筋力低下 歩行不安定	155	136
歩行不安定	大腿骨骨折	156	136
歩行不安定	膝・腰痛	157	136
トイレへの移動困難	下肢筋力低下 転倒不安 長期入院	158	137
転倒不安で屋内歩行困難	下肢筋力低下	159	137
室内移動困難	間質性肺炎 労作時呼吸困難	160	137
寝たきり	半身麻痺 歩行困難	161	138

04 移動（屋内）

生活上の問題点・困りごと	原因・背景	事例No.	P
歩行不安	脳梗塞後遺症 ベッドから離れない	162	138
転倒不安	脳梗塞後遺症 右半身麻痺	163	138
歩行不安定	パーキンソン病	164	138
室内の移動時に支えがないと転倒の恐れがある	第1腰椎圧迫骨折 骨粗鬆症	165	139
転倒不安	下肢筋力低下	166	139
トイレへの移動困難	下肢筋力低下 トイレに段差	167	139
室内移動困難 転倒不安	下肢筋力低下 転倒不安	168	139
歩行不安定	下肢筋力低下 借家 手すりの設置が困難	169	140
室内移動困難	脳梗塞後遺症 半身不全麻痺	170	140
歩行不安定 転倒不安	脳梗塞後遺症 半身不全麻痺	171	140
転倒不安	糖尿病性神経症 下肢にしびれがあり、感覚が鈍い 自宅内に段差が多い	172	140

生活上の問題点・困りごと	原因・背景	事例No.	P
歩行困難	脳梗塞後遺症 半身麻痺 老々介護	173	141

04 移動（屋内）

05 移動（屋外）

生活上の問題点・困りごと	原因・背景	事例No.	P
外出困難 閉じこもり	半身麻痺 廃用症候群で歩行困難 買い物がしたい	174	142
通院困難	下肢筋力低下	175	142
通院困難	狭心症 気管支喘息	176	142
通院困難	半身不全麻痺 腰部圧迫骨折 下肢筋力低下	177	142
通院困難	膝関節炎 歩行時に痛み	178	142
通院困難	両膝関節変形症 腰部ヘルニア	179	143
通院困難	両膝関節変形症 脊柱管狭窄症による腰痛	180	143
通院困難 歩行不安定	慢性骨髄性白血病 硬膜下血腫後遺症 下肢不全麻痺	181	143
転倒不安	認知症 下肢筋力低下	182	143
買い物困難	両膝関節変形症 腰部ヘルニア	183	144

生活上の問題点・困りごと	原因・背景	事例No.	P
歩行困難	変形性膝関節症 歩行時に強い痛み 肥満	184	144
転倒不安	糖尿病 糖尿病性神経症 下肢痺れあり 歩行不安定	185	144
毎日の買い物に行けない	腰椎脊柱管狭窄症	186	144
外出困難 買い物に行けない	パーキンソン病状悪化 買い物・調理に意欲あり	187	145
乗降困難	認知症 下肢筋力低下	188	145
単独外出困難	筋力低下	189	145
単独外出困難	左下腿切断 車いすで外出 単独通院・外出希望	190	145
単独通院困難	糖尿病性神経症 下肢の痺れ	191	146
単独通院困難	糖尿病性視力障害	192	146
通院介助が必要	糖尿病（服薬治療中） 変形性膝関節症 半身不全麻痺 同居家族は就業	193	146

05 移動（屋外）

生活上の問題点・困りごと	原因・背景	事例No.	P
通院拒否	独居 軽度認知症	194	146
通院困難	四肢拘縮 歩行困難 歯科受診希望	195	147
通院困難	腎不全 透析治療の継続必要 家族の介護力不十分	196	147
通院困難	通院介助が必要 老々介護	197	147
通院困難	歩行不安定 長期入院で下肢筋力低下	198	147
通院困難	慢性関節リウマチで痛み激しい	199	147
通院困難	両膝の痛み 歩行困難	200	148
転倒不安	下肢筋力低下 脊柱管狭窄症	201	148
転倒不安 買い物に行けない	下肢筋力低下 ふらつき転倒が多い	202	148
転倒不安大	認知症 下肢筋力低下	203	148

生活上の問題点・困りごと	原因・背景	事例No.	P
ひとりでの通院が困難	両下肢麻痺 歩行困難	204	149
歩行困難	糖尿病性神経症 下肢に痺れ感強く痛みがある	205	149
歩行困難	半身麻痺 下肢筋力低下	206	149
歩行困難 2階からの外出ができない	下半身麻痺 2階が生活の場である	207	149
歩行困難 リハビリ通院ができない	車いす介助で通院していたが、介助者の腰痛で介助できない	208	150
外出困難 買い物に行けない	下肢筋力低下 室内は家具や壁を支えに移動	209	150
外出不安・転倒が多い	下肢筋力低下 転倒が多く室内歩行は手引き介助必要	210	150
体力低下 外出不安	脳梗塞後遺症 半身麻痺	211	150
通院時に玄関から道路までの階段昇降困難	歩行困難 自宅玄関から通路までに階段がある	212	151
通院の行き帰りが困難	下肢麻痺	213	151
通院不安	膝関節置換術後	214	151

生活上の問題点・困りごと	原因・背景	事例 No.	P
通院困難	心不全 少し歩くと息苦しい	215	151
通院困難	歩行困難 車いす介助移動	216	152
通院困難	慢性骨髄性白血病	217	152
通院困難	透析通院中 体力の低下	218	152
通院困難	入院により著しく歩行能力が低下 老々介護	219	152
通院困難	移動・移乗動作が不安定 身体機能低下	220	152
通院困難	糖尿病性腎症 透析通院 介護者の体調不良	221	153
通院困難（介助必要）	下肢麻痺 介護者の体調不良時、介助者なし	222	153
通院時や通所の送迎車から玄関まで移動困難	転倒による恥骨骨折	223	153
転倒不安	長期入院 下肢筋力低下 自立歩行を目指す	224	153

第2章　居宅サービス計画書（2）項目別文例集第1部

生活上の問題点・困りごと	原因・背景	事例No.	P
通院困難	下肢麻痺 自走車いすでの通院希望	225	153
通院困難	不整脈が頻回	226	154
通院困難	視力障害 転倒不安	227	154
通院困難	膝・腰痛	228	154
通院困難	狭心症 乗降困難 院内もひとりでは移動できない	229	155

05 移動（屋外）

06 外出・交流

生活上の問題点・困りごと	原因・背景	事例No.	P
ひとりで外出ができない 社会参加の機会がない	左半身麻痺 歩行不安定 独居 他市より転入し、友達がいない	230	156
意欲の喪失 自信喪失	軽度認知症 ひどい物忘れ	231	156
歩行不安定	身体機能低下 一人暮らしで話す相手がいない	232	156
意欲の喪失 友達と食事や旅行ができない	肺炎で入院生活3ケ月 うつ病	233	157
おしゃべりできる友人がいない	転入し、友達がいない	234	157
外出・交流の意欲の喪失	軽度認知症	235	158
外出困難	下肢筋力低下 歩行不安定 閉じこもり	236	158
外出したいができない	膝関節症 歩行時に痛み	237	158
外出し他者との交流がしたいができない	下肢筋力低下 歩行不安定	238	159
外出できず、人と交流できない	下肢筋力低下により自力歩行が困難	239	159

生活上の問題点・困りごと	原因・背景	事例No.	P
外出不安 閉じこもり	高血圧症 狭心症 変形性両膝関節症	240	159
買い物困難	肺気腫	241	159
買い物などの外出ができない	半身麻痺 歩行困難 独居	242	160
気持ちはあるが体が動かない	うつ病 身体機能低下	243	160
自分に自信が持てない	四肢麻痺 人との交流を希望	244	160
社会参加ができない	認知症 他者とのコミュニケーションを避けている	245	161
社会参加困難	身体機能低下 右上肢麻痺 歩行不安定	246	161
社会参加の機会が少ない	アルツハイマー型認知症 仕事人間で社交性はあるが、退職後、物忘れが始まった	247	162
社会参加の機会が少ない	生活意欲の減退 歩行困難	248	162
趣味の将棋・囲碁に行けない	骨折後の下肢筋力低下	249	162

生活上の問題点・困りごと	原因・背景	事例No.	P
生活意欲の減退 閉じこもり	肺炎で長期入院、退院後の落ち込み うつ病	250	163
外に出たがらない	認知症	251	163
他者との交流が困難	脳梗塞後遺症 右半身麻痺 言語障害	252	163
他者との交流がしたいが機会がない	転入直後で知り合いがいない	253	163
他者との交流がしたいが離床できない	対麻痺で歩行困難 ベッド上の生活	254	164
他者との交流ができない	ひどい物忘れ 自信喪失	255	164
他者との交流がない	鬱症状出現 下肢筋力低下 独居	256	164
段差の障害で外出困難	下肢麻痺 室内も車いす介助	257	165
町内会の行事に参加できない	半身麻痺	258	165
通所や通院のための外出準備が間に合わない	軽度認知症 時間の観念がない 声かけしないと起きられない 家族不在	259	165

第2章　居宅サービス計画書(2)　項目別文例集第1部

生活上の問題点・困りごと	原因・背景	事例No.	P
デイサービスのための外出準備ができない	右半身麻痺 更衣動作困難 家族が準備できない	260	165
転倒不安のため碁会所に行けない	長期骨折入院 筋力低下	261	166
転居し話す相手がいない	気管支炎喘息 不眠症 左脛骨骨折後下肢筋力低下	262	166
閉じこもり	肺気腫 動作時息切れ 昼間独居	263	166
閉じこもり	半身不全麻痺 最近転居してきたため友人もいない	264	167
閉じこもり	膝・腰痛 歩行困難	265	167
閉じこもり	慢性関節リウマチ 独居 気分が晴れない	266	167
友達と外出したいができない	慢性腎不全	267	167
友達とグランドゴルフをしたいができない	下肢筋力低下 安全歩行ができない	268	168

06 外出・交流

37

生活上の問題点・困りごと	原因・背景	事例No.	P
庭の花壇の世話ができない	脊柱管狭窄症 下肢筋力低下 立ち座り不安定	269	168
畑仕事ができなくなった	腰部ヘルニア術後	270	168
引きこもり 痛みと今後の不安	糖尿病性神経症 痺れや痛みで歩行困難	271	168
人と会うのを嫌がり閉じこもり	右半身麻痺 言語障害 以前は社交的	272	169
人との交流ができない	左半身不全麻痺 外出困難	273	169
ひとりで買い物に行けない	下肢筋力低下による歩行不安定 荷物が持てない	274	169
病院送迎車に合わせての外出準備が間に合わない	日課の理解ができない 家族就業	275	170
歩行状態悪化 閉じこもり	股関節骨折術後、生活意欲の減退	276	170
ほとんど外出しない	自宅で横になり、ひとりで過ごしている 独居	277	170
友人と食事に行きたいが行けない	大腿骨骨折 歩行不安定	278	171
室内閉じこもり	テレビを見て過ごしていることが多い	279	171

第2章　居宅サービス計画書(2)　項目別文例集第1部

生活上の問題点・困りごと	原因・背景	事例No.	P
人と接するのを避けるようになっている	関節リウマチ おしゃれができない 容姿を人に見られたくない	280	171
通院時の交通機関利用不安	身体機能低下	281	172
通院時や通所の送迎車から玄関まで移動困難	玄関までが遠い	282	172
言語障害で他者との交流が困難	脳梗塞後遺症 右半身麻痺	283	172

06　外出・交流

07 | 起居動作

生活上の問題点・困りごと	原因・背景	事例No.	P
ベッドに寝たきりの状態である	起居・座位保持・移乗ができない	284	173
痛みがひどく起き上がりができない	脊柱管狭窄症	285	173
起き上がり・立ち上がりが困難	心不全 半側麻痺	286	173
起き上がり困難	脊柱管狭窄症 手術を勧められているが拒否	287	174
座位保持困難	脳梗塞後遺症	288	174
座位保持困難	脳梗塞後遺症	289	174
座位保持困難 昼夜の変化がない	右半身麻痺 拘縮あり	290	175
自分で座位がとれない	半側麻痺	291	175
褥瘡の予防・悪化防止	体位変換ができない	292	175
自力で起き上がりができない	半側麻痺	293	176
体位変換困難	半身麻痺 右上肢拘縮	294	176
寝起きに痛み	脊柱管狭窄症	295	176

生活上の問題点・困りごと	原因・背景	事例No.	P
寝返りや起き上がりができない	半身麻痺	296	176
ベッドが低く起居動作が困難	左半身不全麻痺 変形性膝関節症	297	177
離床・座位姿勢ができない	身体機能の低下	298	177
離床できない	半側麻痺	299	177
家族と一緒に食卓で食事ができない	脳梗塞後遺症 起居動作困難	300	178
起居動作ができない	半側麻痺	301	178
起居動作ができない	半側麻痺	302	178
起居動作ができない 起居動作困難	股関節骨折による廃用性	303	179
起居動作困難	心不全 半側麻痺	304	179
起居動作困難	半身不全麻痺 腰部圧迫骨折 下肢筋力低下	305	179
起居動作困難	ALS	306	180
起居動作困難	関節リウマチ 心疾患	307	180

生活上の問題点・困りごと	原因・背景	事例No.	P
起居動作困難	高齢による衰弱	308	180
起居動作困難	脊柱管狭窄症	309	180
起居動作困難	脳梗塞後遺症	310	181
起居動作困難	脊柱管狭窄症	311	181
起居動作困難	自費で購入のベッドが古くなり故障	312	181
起居動作困難	心臓疾患 身体機能低下 起立性低血圧	313	181
座位保持困難	肺梗塞後遺症	314	182
座位保持困難	半身麻痺	315	182
座位保持困難	半側麻痺	316	182
座位保持困難 座って会話ができない	肺梗塞 息切れや咳のためほぼ臥床している 好きな時に寝起きができるようにしたい	317	183
褥瘡不安	肺梗塞後遺症 座位姿勢をとるとお尻に痛みが出てくる	318	183
起居動作困難	半身麻痺 小さい体の高齢の妻が介護者	319	183
起居動作困難	間質性肺炎	320	184

生活上の問題点・困りごと	原因・背景	事例No.	P
起居動作困難	頚部脊柱管狭窄症 軽度の四肢麻痺	321	184
起居動作困難	自費で購入のベッドが古くなり故障	322	184

08 整容

生活上の問題点・困りごと	原因・背景	事例No.	P
口腔ケアや身だしなみができない	右半身麻痺	323	185
更衣困難	右半身麻痺	324	185
義歯調整のための通院が困難	右半身麻痺 義歯不具合 食べにくいため食欲減退	325	185
口腔ケアができない	パーキンソン病 振戦	326	185
口腔ケアができない	関節リウマチ 手指の痛みで力が入らない	327	186
口腔ケアができない	左半身麻痺 認知症 家族は自営業で介護時間にゆとりがない	328	186
口腔ケアができない	寝たきり状態 廃用症候群	329	186
口腔ケアができない 口臭が強い	認知症	330	186
整容困難 通所の迎え時間に遅れる	寝起きが悪い 他者に気を遣うため反動で妻に当たり、介護拒否するために時間がかかる	331	187
入浴困難 整容困難	関節リウマチ おしゃれができない 容姿を人に見られたくない	332	187

第2章　居宅サービス計画書(2)　項目別文例集第1部

生活上の問題点・困りごと	原因・背景	事例No.	P
歯磨きができない	軽度認知症 歯肉炎 独居	333	187
モーニングケアができない	加齢黄斑変性 ほとんど視力無し	334	188
モーニングケアができない	軽度認知症	335	188
口腔ケアができない	脳梗塞後遺症で日常動作が困難 右半身麻痺	336	188
自分で歯磨きができない	日中もほとんど臥床状態 慢性気管支炎 歯槽膿漏	337	189
着衣がうまくできない	脳卒中後遺症	338	189

08 整容

09 食事

生活上の問題点・困りごと	原因・背景	事例No.	P
1日1食しかとらないことが多く低栄養と診断されている	独居で倦怠感が強くなっている	339	190
胃瘻拒否	咽頭癌	340	190
自分で食事ができない	上肢（肩関節・手首・手指）の動きが悪い	341	190
自力で食事ができない	関節リウマチ 握力低下	342	190
食事の栄養バランスが不適切	調理の知識がない	343	191
食事を忘れる	認知症 家族就労のため、日中独居 食事の声かけが必要	344	191
食事中むせることが時々ある	嚥下不全	345	191
食欲不振	軽度の認知症 体力低下	346	191
調理困難	糖尿病 糖尿病性腎症	347	192
病状に合わせた調理ができない	糖尿病 慢性腎不全 高血圧症 半身麻痺 右手指拘縮	348	192

生活上の問題点・困りごと	原因・背景	事例No.	P
栄養管理困難 調理ができない	糖尿病性腎症 認知力の低下	349	192
栄養バランスのよい食事が摂取できていない	硬膜下血腫で術後下肢不全麻痺 同居の妻は長期入院中	350	193
家族とともに食事ができない	身体機能の低下 日中も寝たきり	351	193
誤嚥不安	脳梗塞後遺症 認知症 家族は自営業で介護時間にゆとりがない	352	193
誤嚥不安（嚥下困難）	脳梗塞後遺症	353	194
誤嚥不安（嚥下困難）	脳梗塞後遺症 一度にたくさん頬張る	354	194
誤嚥不安（嚥下困難）	脳梗塞後遺症 軽度認知症	355	194
誤嚥不安（嚥下困難）	半身麻痺 嚥下機能低下 家族の介助が時間的に困難	356	195
座位で食事をしたいが起居動作・座位保持困難	脳梗塞後遺症 半身麻痺 高齢の介護者の負担が過重	357	195

生活上の問題点・困りごと	原因・背景	事例No.	P
食事介助に時間がとれない	半身麻痺 声かけをしても反応がなく、食事にかなりの時間がかかる 介護者は就業中	358	195
食事コントロールができない	糖尿病 食事療法が必要 独居	359	196
食事摂取困難	両下肢麻痺拘縮 上肢は廃用症候群 座位では倒れやすい 家族は就業中	360	196
食事摂取量の低下	食欲減退 肝硬変 脱力感	361	196
食欲不振 体力低下	原因不明	362	197
自力摂食困難 食事介護困難	脳梗塞後遺症 半身麻痺 両下肢ともに機能低下 妻が腰痛発症	363	197
摂食困難	認知症で、声かけをしないと食べない 日中独居	364	197

第2章 居宅サービス計画書(2) 項目別文例集第1部

生活上の問題点・困りごと	原因・背景	事例No.	P
調理困難 定期的な食事摂取困難	半身不全麻痺 腰部圧迫骨折 下肢筋力低下 糖尿病	365	198
糖尿病に適した食事ができていない	糖尿病 視力障害 末梢神経障害	366	198
用意されたおかずや配食弁当はほとんど手を付けず残している	廃用症候群 独居 食事を届ける息子の妻が食事の工夫を要望	367	198
離床困難 移動困難	寝たきり状態 座位での食事摂取を希望	368	199
栄養管理困難	糖尿病 血糖値のコントロールが必要 知的障害	369	199
栄養管理困難 調理ができない	糖尿病 食事制限 独居 ずっと外食・惣菜で済ませていた	370	199
食事の準備ができない	鬱症状 気力減退 体重の減少 独居	371	200
食欲不振	生活意欲の減退 デイサービスは行きたくない	372	200

09 食事

生活上の問題点・困りごと	原因・背景	事例No.	P
適量の食事摂取困難	認知症 糖尿病が悪化している	373	201

10 排泄

第2章 居宅サービス計画書(2) 項目別文例集第1部

生活上の問題点・困りごと	原因・背景	事例No.	P
トイレまでの移動に介助が必要	半身麻痺	374	202
自発的に排泄ができない	認知症 家族就労のため、日中独居 排泄時、声かけが必要	375	202
失禁後の掃除に気兼ね	切迫性尿失禁 トイレ移動が間に合わない 高齢の夫に後始末をさせたくない	376	202
排泄介助必要	両下肢麻痺拘縮 上肢は廃用症候群 座位では倒れやすい 家族は就労	377	202
おむつ交換ができない	脳梗塞後遺症 身体機能低下 廃用症候群 高齢の夫が介護	378	203
おむつ交換や更衣の際の家族の介護負担大	寝たきり状態 老々介護 介護者の腰痛	379	203
おむつに排尿 尿臭が強い	尿意がない おむつの汚れ感覚がない	380	203
おむつ排泄をしたくない	老々介護 排泄はポータブルトイレで座って行いたい	381	204

生活上の問題点・困りごと	原因・背景	事例No.	P
家族による排泄介助に気兼ね	半身麻痺 ポータブルトイレをひとりで利用したい	382	204
トイレへの移動が不安	筋力低下 転倒不安	383	204
トイレへの移動・排泄動作困難	脳梗塞後遺症 半身麻痺 ポータブルトイレ使用拒否	384	205
トイレ使用困難	歩行困難 おむつはしたくない 独居	385	205
尿失禁	尿意の低下 下着やトイレを汚す	386	205
尿失禁 排泄処理困難	軽度認知症 動作緩慢で間に合わない 日中独居	387	206
排泄が自力でできない	右腕欠損 排泄だけは人の手を借りずに済ませたい	388	206
排泄が自力でできない	半身麻痺	389	206
排泄がトイレでできない	歩行不安定 ポータブルトイレは使いたくない	390	206
排泄がトイレでできない	歩行不安定 長期入院生活	391	207

第2章　居宅サービス計画書(2) 項目別文例集第1部

生活上の問題点・困りごと	原因・背景	事例No.	P
排泄動作困難	尿意・便意はあり、排泄自体はひとりでできる	392	207
歩行器での頻回なトイレ移動で家族が安眠できない	歩行不安定 歩行器使用	393	207
夜中のトイレへの移動が不安	転倒の不安 独居	394	207
失禁	尿意・便意がない	395	208
失禁	夜間尿意を催したとき、トイレに間に合わない	396	208
尿失禁	認知症 常時尿失禁 排尿の感覚がないため気付かない 尿臭が強い	397	208
尿失禁	歩行不安定 切迫性尿失禁 排泄動作に時間がかかる	398	208
排便困難	身体機能低下 便秘症 運動不足	399	209

10 排泄

11 入浴

生活上の問題点・困りごと	原因・背景	事例No.	P
ひとりでの入浴不安	両膝関節変形症 自宅入浴を希望	400	210
ひとりでの入浴不安	両膝関節変形症	401	210
入浴困難 見守り困難	認知症 下肢不安定	402	210
入浴時転倒の恐れがある	脳出血後遺症の左半身不全麻痺（左半身に常に痺れがあり、特に手指の痺れがきつい）	403	211
入浴不安 浴槽跨ぎ困難	腰痛 下肢の痺れ	404	211
浴槽の出入り時、浴室内での転倒不安	歩行不安定 筋力低下	405	211
着替え・洗身・洗髪ができない	肩関節がなく装具で固定	406	212
声かけも聞かず、長時間入浴	認知症 入浴好き 湯船を何度も出入りし、同じところを洗い、1時間以上も入浴している	407	212
自宅入浴困難	腰痛 浴室が狭く浴槽も高い	408	212
自宅入浴困難	間質性肺炎 浴室までの移動もつらい	409	213

生活上の問題点・困りごと	原因・背景	事例No.	P
自宅入浴困難	股関節から下肢に痺れ 自宅の浴槽は高く、跨げない	410	213
自宅入浴困難	寝たきり状態 臥床状態で入浴したい	411	213
自宅入浴困難	浴槽が狭い 老々介護	412	213
自力洗身困難	半身不全麻痺	413	213
自力入浴困難	関節リウマチ おしゃれができない 鏡を見たくない	414	214
自力入浴困難	膝・腰痛	415	214
自立入浴困難	関節リウマチ 視野狭窄が顕著	416	214
転倒不安のため入浴困難	脳卒中後遺症で片麻痺 浴室内に手すりがなく、浴槽が深い	417	214
入浴拒否 皮膚疾患	軽度認知症 風呂嫌い 皮膚疾患 独居	418	215
入浴困難	左半身麻痺 歩行不安定 右肩関節可動域制限あり 右手指拘縮	419	215

11 入浴

生活上の問題点・困りごと	原因・背景	事例No.	P
入浴困難	留置カテーテル装着	420	215
入浴困難	留置カテーテル装着 皮膚疾患がある	421	216
入浴困難	労作性狭心症 下肢筋力低下	422	216
入浴困難	慢性関節リウマチ 独居	423	216
入浴困難 身体清拭困難	下肢筋力低下により室内移動も困難、寝たきり状態 家族では入浴・清拭介助ができない	424	217
入浴時洗身困難	半身麻痺 発疹やかゆみが出ている	425	217
入浴したいが入浴に不安	身体機能低下 独居 風呂場での転倒不安	426	217
入浴時転倒不安	メニエール病	427	218
入浴時転倒不安	下肢筋力低下	428	218
入浴時転倒不安	下肢筋力低下 独居	429	218
入浴時転倒不安	下肢不安定 何度も転倒している	430	219

生活上の問題点・困りごと	原因・背景	事例No.	P
入浴時転倒不安	膝・腰痛 転倒不安 独居	431	219
入浴時の急変対応不安	心臓病 高血圧症	432	219
入浴時の転倒不安	眩暈、ふらつき 体力の低下	433	220
入浴不安	膝・腰痛 独居	434	220
入浴不安	関節リウマチ 関節のこわばり 手指に力がない	435	220
入浴不安	狭心症 息切れ 胸の痛み	436	220
入浴不安	血圧の変動が激しい	437	221
ひとりでは入浴できない	高齢による身体機能低下	438	221
ひとりでは入浴できない	視力障害	439	222
ひとりでは入浴できない	身体機能低下 入浴不安	440	222

生活上の問題点・困りごと	原因・背景	事例No.	P
ひとりでは入浴できない	認知症 身体機能低下	441	222
ひとりでは入浴できない	認知症 洗身や湯船の出入りを何度も繰り返し、長時間入浴している 妻は高齢で入浴介助できない	442	223
ひとりでは入浴できない	膝・腰痛 下肢筋力低下 家族の帰宅が遅いため家族は介護が負担になっている	443	223
ひとりでは入浴できない	膝・腰痛 浴槽の出入りが怖くてシャワー浴にしている	444	223
ひとりでは入浴できない	家の浴室が狭い 脚力が低下	445	223
ひとりでは入浴できない	軽度認知症 起居動作・歩行困難 同居の娘は就業中で介助者がいない	446	224
ひとりでは入浴できない	身体機能低下	447	224
ひとりでは入浴できない	半身麻痺	448	224
ひとりで浴槽の出入りができない	股関節可動域制限 痛みあり	449	224

生活上の問題点・困りごと	原因・背景	事例No.	P
ひとり入浴不安	関節リウマチ 転倒不安	450	224
ひとり入浴不安（家族）	アルツハイマー型認知症 下肢筋力低下 本人に危険の意識がなくひとり入浴をする	451	225
風呂場での転倒不安	下肢筋力低下	452	225
浴室が離れており、移動困難	半身麻痺 息子夫婦の帰宅時間が遅い 妻による移動介助・入浴介助は困難	453	225
浴槽出入り困難	糖尿病性神経障害 下肢痺れ	454	226
自宅での入浴が困難	腰痛	455	226
洗身ができない	上肢の麻痺・可動域狭小 股関節の可動域狭小	456	226
入浴不安 浴槽出入り困難	半身不全麻痺 腰部圧迫骨折 下肢筋力低下	457	226
入浴拒否	半身麻痺 右上肢拘縮 風呂場での転倒不安	458	227

12 | 家事

生活上の問題点・困りごと	原因・背景	事例No.	P
家事ができない	家族のために少しでも役に立ちたい	459	228
家事ができない	糖尿病　高血圧症 台所が物置のようになっている 病状悪化不安	460	228
家事全般困難	硬膜下血腫で術後下肢不全麻痺 妻も要介護状態 夫婦ともに軽度認知症	461	228
室内清潔保持困難	両膝関節症 腰部ヘルニア	462	229
掃除などの家事が困難になった	大腸癌術後 ストーマー装着のストレス 日常生活動作の制限	463	229
調理ができなくなった	認知症	464	229
家事が十分こなせない	慢性関節リウマチ痛みあり 独居	465	229
介護者の夫が妻のため調理をしたいが困難	妻が要介護	466	230
買い物・調理をしたいが困難	関節リウマチ 痛みのためベッド生活	467	230
買い物困難	腰痛	468	230
買い物困難	歩行不安定 室内はなんとか自立歩行	469	230

生活上の問題点・困りごと	原因・背景	事例No.	P
家事一部困難	介護者高齢 体力低下	470	231
家事一部困難	半身麻痺 心不全 自立意欲・リハビリ意欲あり	471	231
家事一部困難	半身麻痺 生活意欲あり 息子同居・日中独居	472	231
家事ができない	左半身不全麻痺 歩行不安定 右肩関節可動域制限あり 右手指拘縮	473	232
家事困難（調理）	視力障害（弱視） 包丁・ガスが怖い	474	232
家事困難（掃除・整理・整頓）	視力障害	475	233
家事全般が困難	慢性関節リウマチ 独居	476	233
家事全般が十分にはできない	視力障害 心不全 書類の文字が見えない 郵便物の確認ができない	477	233
家事全般困難	右肩関節骨折	478	234

生活上の問題点・困りごと	原因・背景	事例No.	P
家事全般困難	下肢筋力低下 腰痛 左膝痛	479	234
家事全般困難	下肢筋力低下 自力で家事をこなす意欲はある	480	234
家事全般困難	胸椎圧迫骨折 胸から腰までのコルセット装着 安静状態	481	235
家事全般困難	抗癌治療の副作用による体力低下	482	235
家事全般困難	左膝関節拘縮 左上肢常に痺れあり 自分で家事をする意欲あり	483	235
家事全般困難	心不全 日中もベッド上の生活	484	235
家事全般困難	認知症 家事・通院・入浴などが自己判断でできない 日中独居	485	236
家事全般困難	脳梗塞後遺症 半身麻痺	486	236
家事全般困難	半身麻痺 右膝可動域制限あり 独居	487	236

生活上の問題点・困りごと	原因・背景	事例No.	P
家事全般困難	半身麻痺 介護者の夫は家事一切ができない	488	237
家事全般困難	妻に先立たれた直後の脳梗塞発症 軽度の歩行障害 家族は遠方に住む息子夫婦のみ	489	237
家事全般困難	心臓病 心的ストレス 夫も要介護状態 入退院の繰り返し	490	238
家事全般困難	身体機能低下 外出困難（外出時車いす）	491	238
家事全般不適切	知的障害B2 両膝関節人工骨置換術後 歩行困難 独居	492	239
家事をしたいが困難	慢性関節リウマチ 一日中ほとんど臥床	493	239
近所の買い物も自力では困難	歩行困難 変形性膝関節症 置換術を勧められているが怖い	494	239
ゴミ出し困難	歩行不安定 体調不良時は這って移動	495	240
室内清潔保持困難	知的障害	496	240

生活上の問題点・困りごと	原因・背景	事例No.	P
室内清潔保持困難	知的障害 ゴミ出しができない ゴミの分別ができない	497	240
室内清潔保持困難	歩行困難	498	241
掃除困難	視力障害 室内の汚れがわからないため、不衛生になっていないか不安	499	241
掃除困難 室内不衛生	下肢筋力低下 歩行困難	500	241
調理がしたいが困難 買い物にも行けない	変形性膝関節症 腰痛 夫のために料理がしたい	501	242
調理困難	脊柱管狭窄症 調理意欲あり	502	242
調理困難	半身麻痺 惣菜や弁当で済ませている	503	242
調理困難	半身麻痺 夫のために料理を作りたい	504	243
調理困難	リウマチ 関節の拘縮	505	243

生活上の問題点・困りごと	原因・背景	事例No.	P
調理困難	半身麻痺 日中独居 食欲不振 低栄養	506	243
調理困難	立位困難 左下腿切断	507	244
調理困難	屋内も車いすで移動	508	244
調理困難	骨折後うつ症状 調理好き 娘と二人暮らしで娘の協力は得られる	509	244
調理困難	脳梗塞 右半身軽度麻痺	510	244
独居希望 （息子夫婦との同居拒否）	老化に伴う足腰の痛み・円背・ヘバーデン結節の痛みなど 身体機能の低下	511	245
日中独居で昼食を摂らない	癌摘出後再発 抗癌治療中 鬱症状	512	245
布団干しと取り込みができない	腕が上がらない	513	245
室内環境整備困難	視力障害（弱視）	514	246
室内の掃除ができない	下肢の痛み	515	246

生活上の問題点・困りごと	原因・背景	事例No.	P
室内の掃除をしていない	独居 室内散乱 飲酒あり	516	246
食事の用意が自分でできない	意欲低下 体力低下	517	247
掃除・調理困難	右半身麻痺 腰痛	518	247
日中独居で家事援助必要	左半身不全麻痺 変形性膝関節症 糖尿病（服薬治療中） 同居の娘は就業中で日中独居	519	247
買い物に行けず、食材の調達困難	体力低下 距離のある歩行は困難	520	248
家事困難	関節リウマチ 痛みが増悪	521	248

13 ｜ 生活環境

第2章　居宅サービス計画書(2) 項目別文例集第1部

生活上の問題点・困りごと	原因・背景	事例No.	P
衛生管理困難 室内異臭 部屋中物が散乱している	認知症 独居 介護サービスを拒否している 被害妄想が強く、家の中に人を入れない	522	249
緊急時の連絡、対応不安	家族が昼間不在 初めての介護保険利用	523	249
自宅での生活継続困難	独居・身寄りがない 老齢で体力低下 自力歩行ができない	524	249
住環境の整備が困難	視覚障害	525	249
トイレでの用便ができない	膝関節症 和式トイレの使用ができない	526	250
異臭 猫屋敷 室内不衛生	半身麻痺 両下肢拘縮 自力起居動作不可 家族に衛生感覚がない	527	250
室内環境劣悪 歩行不安定	硬膜下血腫で術後下肢不全麻痺 歩行不安定 玄関から足の踏み場もないほど散らかっている	528	250
室内環境劣悪なため、フォーマルサービスが利用できない	不衛生な室内 猫屋敷 二次感染の不安	529	251
生活維持不安	独居で、遠方に親戚がいるが交流がない	530	251

生活上の問題点・困りごと	原因・背景	事例No.	P
独居生活困難	重度認知症 汚物など散乱 身内は他市在住の弟のみ	531	251
便臭 室内不衛生	認知症 弄便	532	252
夜間熟睡困難 日中することもなく、傾眠状態	家族と活動時間の違い	533	252
廊下での転倒不安	段差 すべりやすい 照明が暗い	534	253
清潔保持困難 介護負担過重	寝たきり状態の妻 夫が老々介護	535	253

14 認知症

生活上の問題点・困りごと	原因・背景	事例No.	P
言動に振り回され、時間内にサービスが終わらない	指示・言動がコロコロ変わる	536	254
自宅での生活継続困難	認知症進行 独居 家族との同居拒否	537	254
重度認知症 介護拒否	家族の介入に怒り、誰も家に入れない	538	254
精神不安定	認知症 被害妄想	539	254
絶えず探し物をしている	認知症・ひどい物忘れ 物が散乱している	540	255
認知症の進行不安	アルツハイマー型認知症 眩暈・ふらつき 体力の低下	541	255
膝・腰の痛みで閉じこもり	認知症になる不安 ひどい物忘れ	542	255
閉じこもり	認知症の増悪	543	256
歩き方がわからなくなった	認知症 下肢筋力低下	544	256

生活上の問題点・困りごと	原因・背景	事例No.	P
意思伝達ができない	認知症 失語症 周囲との意思疎通が困難で人を避けるようになっている	545	256
介護拒否	認知症 被害妄想 満足な食事が摂れない	546	257
買い物時、品物を選ぶことができない	認知症	547	257
家事ができなくなった	認知症	548	257
家事手順がわからない	認知症	549	258
家族介護の負担大	認知症 衣服を脱ぐ、パットを引き抜く	550	258
近在の家族に負担をかけないで、現状の生活を続けたい	軽度認知症 独居 近在の長男夫婦に食事の用意など、負担をかけることに気兼ねがある	551	259
金銭管理ができない	認知症 独居 娘が週1回訪問	552	259
金銭管理ができない	認知症 独居	553	260

生活上の問題点・困りごと	原因・背景	事例No.	P
幻視 認知症進行の不安	認知症 普段の会話は普通だが、「机の上や洋服に虫がいる」などということがよくある	554	260
攻撃的態度	認知症 精神不安定	555	260
言葉が出てこない	認知症 聞くことはできる	556	261
在宅生活困難 入院までの支援困難	老人性精神障害 独居 入浴・着替えをしていない	557	261
散歩中のトラブルで苦情が多い	老人性精神障害 脊柱カリエスの痛みで横になることが多い （起きている時は散歩している）	558	262
自信喪失	認知症 不安・焦りで混乱	559	262
服薬管理困難	アルツハイマー型認知症 日中独居	560	262
自宅生活継続困難	軽度認知症 娘との同居を拒んでいる	561	263

14 認知症

生活上の問題点・困りごと	原因・背景	事例No.	P
自宅での生活継続困難	認知症 独居、親族なし 被害妄想が強く家の中に人を入れない 衛生管理困難 室内異臭 室内に物が散乱している	562	263
室内清潔保持困難	認知症 室内環境が劣悪	563	263
室内清潔保持困難	認知症 本人は掃除をしているつもり	564	264
収集癖	認知症 片付けようとすると怒るので、部屋の中が不衛生になっている	565	264
収集癖 不衛生	認知症 不要なものを集めて箪笥の中にため込んでいる	566	265
身体保清困難	認知症 入浴が嫌いで何日も入浴せず、着替えも拒否する	567	265
身体保清困難 近所からの苦情	認知症 入浴拒否 更衣拒否	568	265
スーパーから無断で食品を持って帰る	認知症 独居 娘との同居拒否	569	266

生活上の問題点・困りごと	原因・背景	事例No.	P
好きな料理ができない	認知症 実行機能障害	570	266
生活意欲低下	認知症初期 食事の準備も片付けも全くできない	571	266
生活全般に不安 排泄困難	軽度認知症 家族就労、日中独居 排泄時、声かけが必要 用意している食事は食べないことがよくある	572	267
生活全般要見守り	軽度認知症 独居 通所に出かける準備ができない	573	267
清潔保持困難 汚れた下着の放置	認知症 尿失禁で下着を汚すことが多い	574	268
他者との交流に不安	認知症 他者と交流したい	575	268
他者とのトラブル	認知症 精神的に不安定	576	269
他者とのトラブル	認知症 精神的に不安定	577	269

生活上の問題点・困りごと	原因・背景	事例No.	P
他者とのトラブル 在宅生活の限界	認知症 独居 介護サービスを拒否している 店から物品の持ち帰り、子供を追いかけ回すなどの行動 近所からの苦情がよくある	578	270
煙草の火、ガスコンロの火の始末不安	認知症 ヘビースモーカー	579	270
昼夜逆転	認知症 夜間になると起き出してごそごそしている	580	270
昼夜を問わず衣服を脱ぐなどの異常行為	認知症 室内不衛生 家族介護の負担大	581	271
トイレの場所がわからず失禁	認知症 失見当識	582	271
閉じこもり 他者との交流不安	認知症 自分に自信がない	583	271
独居生活に不安	軽度認知症 独居 家事全般困難 適切な服薬ができない	584	272
日常動作の手順がわからなくなる	認知症 失見当識	585	272

生活上の問題点・困りごと	原因・背景	事例No.	P
日中徘徊	帰れなくなることがたびたびある 目が離せない	586	273
入浴拒否 皮膚疾患不安	認知症 風呂嫌い 皮膚疾患の恐れ	587	273
入浴困難	認知症 座位不安定であり、洗身動作も全くわからないようになっている	588	273
入浴困難	認知症 入浴手順がわからない	589	274
認知症進行の不安	外出機会の減少 身体機能の低下 意欲の低下	590	274
認知症進行の不安	軽度認知症	591	274
認知症進行の不安	初期認知症	592	275
認知症の周辺症状が多発	認知症 被害妄想 睡眠障害	593	275
徘徊	認知症 誰かいないと不穏になる 施設入所は希望しない（娘）	594	275
排泄処理困難 身体・室内不衛生	認知症 施設入所までの期間の対応	595	276

生活上の問題点・困りごと	原因・背景	事例No.	P
判断力がない 季節に合わせた洋服選びができない	認知症 家族に介護の時間の余裕がない	596	276
ひどい物忘れ	アルツハイマー型認知症 ガスコンロで事故を起こしそうなことが多く、危険	597	276
ひどい物忘れ	認知症 何でも自分でできると思い込み、サービス拒否が多い	598	277
火をつけようとする 首をつろうとする	老人性精神障害 妄想	599	277
暴言・暴力	認知症 老々介護	600	277
暴言を吐いたりして感情の起伏が激しい	認知症 受診ができない	601	278
ポータブルトイレでの排泄困難	認知症 廃用症候群 介助なしでは歩けない（現在はおむつ排泄）	602	278
万引きをする	老人性精神障害 家族との同居拒否	603	279
身の回りのことが充分できない	認知症 自宅生活継続困難 独居希望	604	279

生活上の問題点・困りごと	原因・背景	事例No.	P
夜間徘徊 昼夜逆転	認知症 デイサービスを拒否	605	280
夕方になると不穏になる	認知症	606	280
家計管理ができない	独居 認知症 無計画な浪費	607	280
介護負担を軽減しつつ現状の生活を維持したい	認知症 自分からの発語はないが、声かけに対して、ニコニコと意味不明の返事を返す	608	281
介助拒否 賞味期限もわからず、食あたりの危険性がある	認知症 独居 他市に娘がいるが滅多に家に入れてもらえない	609	281
在宅生活困難	認知症	610	281
賞味期限無視	認知症 賞味期限切れの食物をもったいないといって捨てさせない	611	282
人と接するのを避けるようになっている	失語症 性格的には、人と話すことが好きな人	612	282
通院困難 医師との連携困難	理解力の低下 子供は遠方在住(週に1回の電話連絡あり)	613	282

生活上の問題点・困りごと	原因・背景	事例No.	P
同じことを繰り返す 会話が成立しない 認知症進行の不安(家族)	アルツハイマー型認知症	614	283
日中徘徊	家族が対応に困っている 家族はパートで3時間ほど仕事をしている	615	283
認知症進行の不安	認知症 外出を嫌がり、閉じこもり	616	284
認知症進行の不安	認知症	617	284
頻回に高価な買い物をしている	認知症 買い物依存症	618	284
不要なものを集めている(収集癖)	空き缶やペットボトルなど外で拾ったものを押し入れに隠している 家の中でも紛失物が多く、押し入れの中に入っている	619	285
外出の都度、近所の庭の花を見ると自分の花を盗んだと思い、取り返そうとするためトラブルとなる。家族がいつも謝りに行っている	転居前の家では花壇を作り楽しんでいたが、現在は庭がなく花がない	620	285
物忘れがひどく、話が食い違うと怒り出し、会話が成り立たなくなっている	認知症 老々介護 専門医の受診ができていない	621	285

生活上の問題点・困りごと	原因・背景	事例No.	P
物忘れがひどくなり、怒りっぽくなっている	認知症 特に家族にはきついため、家の中がぎすぎすしている	622	286
夜になると起き出してごそごそしている	日中はうとうとしている	623	286
夜間の徘徊	家族の負担大	624	287
夕方になると不穏	認知症 介護者が仕事と介護で忙しい	625	287
弄便	おむつ使用	626	287
弄便	認知症 夜間は仕事を持つ娘が対応、昼間は高齢の妻が対応している	627	288
デイサービスから帰った後、何をして良いのかわからなくなっている	認知症 行動手順がわからない 家族就業で帰りが遅い	628	288

14 認知症

15 飲酒

生活上の問題点・困りごと	原因・背景	事例No.	P
常時飲酒	アルコール依存 室内環境散乱状態 自分自身に嫌悪感	629	289
常時飲酒	アルコール依存症 ひとり息子を亡くして以後、酒びたりになり、入退院を繰り返している	630	289
常時飲酒	アルコール依存症 物忘れ・妄想	631	290
生活意欲喪失	定年後、常時飲酒 骨折、退院後歩行不安定 妻への暴言・暴力 家族のストレス大	632	290
多量飲酒	アルコール依存症 通院が継続しない	633	291
多量飲酒による健康阻害	受診していない	634	291
妻への暴言・暴力	常時飲酒 近隣への迷惑行為 家族のストレス大	635	291
隠れて飲酒している	飲酒量多い 常時飲酒	636	292
低栄養 ビールがやめられない	アルコール依存症 肝硬変 食欲不振 独居	637	292

16 介護負担

生活上の問題点・困りごと	原因・背景	事例No.	P
介護者（妻）の介護疲れを心配	寝たきり状態 家族就労のため、昼はヘルパー、夜は家族が介護	638	293
介護者の夫が家事・介護に不慣れ	脳卒中で寝たきり 夫が介護者	639	293
高齢の妻の介護力不足	右半身麻痺 言語障害	640	293
妻の介護負担心配	老々介護 加齢による身体機能の低下	641	293
自分で寝返りや起き上がりができない	半身麻痺 右上肢拘縮 右下肢膝折れ注意 家族の介護負担を軽減したい	642	294
日常生活全般に介助必要	家族が仕事で忙しく介助できない	643	294
排泄に介助必要	半身麻痺	644	294
排泄時の介助で家族に負担大	車いす移動 便器への移乗に時間がかかる 両下肢麻痺	645	295
夜間トイレへの移動に転倒不安	歩行不安定	646	295

生活上の問題点・困りごと	原因・背景	事例No.	P
夜間の家族介護負担大	頚髄損傷で四肢麻痺 夜間のおむつ交換必要 夜間の体位変換必要 家族介護	647	295
夫の介護の負担大	重度の右半身麻痺 高齢者夫婦 夫婦での生活を継続したい	648	296
夫の介護力の低下	入院や施設入所は夫が拒否 夫婦で離れたくない	649	296
介護者の負担過重	日常生活全般に介護が必要 退院後のリハビリ継続必要	650	296
介護者の腰痛	寝たきり状態 老々介護 おむつ排泄	651	297
介護の手間が増え不安	認知症 老々介護 最後まで夫婦二人で暮らしたい	652	297
家族介護の限界	認知症 同居の息子夫婦も高齢 幻覚	653	297
家族介護の負担過重	半身麻痺 歩行困難 日常生活全般に介護が必要	654	298
家族介護の負担大	介護者の妻が要支援状態	655	298

生活上の問題点・困りごと	原因・背景	事例No.	P
家族介護の負担大	介護者も高齢、疾病あり	656	298
家族介護の負担大	四肢麻痺	657	298
家族介護の負担大	四肢麻痺で夜間介護必要 家族は日中仕事	658	299
家族介護の負担大	脳梗塞後遺症 半身麻痺 日常動作全般に介助が必要	659	299
家族介護の負担大	認知症 下肢筋力低下 介護者夫婦は自営業	660	299
家族介護の負担大	認知症 徘徊防止のための散歩必要 昼夜逆転	661	300
家族介護の負担大 介護疲れが限界	姉の介護を隣市に住む弟がしているが、ヘルパーの支援を得ても介護しきれなくなっている	662	300
家族介護の負担大 家族が眠れない	認知症 昼夜逆転	663	300
家族介護の負担大 デイサービス送り出し困難	高齢の妻と二人暮らしであり、妻に対してわがままが多く、通所時の送り出し準備ができない	664	301

生活上の問題点・困りごと	原因・背景	事例No.	P
家族介護の負担大 特に入浴介助	認知症 他者の介護拒否 虚弱な妻と就業している娘の三人暮らし	665	301
家族が夜間眠れない	認知症 昼夜逆転 夜間になると起き出してごそごそしている	666	301
家族は就業しているため、日中の排泄処理困難	軽度認知症 尿失禁 動作緩慢で間に合わない 日中独居	667	302
清潔保持困難 夫の介護負担過重	寝たきり状態の妻 夫が老々介護	668	302
昼夜逆転	認知症 病弱の夫が介護している	669	302
昼夜逆転 家族が夜休めない	認知症 頻回にトイレに行き使用後すぐ寝ない	670	303
常に痛みの訴え	不安症 Drハンティング 家族が疲れ切っている	671	303
妻が高齢 介護困難	半側麻痺 老々介護	672	303
妻の介護の負担過重	間質性肺炎 軽度認知症 妻の気配がないと不穏になる	673	304

第2章　居宅サービス計画書(2)　項目別文例集第1部

生活上の問題点・困りごと	原因・背景	事例No.	P
妻の介護の負担大	心筋梗塞 高齢夫婦二人暮らしで妻が夫の介護 在宅継続希望 息子家族との同居拒否	674	304
同居の妻が調理に関してストレス	夫は糖尿病性腎症、神経症 高齢の妻の介護疲れ	675	304
日中徘徊 目が離せない	帰れなくなることがたびたびある	676	305
入所までの介護負担	老々介護 本人納得の上、施設入所手続き中	677	305
入浴困難	認知症 下肢不安定 通所施設拒否 老々介護 見守り介助困難	678	305
入浴困難	認知症 失行・失認 妻の介護負担大	679	306
入浴時の介護負担大	歩行不安定 老々介護	680	306
入浴時の介護負担大	老々介護 大きな夫を小さな妻が介護している	681	306
排泄介助で家族の介護の負担大	半身麻痺 ポータブルトイレをひとりで利用したい	682	307

16 介護負担

生活上の問題点・困りごと	原因・背景	事例No.	P
ひとりでは留守番ができない	軽度認知症 起居動作・歩行困難	683	307
ひとりで留守番ができない	認知症	684	307
ひとりで通院ができない	狭心症 慢性心不全 心臓疾患バイパス術後 眼瞼下垂 腰痛	685	308
息子夫婦への介護負担懸念	気管支炎喘息 不眠症 左脛骨骨折後下肢筋力低下 転居後、話す相手がいない	686	308
家族介護の負担増加	アルツハイマー認知症 介護者の妻も疾病で要介護状態	687	308
介護者である夫の腰痛	脳梗塞後遺症 半身麻痺・拘縮 起居動作困難 介護者である夫の腰痛	688	309
介護者である妻の負担が増えて、疲れている	肺梗塞 少しの動作で息切れし、起居動作困難	689	309
在宅生活の限界	認知症 身寄りは妹のみ 別居の妹とヘルパーの援助、短期入所を利用	690	310

生活上の問題点・困りごと	原因・背景	事例No.	P
通院介助する妻の介護力の低下	入院により著しく歩行能力が低下 老々介護	691	310
脳梗塞の再発や認知症悪化不安	脳梗塞後遺症 認知症状 老々介護	692	310
デイサービスのための外出準備ができない	寝起きが悪い 準備に時間がかかる 妻が高齢で病弱	693	311
家族介護の負担	起居動作困難 老々介護	694	311
妻の体調悪化	右半身麻痺 アルツハイマー型認知症 通所の送り出し時に妻の負担大	695	311

17 経済的負担

生活上の問題点・困りごと	原因・背景	事例No.	P
定期透析治療困難	治療費やタクシー代の捻出困難	696	312
入院が必要だが、入院費用が負担できない	息子の少ない収入と国民年金で生活を維持している 糖尿病 半身麻痺 両下肢拘縮 寝たきりによる廃用症候群 起立性低血圧	697	312
必要な介護費用の負担ができない	末期咽頭癌 独居、身寄りなし 軽度認知症 生活維持困難	698	312
紙おむつの購入で出費が多く困っている	紙おむつ使用	699	312
リハビリパンツの購入費の負担大	歩行不安定 リハビリパンツ使用 尿意・便意はある	700	313
入院費用が負担できない	同居の息子が負傷し仕事ができず収入がないため、本人の年金で生活を支えている 不適切な病状管理	701	313

第 3 章

居宅サービス計画書(2)
項目別文例集
第 2 部

01 生活リズム

事例No.	ニーズ	長期目標	短期目標	サービス内容
1	夜中に何度も起きるため、いつも頭がすっきりせず、物忘れが多くなっている。夜間はぐっすり眠れるようになりたい	● 日中楽しむことができ、離床時間が増加する	● 座位姿勢が1時間程度保てるようになる ● 介助により外出ができ、日中の活動が増える	● O.Tによるリハビリを受ける ● 補助具・自助具の活用 ● パソコンで簡単なゲームなどを楽しむ ● 障害者総合支援の利用
2	夜間安眠してほしい	● 生活リズムができ、夜間の不眠が減少する	● 家族の働きかけで日中ボーっと過ごすことがなくなる ● デイサービスに行けるようになり日中覚醒する	● 神経・精神科受診、相談指導を受ける ● 身体状況把握のため内科受診 ● デイサービスへの参加 ● 近隣での集会への積極的参加を指導
3	夜しっかり眠れるようになりたい	● 夜熟睡できる	● 生活パターンを作り、日中起きて過ごす	● 定期的な昼間の活動をする機会をつくる ● 体力に自信をつけるための運動の機会をつくる
4	腰痛の痛みのため熟睡できない。夜はぐっすり眠れるようになりたい	● 腰痛の痛みが緩和し、夜はしっかり眠れるようになる	● 通院・服薬・リハビリにより腰痛が緩和される ● 日中の活動をするようになる	● 通院介助 ● 通院など乗降介助 ● 通所リハビリ ● 訪問リハビリ ● 日中活動の提案

第3章　居宅サービス計画書(2)　項目別文例集第2部

01 生活リズム

事例No.	ニーズ	長期目標	短期目標	サービス内容
5	腰痛がひどく、昼夜傾眠状態で過ごしているため、夜はぐっすり眠れるようになりたい	● 腰痛が緩和され良い眠りとさわやかな目覚めができる ● 日中の活動量が増加し、夜にはしっかり眠れるようになる	● 通院の確保ができる ● 服薬・リハビリにより腰痛が緩和される ● 就寝時痛みが軽減される	● 通院介助 ● 通院等乗降介助 ● 通所リハビリ ● 訪問リハビリ
6	左半身に軽度の麻痺があり、調理が困難になっているが、規則正しい食生活ができるようにしたい	● 困難な部分を一部手伝ってもらって自分の希望する調理をし、規則正しい食事を継続できる	● 材料を揃える際、補助してもらうことにより、自分で煮炊きや味付けができるようになる	● 座ってできるような環境整備 ● 調理の下準備 ● ともに調理を行う ● 献立を一緒に考え食への楽しみを引き出す
7	家族は仕事のため夜帰宅が遅く、本人の食事や入浴も深夜になる。夜眠れず体調が崩れているため、以前のように自分のペースで過ごせるようにしたい	● 自分で眠りにつきやすい環境作りをし、家族の協力も得ることにより、ぐっすり眠れるようになる	● 通所施設などで他者とふれあい、入浴や昼食・夕食を施設で済ませ、就寝時間を守るようにする ● 家具の移動で音の軽減ができる、もしくは部屋の交換ができる	● 家族との話し合い ● 防音のための配置換え ● 睡眠相談の受診 ● 受薬代行 ● ゲームや季節行事の参加 ● 入浴介助（通所施設） ● 脳トレ体操やリハビリ ● 地域行事への参加

事例No.	ニーズ	長期目標	短期目標	サービス内容
8	アルツハイマー型認知症に加えて低血圧。元々朝が弱かったこともあり、最近一日中ウトウトし、昼夜関係なく気が向いた時に自室でごそごそ片づけなどをしている。定期的に食事をし、目的のある外出をして認知症の進行や身体機能の低下を防止したい	● はっきりした興味ある目的ができ、生活のリズムが確立されるようになる	● 施設に通所することで迎えの時間までに食事を済ませ、用意ができるようになる ● 趣味の習字やカラオケができ、仲間ができる ● 仲間ができることで通所以外でも同じ趣味を楽しむことができるようになる ● 傾眠状態が軽減される	● 施設通所 ● 多くの人と触れ合い会話を楽しむ ● 施設の行事内容で好みのことは積極的に行い継続する ● 趣味仲間を作る ● 個別機能訓練 ● 脳トレゲームの積極的な参加
9	日中何もすることがなく、夜中に何度も起きるため、いつも頭がすっきりしない。何をして良いのかわからないが、生活を楽しみたい	● 座位姿勢を保つことができ、パソコンで遠方の子供や孫と会話ができ、ゲームなどでも楽しめるようになる	● 1時間ぐらいの座位姿勢が保てるようになる	● 座位姿勢を保つ介助 ● パソコンの操作指導や楽しみ方の情報提供（家族・ボランティア・専門職員）

事例No.	ニーズ	長期目標	短期目標	サービス内容
10	睡眠が浅く夜中に目が覚めるため、寝た気がしない。熟睡できるようにしたい	● 心の安定が得られ、熟睡できるようになる	● 服薬により睡眠のリズムがとれるようになる ● 日中に運動することで適度な疲労感を得て、夜眠れるようになる	● 定期的な通院（本人） ● 日中に散歩する（本人） ● 他者とのふれあい ● アクティビティへの参加

01 生活リズム

02 健康管理

事例No.	ニーズ	長期目標	短期目標	サービス内容
11	脳梗塞を発症し、軽度の後遺症がある。一人暮らしのため、将来的な不安があるが、夫と暮らしたこの家に最後まで居たい	● リハビリや介護サービスの支援を継続し、思い出の家で、安定した生活が維持できる	● 室内歩行ができる ● 簡単な調理ができる ● ヘルパーの援助で身体、室内の清潔保持ができる ● 歩行器を使用し外出が一人でできるようになる	● 障害に合わせた生活動作のリハビリ（O.T） ● 自助具や補助具の情報提供、使用方法の指導 ● できない部分の家事援助 ● 利用者のQOLの向上に向けた支援
12	元気な時から家にいることが好きで外出しようとしなかったが、退院後はもっと閉じこもりになり筋力が低下しているため、リハビリが行えるようにしたい	● 杖歩行で家のまわりを散歩することができるようになる	● 定期的な訓練が習慣づき、リハビリ意欲の向上が見られるようになる ● 意欲的に筋力向上を図るようになる	● 訪問リハビリ ● 日常生活において筋力強化運動になるような動きの指導 ● 家の中でも動けるような環境整備
13	下肢筋力低下により閉じこもりになり、その悪循環で寝たきりにならないように、下肢筋力の低下防止を図りたい	● 自立歩行ができるようになる ● 健康に対して関心を持ち、生活意欲が向上するようになる	● 介助により杖歩行で近所の公園の散歩ができる ● 介助により近くのスーパーで買い物ができる	● 通所リハビリ ● 歩行機能訓練 ● 筋力強化運動 ● セルフリハビリ ● 毎日散歩をする ● 歩行介助

事例No.	ニーズ	長期目標	短期目標	サービス内容
14	認知症に伴い調理や食材の管理ができず、栄養面や衛生面で問題がある。健康的な食生活が営めるようにしたい	●衛生的で栄養バランスの良い食事の摂取ができる	●一緒に調理ができるようになる	●家事援助（本人とともに） ●一緒に献立を考え調理する ●買い物・調理・片付け ●ゴミだし ●台所後片付け
15	嚥下がうまくできず、よくむせるので誤嚥性肺炎の心配がある。健康管理ができ、現状を維持したい	●誤嚥性肺炎を防止できる	●あまりむせなくなり、食事ができるようになる	●受診により誤嚥の防止策の指導を受ける ●食事内容による嚥下状態を観察し、献立の参考にする ●食事内容の工夫 ●食前の口腔体操 ●食後のうがい
16	歯磨きができないため、不衛生になっている。口腔内を清潔にし、口臭・歯周病などの予防をしたい	●自分で歯磨きができ、口腔内を清潔に保つことができる	●歯磨きの習慣がつくようになる ●口腔衛生の重要性が理解できるようになる	●歯磨きの一部介助・促し・準備・確認 ●無理強いはせず歯磨きが楽しめるようにする ●改善できたことをしっかり伝え、一緒に喜ぶ

02 健康管理

事例No.	ニーズ	長期目標	短期目標	サービス内容
17	高血圧症などの健康不安に悩まされることなく、より多くの人とふれあい、生活に楽しみを持って、今後も今の状態を続けていきたい	● 楽しく毎日過ごせて、QOLをより一層向上させることができる	● 心身の状況が悪化することなく現状が維持できるよう、各関係者が連携を取りながら支援していける	● 施設通所により他者と楽しむ ● ストレッチや外出行事 ● ゲームやカラオケなど ● みんなで楽しくできる食事や入浴など
18	利き手が使えず、歯磨きがいい加減になっている。歯磨きをしっかり行い、余病を引き起こすことなく、人に不快感を与えないようにしたい	● 口腔内を清潔に保ち自信を持って人と接することができる ● 余病のリスクの軽減ができる	● 毎食後口腔ケアが習慣付き、口腔内の清潔を保持できる ● 睡眠前の歯磨きがしっかりできるようになる	● 歯科衛生士の指導 ● 利き手でなくても上手にできる磨き方 ● 補助具や自助具の情報提供 ● 口腔ケアの一部介助
19	常に体の痛みを訴え受診を要求するが、医師から治療するところはないと言われている。痛みは訴えながらも、日常の生活を楽しめるようになってほしい	● 痛みを訴えながらも家族やヘルパーの付添で買い物や散歩ができるようになる	● 通院の要求回数が減ってくる ● ヘルパーと一緒に簡単な調理ができるようになる	● 体の痛みを理解し、共感的態度でアドバイスをするなど、前向きになれるように接する ● 健康以外に気持ちが向くような対象を見つけるよう、支援する ● 買い物や散歩で外出の機会を増やす

事例No.	ニーズ	長期目標	短期目標	サービス内容
20	認知症に伴い食材管理ができず、同一食材、期限切れ食材で冷蔵庫がいっぱいになる	● 一緒に買い物計画ができ、栄養バランスの良い食事の摂取ができる	● 一緒に調理 ● 冷蔵庫の整理ができるようになる	● 一緒に献立を考え調理する ● 買い物 ● 調理 ● 片付け ● ゴミだし ● 台所後片付け
21	できるだけ寝込まないように、転倒に気を付けているが、体全体が少しずつ弱っているようで不安である。これ以上悪くならないようにしたい	● QOLの低下防止ができ、心身ともに安定した在宅生活が維持できる	● 施設で健康チェックをすることで安心して楽しめるようになる ● 天気の良い日は近所を散歩し、歩行機能の低下防止ができる	● 通所日のバイタルチェック ● ストレッチ体操や外出行事 ● 歩行機能訓練 ● みんなで楽しくできる食事や入浴など ● 散歩の継続（本人）
22	通院以外は外出することなくベッド上の生活。ヘルパーの訪問以外は会話がないため、もっと会話を楽しんでほしい（家族）	● 会話する時間が増え、生活が活性化するようになる	● 小人数の通所施設に行けるようになる	● 家族・ヘルパーの他、ボランティアの傾聴サービス ● 小規模施設の情報提供、働きかけ

02 健康管理

事例No.	ニーズ	長期目標	短期目標	サービス内容
23	脱水で緊急入院したことが今までに2回あるので、脱水を起こさないようにしていきたい	● 食生活の改善ができる	● 健康維持に必要な食事内容と水分の摂取ができる	● 調理など食生活全般に配慮と見守り介助を行う ● 利用者がいつでも飲用できるように飲み物を手元に置く ● 水分摂取の促し ● 摂取量の確認
24	歩行や立ち座りも痛みがあり苦痛で活動量が減退しているが、手術はしたくない。痛みなく歩けるようになりたい	● 痛みの軽減ができ、歩行が楽になる ● 自宅周辺の散歩を毎日行うことができる	● セルフリハビリを毎日続けることができる	● 痛みの治療 ● 歩行器の貸与 ● 通院など乗降介助 ● 通所リハビリ ● 自宅でできるリハビリの指導
25	認知機能の低下が著しく、これまで行ってきた家事ができないようになっているため、認知機能の低下防止策があれば教えて欲しい	● 生活にメリハリが付き、外出や人との交流で認知症になる不安を忘れられるようになる	● 積極的に地域の人達と交流ができるようになる ● 地域の人達との交流が楽しみになる	● 地域の催し等、情報提供 ● 民生委員や近隣者との橋渡し ● 積極的に近隣者に声かけをする（本人）
26	下肢筋力が低下し閉じこもりになっているため、物忘れや意欲の喪失が見られるようになっている。認知症にならないように進行を防止したい	● 他者とふれあい会話が増えることで、認知症の進行を防止できる	● 施設通所により家族以外の人達との交流に慣れる ● 他者との会話を楽しめるようになる	● 他者との交流 ● ゲームなどアクティビティの参加 ● 脳トレーニング ● 個別機能訓練 ● 季節行事の参加

第3章　居宅サービス計画書(2) 項目別文例集第2部

02 健康管理

事例No.	ニーズ	長期目標	短期目標	サービス内容
27	変形性膝関節症、高血圧症により体調に変動があり、家事が負担なのでコンビニ弁当で済ませている。病状の悪化を防ぎたい	● 病状悪化することなく継続して在宅生活を送ることができる	● 定期的な受診ができ、膝の痛みが軽減できる ● 服薬・正しい食生活・適度な運動により血圧が安定する	● 定期受診 ● 通所施設でのリハビリ・機能訓練 ● 病状に合わせた調理のアドバイス ● 調理を一緒に行う ● 重いものなどの買い物代行
28	両膝に力が入らず歩行が不安定なため、転倒による骨折でADLの低下や寝たきりにならないようにしたい	● 杖歩行により近場の外出は不安なくできるようになる	● 手すりを支えに自宅内は不安なく歩けるようになる	● 動線上に手すりの設置 ● 通所リハビリ ● 下肢筋力強化運動の実施
29	身体機能の低下が著しく、歩行が不安定なためリハビリを頑張りたい	● リハビリにより身体機能の向上が図れる	● 付添がいれば杖歩行で近所に外出ができるようになる ● 簡単な家事の手伝いができるようになる	● リハビリのための通院等乗降介助 ● 家族の協力で自宅でもリハビリを行う

事例No.	ニーズ	長期目標	短期目標	サービス内容
30	退院後の落ち込みがひどく閉じこもりになり、食事もしっかりできていない。定期的に必要量の摂取ができるようにしてほしい（民生委員）	● 定期的に食事摂取ができ、ヘルパーとのコミュニケーションにより生活意欲が向上するようになる	● ヘルパーとコミュニケーションが図られ、一緒に買い物や調理、掃除などが行える	● コミュニケーションの構築 ● 共感的態度で接する ● 買い物や食事作りをともに行う ● 民生委員、福祉委員、近隣者の声かけ依頼 ● 通所施設の情報提供
31	退院後の落ち込みがひどく閉じこもりになり、室内はゴミ屋敷状態であるが片付けられない。室内を清潔にし、近隣者との交流を深め明るく生きて欲しい（民生委員）	● 近隣者とあいさつを交わすことができるようになる	● ヘルパーと一緒に買い物や調理・掃除などが行えるようになる ● 室内が清潔に保たれる	● コミュニケーションの構築 ● 共感的態度で接する ● 室内清掃の手伝い ● 民生委員、福祉委員、近隣者の声かけ依頼 ● 通所施設の情報提供
32	生活意欲が向上し積極的に受診ができるようになってほしい（家族）	● 定期受診ができるようになり、不安症が軽減できる	● ご本人の不安の訴えを傾聴し、受け入れながら受診ができるようにする	● 不安の訴えを傾聴し受け入れる ● 信頼関係を構築しリハビリにつなげるようにする ● 通院介助、服薬管理

第3章 居宅サービス計画書(2) 項目別文例集第2部

事例No.	ニーズ	長期目標	短期目標	サービス内容
33	体力を回復して家事をして従来通りの生活をしたい	● 家事が従来のようにできる	● 家事援助をしつつ、原因の把握ができる	● 受診 ● 体力低下の原因となる傷病の有無確認 ● 食事内容の確認 ● 家事援助 ● 日常生活状況の確認
34	日により気分が落ち込んで何もする気になれず、何とか意気を上げようと頑張るが、どうにもできない。心身ともに安定した生活を送りたいと思っている	● 家事の手伝いができるようになり精神的安定が図れる ● 心身ともに安定し穏やかな生活が送れるようになる	● 洗濯物をたたむことができるようになる ● 配膳時、テーブル上の片づけができるようになる	● 通所リハビリ ● 訪問リハビリ ● 残存機能の活用 ● 自信が持てるような会話の提供
35	健康のため禁煙してほしい（家族）	● 禁煙を継続できる	● 一日の喫煙本数が10本以下になる	● 受診・禁煙外来 ● 喫煙の身体への影響を知ってもらう ● 家族を含めた禁煙への協力を依頼
36	今までどおり、読書などを楽しんでほしい（家族）	● 対応策の実施により、読書習慣が復活する	● 医療的な原因、環境的な原因をさぐり対応策を検討する	● 眼科受診 ● 内科あるいは神経・精神科受診

02 健康管理

事例No.	ニーズ	長期目標	短期目標	サービス内容
37	通所施設は抵抗があり閉じこもりになっているが、これ以上体力が低下しないようにしたい	● 家族、ヘルパーの見守りにより杖歩行で買い物など外出ができるようになる	● 室内は手すりや家具を支えにひとりで移動ができるようになる ● 意欲的にセルフリハビリができる	● 通院介助 ● 通院によるリハビリ ● ADL訓練 ● 拘縮予防 ● 自宅でひとりでリハビリができるよう指導
38	立ちくらみがよくあるため、転倒の不安が大きい。骨粗鬆症もあるので、転倒しないように過ごしたい	● 立ちくらみが減少し、転倒不安なく室内を移動できる	● 受診により立ちくらみの軽減ができる ● 手すりや杖を支えに転倒防止ができる ● 居室からトイレや浴室への移動が安全にできる	● 定期的な受診 ● 杖貸与 ● 手すりの設置 ● 動線の整備 ● 筋力強化リハビリ ● 栄養管理指導
39	話が伝わりやすくしたい	● 話が伝わりやすくなる	● 精査治療により対応ができ、生活上の障害が軽減できる	● 耳鼻科受診・難聴の精査治療 ● 補聴器使用の検討 ● 家族の指導

事例No.	ニーズ	長期目標	短期目標	サービス内容
40	起居動作が困難で寝たきりのため、褥瘡の初期症状が出ている。褥瘡が悪化しないようにしたい	● 褥瘡ができずに過ごせる	● 褥瘡の初期症状が改善される	● 定期入浴の確保 ● こまめなおむつ介助・陰洗・清拭 ● こまめな体位変換 ● クッションなどを使用し褥瘡予防を図る ● 皮膚の状況観察

03 病状管理

事例No.	ニーズ	長期目標	短期目標	サービス内容
41	おむつかぶれを治したい	● おむつかぶれが治癒し、かゆみがなくなる	● 臀部の洗浄と薬の塗布で悪化を防ぎ改善される	● おむつ交換時、都度陰臀部の洗浄、薬塗布
42	カテーテルの管理が自分でしっかりできるようになりたい	● 自分でカテーテルの管理ができる	● 完全に理解できるまで医師、看護師の指導を受け、自分でできるようになる	● 準備、後処理 ● 尿量の記録（ヘルパーの援助）
43	言語障害があり生活が不自由になっているため、今後リハビリで改善し、円滑にコミュニケーションができるようにしたい	● 言語機能が向上し他者と交流ができるようになる	● 家族や親しい人たちの通訳的な協力でコミュニケーションができる	● 医師の診察 ● 言語療法 ● 声かけを多くする（家族や他の支援者） ● 他者との交流を多くする（本人）
44	ストーマの管理が自分でできるようになりたい	● ストーマの管理が自分でできる	● ストーマ周囲の皮膚状態や接合部の出血の有無などの観察ができる ● 食事内容と便の状態観察ができる	● 医師、看護師の指示どおりに行う ● 異変時は医師、看護師へ連絡する

事例No.	ニーズ	長期目標	短期目標	サービス内容
45	高齢でありひとりで通院ができないが、定期的に通院して安心したい	● 通院介助と医師との連携強化で安心して自宅療養ができる	● 通院介助により定期的な通院ができる	● 通院介助 ● 訪問サービスの利用 ● 医師との連携、情報の共有
46	末期慢性腎不全で近々透析が必要な状態のため、少しでも時期を遅らせるよう治療中である。医師の指示が適切に理解し難いため支援してほしい（従妹）	● 医師や各関係者間で緊密な連携の継続で支援ができる	● 医師との連携により少しでも透析を遅らせるよう、指導内容に沿った生活状態や食事内容の管理ができる	● 医師との連携 ● 各関係者への情報提供 ● 指示内容に沿った生活状況管理や利用者とともに行う家事一部介助
47	背中やお尻の痛みが少なく、楽な姿勢で横になりたい	● 横になるときの腰の痛みが軽減する	● 通院治療や服薬により痛みが軽減する	● 定期受診 ● 治療で様子を見るのか手術をするのか、医師と相談する
48	癌進行状況の不安を軽減したい	● 病状を受け入れ治療方法に納得ができる ● 気分転換ができるようになる	● 体調不良時も介助者が付き添うことで不安の軽減ができる ● 体調に応じて他者とふれあい楽しめるようになる	● 通院介助 ● 服薬管理 ● 医師との連携 ● 関係者情報の共有 ● 体調不良時は寄り添い、不安を軽減できるような対応（家族・ヘルパー対応） ● 通所施設

03 病状管理

事例No.	ニーズ	長期目標	短期目標	サービス内容
49	救急時の対応ができるようにして安心したい	● 通院介助と緊急時の体制を整えたことで、安心して自宅療養ができる	● 支援者と一緒に手続きなどを話し合いながら行うことで内容が理解でき、不安が解消される	● 介護サービスの訪問 ● 医師との連携、情報の共有 ● 緊急通報装置の設置 ● 緊急時のマニュアルを目につくところに貼っておく ● 地域ボランティアによる見守り
50	健康チェックを受け、血圧が安定するようにしたい	● 血圧の変動がなく、病状が安定する	● 病状に合わせた食事摂取ができる	● 病状に合わせた食事の提供
51	血圧が安定し、体調に変化なく過ごしたい	● 血圧が低位で安定し、体調に変化なく過ごせる	● 食事内容に気を配り適度な運動の継続ができる	● 塩分を控え薄味にする ● 制限摂取量を守る
52	インスリン注射はひとりでできるが忘れることが多く、数値が悪化しているので、栄養管理が自覚して行えるよう指導し見守ってほしい	● 血糖値が安定する	● カロリー制限を意識した食事ができる ● 定期的なインスリン注射ができる	● 栄養管理指導 ● 利用者とともに、献立を考え、調理をする ● 糖尿病食の配食サービス ● インスリン注射の確認

事例No.	ニーズ	長期目標	短期目標	サービス内容
53	糖尿の数値が安定して、安心して過ごしたい	● 糖尿病の悪化を防止し、血糖値が安定する	● 食事内容に気を配り適度な運動の継続ができる	● 栄養バランスの良い食事と水分補給 ● 適度な運動
54	最期まで苦しむことなく穏やかに過ごしたい	● 息苦しさがなく過ごすことができる	● 呼吸が楽な姿勢で来訪者とゆっくり話ができる	● 在宅酸素の使用 ● 随時の往診・緩和治療 ● 痛み緩和のための工夫（本人・介護者）
55	脳梗塞発症後、すべて妻任せにしているが、せめて自分のことはできるようになり、再発を予防したい	● 近場での少量の買い物ができるようになる	● 自分の身の回りの動作ができ、自立できるようになる	● 再発防止のための運動やリハビリの継続 ● 食事療法、水分摂取（妻の協力）
56	歯の痛みがなくなり、おいしく食事をしたい	● 歯の痛みなくおいしく食べられる	● 歯の痛みが減少する	● 歯科通院 ● 毎食後の口腔ケア
57	腎機能の低下、貧血、骨粗鬆症の悪化を予防したい	● 病状管理でき、安定した状態で毎日を過ごすことができる	● 異常の早期発見ができる ● 病状に合わせた食生活が実践できる	● 心身状況変化の観察、報告 ● 医療との連携 ● 栄養管理指導 ● 病状に合わせた調理
58	人工透析治療を無理なく続けていきたい	● 定期的な通院が確保でき、透析治療の継続ができる	● 家族の負担なく通院ができる	● 病院の送迎 ● 通院等乗降介助

事例No.	ニーズ	長期目標	短期目標	サービス内容
59	できるだけ言葉に出して自分の思いを伝えたい	● リハビリにより言葉を思い出せるようになり、発語も上手くなる	● 妻が通訳的存在になれる ● まわりの人たちの理解が深まり、気兼ねなく接することができるようになる	● 言語聴覚士によるリハビリ ● 家族に対して家庭内でのリハビリ方法の指導 ● 通訳的存在になれるように思いをくみ取れるように努める（妻）
60	糖尿病のため食事療法が必要であるとわかっているが、配食の糖尿病食では物足りずつい間食してしまう（スイーツが大好き）。血糖値を安定させたい	● 血糖値が安定する ● おやつに代わる趣味や楽しみを持つことができる	● おやつは低カロリーの食品を少量で満足できるようになる ● カロリー制限を意識するようになる	● 朝食分のカロリーを配慮した食事作りの手伝い ● 毎日散歩を行う（本人） ● 通所施設で、みんなで昼食を楽しむ ● カラオケ・ゲーム・小物作りなどで楽しむ
61	元気な時からコンビニ弁当やできあい物で済ませていたため調理ができないが、病状悪化防止のため、糖尿病や腎臓疾患に配慮された栄養バランスの良い食事を摂りたい	● 自分で考えたバランスの良い食事摂取ができ、病状の安定を保つことができる	● 病状に配慮された食事摂取ができる	● ヘルパーとともに栄養管理指導を受ける ● 利用者とともに、病状に合わせた調理を行う ● 病状に合わせた配食弁当

事例No.	ニーズ	長期目標	短期目標	サービス内容
62	ほとんどベッド上の生活になっているため食欲がなく食べることが億劫になっているが、しっかり食べて病状の悪化を防止したい	● 好みに合った好きな食事を楽しめるようになる ● 活動量が増加する	● 積極的に献立を考えることができるようになる ● 自分で献立を考えられるようになる	● 利用者とともに献立を考え、ともに調理をする ● 栄養価の高い食事内容や簡単な料理などの情報提供
63	心疾患と診断され、外出が怖くなった。ほとんど家で横になって過ごし、家事もできず、孤独感が募っている。このままでは自分が駄目になりそうだが、どうしてよいのかわからない。助けて欲しい	● 友達や支援者の協力を得て、孤独感を抱くことなく前向きに生活が送れるようになる	● 家事が不安なくできて、自信がつく ● 通所施設によって、疾病の不安なく入浴や食事、他者との会話などで楽しい時間を持てるようになる	● 病状に配慮した家事援助の手伝い、希望が湧くような会話、コミュニケーションの構築 ● 通所施設によって、他者とおしゃべりをしながら行える安全な入浴、食事の提供 ● 催し事への参加の促し
64	心的ストレスなどにより心臓が痛み、呼吸が苦しくなる。入退院を繰り返しているが、要介護状態の夫と一緒に在宅生活を継続していきたい	● 入院なく夫婦での在宅生活が継続できる	● 自分の病状を自覚し、日常生活での適切な対処方法を身につける	● 居宅療養管理指導 ● 在宅酸素療法 ● 体調管理、バイタルチェック ● 福祉、医療の連携
65	足腰の筋力がこれ以上落ちないようにしたい	● 足腰の筋力の維持・向上ができる	● リハビリの継続で杖歩行ができるようになる	● 通所リハビリ ● 毎日の散歩の継続

病状管理

事例No.	ニーズ	長期目標	短期目標	サービス内容
66	腰痛症は手術以外に服薬やコルセットで付き合っていくしかないと言われている。手術をしないで痛みを軽減し、在宅生活を維持したい	● 骨折しないよう日常動作に気をつけて現状を維持する	● 定期的な受診により適切な服薬ができ、補装具の装着により痛みの軽減ができる	● 定期受診の確保 ● 通院介助 ● 服薬管理 ● リハビリ、適度な運動 ● 食生活の改善
67	時間ごとに体位変換を行い、褥瘡の悪化を予防したい	● 褥瘡の改善ができ、他部位の褥瘡予防ができる	● 褥瘡の要因となる圧迫や湿潤をなくし、褥瘡の予防ができる	● 褥瘡部の手当（看護師・家族） ● 定期的な体位変換 ● 体位変換機能付きマット貸与
68	認知症のため、医師の指示も忘れ服薬管理もできない。病状の悪化を防ぎ、不安なく生活したい	● 病状管理ができ、安心して過ごすことができる	● 定期的に受診し、病状の把握ができる	● 通院介助、主治医の説明を一緒に聞く ● 服薬管理 ● 医師の指示による対応 ● 薬の一包化
69	体力を回復させたい	● 体力が回復し運動を継続できる	● 体力回復のための運動が日課になる ● 適切な食事ができる	● 体力回復のための運動の機会をつくる ● 適切な食事の提供

事例No.	ニーズ	長期目標	短期目標	サービス内容
70	歯周病により歯がぐらついているため、治療をし、口腔内衛生を保持したい。医師の説明や指示が理解できないので付添をお願いしたい	● 歯周病の治療後も自分でしっかり歯磨きができるようになる	● ヘルパーの付添で歯周病の治療ができる ● 自宅でのケアをヘルパーとともにできるようになる	● 通院介助 ● 歯科衛生管理指導 ● 自立に向けた口腔ケアの声かけ・見守り・一部介助
71	胃部の不快感がずっと続いているが、病院で不治の病名を宣告されるのが恐ろしくて行けないでいる。何とかこのまま不快感がなくなって欲しい	● 胃の不快感がなくなり、安心して生活できる ● 早期治療ができ、大事に至らないようになる	● 早期受診が結果的に良いことが理解でき、通院ができるようになる	● 早期受診で良かった事例などを情報提供し、受診につなげるような支援
72	物忘れがひどく通院時は妻が付き添っていたが、妻の持病が悪化し、付添ができなくなっている。医師の説明や指示がしっかり受けられるようにしたい	● 医師の説明や指示に沿った治療管理ができるようになる	● 妻に代わる付添により、定期受診ができる	● 通院介助 ● 診察室同行 ● 妻との連携、状況報告 ● 妻が服薬管理
73	気管支喘息がひどく、狭心症もあるため、通院時に歩行器で少し歩くと途中息苦しくなる。通院が苦痛になっている。安楽に通院ができるようにしたい	● 体調不良時も無理なく通院ができ、病状管理ができる	● 車いす介助により安全に安楽な通院ができるようになる	● 車いす貸与 ● 車いすで通院介助（長女） ● 長女の都合がつかない時はヘルパーによる通院介助

事例No.	ニーズ	長期目標	短期目標	サービス内容
74	歩行困難で通院がひとりではできない。医師から聞いたこともすぐ忘れてしまう。診察室も付き添ってもらいたい	● 安全に通院ができ、病状の管理ができる	● 定期的な通院ができ、医師との連携が取れ、服薬や病状の管理ができるようになる	● 通院介助 ● 受診同席（本人、医師の希望あり） ● 自宅内の状況を医師に伝える ● 服薬管理、服薬確認 ● 注意事項など各関係者への周知
75	認知症や右半身麻痺のほか、内部障害も多く病状管理が重要だが、老々介護のため困難になっている。入院することなくこのまま自宅で過ごしたい	● 病状変化の早期発見ができ、高齢の妻も安心して過ごせるようになる	● 通院の負担を軽減し、体調変化の早期発見と急変時の対応ができる	● 在宅医療・全面的な医療管理 ● 家族介護者やサービス提供者に対する助言、指示、指導など ● 看護師による体調管理 ● ヘルパーによる身体介護
76	体力低下で日中臥床していることが多くなり、眩暈やふらつきなどで転倒の不安がある。転倒による骨折や事故がなく安全に暮らしたい	● 下肢筋力が向上し、転倒など事故がなく、安全に生活を維持できる	● 受診、服薬がしっかりでき、眩暈やふらつきが軽減できる ● 下肢筋力が維持向上し、ふらつきが減少する	● 定期的な受診 ● 服薬管理（本人） ● 通所リハビリ ● 歩行機能訓練 ● 筋力強化運動 ● 毎日散歩をする ● 日中は離床する

事例No.	ニーズ	長期目標	短期目標	サービス内容
77	眩暈や立ちくらみがよくあり、転倒の不安をいつも抱えている。リウマチや貧血症状がこれ以上悪化しないようにしたい	● 治療により、リウマチによる痛みの軽減や貧血症状出現の頻度が減少する	● 医師の指示により治療を継続し、食生活にも気を付け、プラス思考で生活を送れるようになる	● 定期的な通院、治療 ● 通院等の際、乗降介助
78	認知症の悪化を防ぎ、これ以上悪くならず、夫婦で最後まで自宅で穏やかに暮らしたい	● 不安が減少し、夫婦で落ち着いた生活を送ることができる	● 心身状況の安定を保てるようになる ● 会話を多くし、失敗しないでできることを見つけられるようになる	● 通院介助 ● 医師との連携 ● 利用者をよく観察し、できないことや失敗をとがめない ● コミュニケーションを図り、できることは継続して行ってもらう ● レスパイトケア
79	物忘れが多くなり、診察の結果初期認知症と言われ落ち込んでいるが、何とか進行しないようにしたい	● 生活意欲が向上し毎日生活を楽しみながら、認知症の進行の防止ができる	● 人との交流を多くし、生活を楽しめるようになる	● 通所施設での人との交流 ● 脳トレーニング ● 季節の催しなど

03 病状管理

事例No.	ニーズ	長期目標	短期目標	サービス内容
80	脳梗塞の再発や認知症の悪化を防ぎ、夫婦で最後まで自宅で穏やかに暮らしたい	● 不安が減少し、夫婦で落ち着いた生活を送ることができる	● 心身状況の安定を保てるようになる ● 会話を多くし、失敗しないでできることを見つけられるようになる	● 通院介助 ● 薬の一包化 ● 医師との連携 ● 利用者をよく観察し、体調変化の発見 ● 残存能力の向上を図る ● 促し・見守り ● コミュニケーションを図る ● レスパイトケア
81	脳梗塞の再発を予防したい	● 生活リズムの見直しができ、脳梗塞の再発や物忘れの悪化を予防できる	● 定期的な食事摂取や適度な運動ができるようになる	● 施設通所し、多くの人と触れ合い楽しむ ● 脳トレーニング ● 個別機能訓練
82	背中の床ずれや湿疹を早く治したい	● 定期的な体位変換ができ、褥瘡や湿疹がなく、身体を清潔に保つことができるようになる	● 高齢の妻による身体介護に支援が受けられる ● 自宅で病状管理を安心して受けられる	● 看護師による褥瘡管理、湿疹やその他皮膚状態の把握、手当 ● 家族、ヘルパーへの指導 ● 身体介護

第3章 居宅サービス計画書(2) 項目別文例集第2部

03 病状管理

事例No.	ニーズ	長期目標	短期目標	サービス内容
83	これまで調理をしたことがなく、いつも惣菜で済ませていたため、血糖値が安定せず悪化状態にある。食事内容に気をつけて、在宅生活を維持したい	●病状に合わせた食事内容と摂取量の制限を守れるようになり、悪化防止ができる	●病状に適した簡単な料理ができるようになる	●栄養管理指導に基づいた調理を介護者と一緒に行う ●声かけ・見守り・一部介助をしながら、本人主体で調理ができるようにしていく ●病状に適した配食サービス
84	高齢であり通院ができないため、自宅で病状管理ができるようにしたい	●余病が出現せず、病状悪化を防ぐことができる	●定期的な受診と薬の管理が適切に行える	●居宅療養管理指導 ●訪問看護 ●服薬管理
85	躁と鬱に周期的に襲われ、自分でもどうしようもなく、鬱の時は誰にも会いたくなく、何もしたくなくなる。何とか自立したいと頑張っているので支援してほしい	●生活が安定し、不安なく受診ができ、治療に専念できるようになる	●ひとりで頑張り過ぎず、家族や周囲の人の助けを借りることに慣れて、気持ちの負担が軽減されるようになる	●定期的な受診・服薬管理（本人） ●相談援助 ●家族や医師など、各関係者との連携、情報提供 ●手続き等の援助 ●介護サービスの情報提供 ●利用者とのコミュニケーションの構築 ●利用者の体調や気分の配慮

115

事例No.	ニーズ	長期目標	短期目標	サービス内容
86	大腸癌が完全に取り切れていないため、悪化していくと思うが、できる限り長く自宅で暮したい	● 医師の説明をしっかり受け止め、納得できる生活を送れる ● 関係者の適切なサポート体制で安心して自宅での療養が継続できる	● 家族の疾病理解を高める ● 家族、主治医、サービス事業者など各関係機関との連絡が確実にできる ● サポート内容、時間の適切な分担ができる	● 主治医との連携 ● 疾病についての説明をしっかり受け止め理解する ● 病状の把握方法の指導（医師・看護師） ● 苦痛の緩和（医師） ● 本人の気持ちに寄り添い、好きな野球の話などで気分を盛り上げる
87	前立腺の状態を悪化させたくない	● 受診により不要な心配がなく、病気と向き合い改善できるようになる	● 適度な運動や適度な水分補給で便秘をしないようにする（便秘は排尿障害を悪化させる）	● 通院の確保 ● 医師の指示に従う
88	パーキンソン病のため、日内変動が激しく服薬の調整が難しくなっている。医師より服薬の調整をするための入院を勧められているが、自宅で療養したい	● 在宅でも医療的観点から観察でき、医師との連携で薬の調整ができる	● 看護師が医療的観点から観察し、本人からの情報を得て医師に報告できる ● 歩行訓練や楽な動作方法など、生活動作の習熟ができる	● 訪問看護 ● 訪問リハビリ ● 医師との連携 ● 通院介助 ● 室内移動見守り介助 ● 体調変化の状況記録

第3章 居宅サービス計画書(2) 項目別文例集第2部

事例No.	ニーズ	長期目標	短期目標	サービス内容
89	右半身麻痺になり回復意欲を失くしているためなのか、服薬の忘れが多くなっている	●再発することなく残存機能が向上し、服薬管理がひとりでできるようになる	●再発防止のためにも服薬の重要性を理解できるようになる	●通院介助 ●薬の一包化 ●袋から外し飲みやすい状態で配膳に置く ●促し・確認 ●残存機能向上訓練
90	腰と膝の痛みが少なくなり、楽に歩けるようになりたい	●痛みが少なくなり、楽に体が動くようになる	●通院やリハビリが継続できる ●毎日公園に出かけ、散歩の継続ができる	●定期通院 ●リハビリ運動の実施 ●下肢筋力強化運動
91	両膝の痛みがあり定期的にリハビリを受けたいが、歩けないため、痛みを抱えた毎日を送っている。何とか痛みをなくし、歩けるようになりたい	●痛みが緩和され、苦痛なく歩けるようになる	●痛み止め・服薬などで痛みの軽減ができる	●通院介助・受診同席 ●手術の必要性について医師と相談(本人・家族) ●車いす介助 ●通院リハビリ
92	日常生活全般に介護が必要になり、介護者の負担が過重になるため、通院せず退院後も自宅でリハビリを継続したい	●リハビリの継続により、室内移動が自分でできるようになる	●介護しやすい環境を整備し、リハビリが継続できる	●訪問リハビリ ●施設リハビリ ●送迎付き院内リハビリ

03 病状管理

事例No.	ニーズ	長期目標	短期目標	サービス内容
93	透析が免れない状況であるが、少しでも遅らせるための治療中である。医師の指示もよく理解できないが、医師との連携と適切な健康管理ができるようにしたい	●ヘルパーの見守り・確認・声かけにより、自分で管理ができるようになる	●医師との連携を図り、本人と一緒に服薬など管理を行い、定時の服薬はひとりで確実にできるようになる	●通院介助 ●薬の一包化の依頼 ●服薬管理 ●診察室同行 ●医師への情報提供 ●医師の指示・意見の把握 ●関係事業者への周知 ●調理時、利用者も参加するようにして、摂取量を把握する
94	糖尿病が悪化しているが、医師の指示もよく理解できず、適切な病状管理ができない。医師との連携と適切な健康管理ができるようにお願いしたい（隣市に住む妹）	●ヘルパーの見守り・確認・声かけにより、自分で管理ができるようになる	●医師との連携を図り、本人と一緒に服薬管理を行い、定時の服薬はひとりで確実にできるようになる	●通院介助・服薬管理 ●薬の一包化の依頼 ●診察室同行 ●医師への情報提供 ●医師の指示・意見の把握 ●調理時、利用者も参加するようにして摂取量を把握する
95	長期にわたり体調不良を訴え続けて、精神的疲労が蓄積している。穏やかな日常生活が送れるようにしたい	●痛みの訴えが軽減でき、本人・家族ともに穏やかに安定した生活が送れるようになる	●医師の指示通りの服薬ができる ●病院を変えることがなく、同じ医師の受診が継続できる	●通院介助 ●病院を変えない ●服薬管理 ●傾聴し、受容の態度で対応する ●共感的態度で接する

第3章 居宅サービス計画書(2) 項目別文例集第2部

03 病状管理

事例No.	ニーズ	長期目標	短期目標	サービス内容
96	慢性関節リウマチで痛みが激しく、通院困難になっているが、進行を少しでも遅らせるようにしたい	● 自宅でリウマチ体操や体を冷やさないなどセルフケアが継続できる	● 本人・家族ともに治療内容や病状を理解することができ、不必要な不安がなくなる	● 通院時の乗降介助 ● 通院介助 ● 理学療法 ● 作業療法 ● 自宅で行えるリハビリの指導
97	病状変化が大きいため通院がつらくなっている。在宅において医療面での状況把握ができ、安心して在宅生活を維持したい	● 医師との連携が密に図られ、自宅内の病状を的確に医師に伝えることができる	● 病状の把握ができ、早期治療につなげることができる ● 看護師が定期的に訪問することで精神的安心感が持てる	● 訪問看護による病状の管理 ● 服薬管理 ● 日常生活においてのリハビリ、及び指導 ● 医師との連携を図る
98	病状の改善意欲がなく通院も面倒がって行かず落ち込みが激しい。定期通院ができ、改善意欲を取り戻したい（別居の家族）	● 通院前日の促しによりひとりで通院ができるようになる ● 病状に対する改善意欲が向上する	● ヘルパーや家族の付添で通院ができるようになる ● 服薬が積極的にできるようになる	● 通院介助（家族・ヘルパー） ● 服薬確認 ● 意欲向上につながる会話・情報提供 ● 自宅内で簡単に楽しめるようなことを探る
99	狭心症、両変形性膝関節症などの疾病のため、ひとりでの通院が不安であるが、継続して通院治療を受けたい	● 治療の継続により、疾病による障害が軽減する	● 定期的な通院ができ、リハビリなど、積極的に改善に取り組めるようになる	● 通院等乗降介助 ● 介護タクシー利用 ● 通所リハビリ

事例No.	ニーズ	長期目標	短期目標	サービス内容
100	慢性疾患が管理できず、悪化状態である。身寄りがないため安定した生活が送れるようにしたい（民生委員）	● 施設入所し、安定した生活が送れるようになる	● 施設入所までの間は短期入所とヘルパーの介助で病状管理も含め生活全般の見守り・一部介助を行うことができる	● 通院・服薬介助 ● 入院必要性の打診 ● 短期入所 ● 施設入所手続き ● 成年後見制度利用の手続き
101	高齢のため物忘れがひどく、医師の指示や病状の報告などが的確にできず、服薬も上手くできていない。病状管理が確実にできるようにしたい	● 適切な対応ができ、健康管理ができる ● ひとりでも確実に服薬ができるようになる	● 医師に正確な情報を伝え、医師の指示を受けることができる ● 一包化された薬を配膳に置き、確認することで習慣化する ● 通院時の付添、見守り、促しなど病状管理を支援する	● 通院介助 ● 診察室同行（医師よりヘルパーの同席依頼あり） ● 服薬管理（一包化の依頼） ● 服薬状況確認

事例No.	ニーズ	長期目標	短期目標	サービス内容
102	言語障害があり生活が不自由になっているが、昔から付き合いのある人たちとの交流は継続したい	● 言語機能が向上し、家族や他の支援者の協力で他者とも会話が可能になる ● 以前からの友達との交流が継続できるようになる	● 家族やヘルパーが表情や発語で本人の意思を理解できるようになる	● 言語機能回復のリハビリ（家族も一緒に学ぶ） ● 通所リハビリ
103	医師の指示や服薬などの管理がきちんとできるようにしたい	● 注意事項を守れたか、薬の飲み忘れはないかなど自分で確認ができるようになる	● 注意事項の張り紙を見ることや薬を飲んだことの確認が習慣付くようになる ● 確実に服薬できるようになる	● 診察室付添・医師との連携 ● 服薬管理（一包化の依頼） ● 注意事項をわかりやすく書き、貼り付ける ● 一週間分の貼り付け用ポケットに薬を用意する ● 確認チェックシートを作る
104	気管切開のカニューレ装着部の皮膚のトラブルを防ぎたい	● 皮膚疾患及び感染症が予防できる	● 装着部位の周辺の皮膚の状態を正常に保つことができる	● 通院介助 ● 看護師により管理指導 ● 家族への処置指導

事例No.	ニーズ	長期目標	短期目標	サービス内容
105	寝たきりであるが、関節の拘縮が起こらないようにしたい	● 拘縮の維持・向上が図られる	● 家族も拘縮予防のリハビリができるようになる	● 訪問リハビリ ● 家族もできるリハビリ指導
106	痛みやふらつきの原因がわからないため、大きな病気ではないかと不安で夜も眠れず閉じこもりになっている。体調不良がなく、日々安心して暮らしたい	● 不安が軽減され、夜間睡眠がとれる ● 他県にいる姉妹の家に泊まりに行けるようになる	● 専門医師との連携により不安症の改善が図れる ● 通所施設に行けるようになる	● 通院介助 ● 医師と連携 ● 精神科医療の検討 ● 服薬管理 ● 不安をなくす環境作り ● デイサービスなど通所したくなるような情報提供
107	どんなに悪くなっても絶対に入院はしたくない。最後まで自宅で療養したい	● 自宅で服薬調整をしながら療養ができる	● 自宅で診察、検査などが受けられる ● 病状の管理ができ、早期治療ができる	● 在宅療養管理指導 ● リハビリ・バイタルチェック・医師への報告 ● 体調変化を見逃さず本人のつらさに寄り添っていく ● 医療との連携により情報の共有を図る
108	パーキンソン病が徐々に増悪しているが排泄・入浴・整容はできるだけ長く自分で行いたい	● 体調に合わせて心身の不安や負担を軽減し、望む生活ができる	● 服薬の調整・リハビリにより、進行の遅滞を図ることができる	● 通院介助 ● 服薬管理 ● 身体機能維持のための訪問リハビリ ● 生活動作が無理なくできるような環境整備と一部介助

事例No.	ニーズ	長期目標	短期目標	サービス内容
109	認知症が進行し、通院や服薬管理が困難になっている。医師の指示など適切に受け入れ薬も確実に飲めるようにしたい	● ヘルパーが付き添うことで在宅での状況も医師に伝えることができ、医師の指示を適切に実践できるようになる	● 定期通院ができ、確実に服薬ができるようになる	● 通院付添 ● 薬剤の一包化・ピルケースの活用（毎日確認） ● 医師との連携 ● 在宅状況を的確に医師に伝える（ヘルパー・ケアマネージャー） ● 息子との連絡ノートを作る
110	生活意欲がなく一切外出をせず、多くの疾病を抱えながら通院を拒否しているため、受診ができるようにしたい	● 信頼関係が構築でき、受診の必要性が理解できるようになる	● 少しずつ利用者の気持ちが開き自分の思いや要求を話せるようになる	● 信頼関係の構築 ● 利用者の思いや体調の把握・受容 ● 急がず、受診に向けた会話や促し ● 家族との連携
111	貧血によるふらつきや転倒をなくしたい	● 貧血の症状が緩和する ● 継続的な健康管理ができる	● 定期通院ができる ● 食事内容を改善し貧血が緩和できる	● 通院介助 ● 服薬管理 ● 栄養管理指導 ● 食事内容の改善

03 病状管理

事例No.	ニーズ	長期目標	短期目標	サービス内容
112	食事も忘れ、一日中うつろな感じで声かけに対しても返事が返ってこない。認知症の心配があるので早期治療を始めたい	●介護者の適切な対応で意欲を取り戻し、他者との交流ができるようになる ●会話ができるようになり、笑顔が見られるようになる	●服薬の継続ができる ●おしぼりがたためるようになる ●洗濯物がたためるようになる ●自分のできることが見つかり、自信を持てるようになる	●通院の促し、介助 ●服薬管理 ●他者と触れ合う場の提供 ●施設の仲間や近隣者など、会話ができるように働きかける ●自信がつくような働きかけ
113	病状が増悪し、医療面からの観察や対応が必要になっている。これからも在宅生活を安心して継続したい	●家族や医師、各関係者で連携を密に図り、病状の観察処置ができる	●在宅酸素を取り入れ、利用者の身体的負担が軽減できる ●医師や看護師が訪問することで、精神面での不安の軽減ができる	●在宅療養管理 ●訪問看護 ●訪問入浴 ●日々の病状の記録 ●各関係者間情報の共有

第3章　居宅サービス計画書(2) 項目別文例集第2部

03 病状管理

事例No.	ニーズ	長期目標	短期目標	サービス内容
114	医師と話をしている時はわかっているが帰ったら忘れてしまう。医師の指示や服薬などの管理がきちんとできるようにしたい	●服薬管理ができるようになる ●注意事項を守れたか、薬の飲み忘れはないかなど自分で確認ができるようになる	●一包化により確実に服薬できるようになる ●医師から言われた注意事項の張り紙を見る習慣がつく ●薬を飲んだことを確認する習慣がつく	●診察室付添　医師の指示や自宅内の情報提供 ●服薬管理（一包化の依頼） ●注意事項をわかりやすく書き、貼り付ける ●一週間分の貼り付け用ポケットに薬を用意する
115	病状の変化が顕著で不安が大きいが、入院することなく、自宅で病状管理を行い妻との生活を継続したい	●医師との連携を密にし、自宅内の状況を的確に医師に伝えることができる	●病状の把握ができ、早期治療につなげることができる	●居宅療養管理指導 ●バイタルチェック・記録 ●服薬管理 ●医師との連携
116	病状や管理方法がよく理解できないため、ひとりで血糖コントロールは困難だが、腎臓疾患が悪化しないようにしたい	●見守らなくても食事の摂取量がきっちり守れるようになる	●間食をしないようになる ●インスリン注射が確実にできるようになる	●医療との連携 ●通院、服薬などの促し、確認 ●生活全般の見守り・介助 ●適切な食事量の確認
117	胃瘻部周囲の皮膚状態を良好に保ちたい	●皮膚状態の管理ができ、良好に維持できる	●家族も適切な処置ができるようになる ●医学的管理ができる	●訪問看護により状況の把握、家族やヘルパーの指導 ●ヘルパーによる準備、片付け

事例No.	ニーズ	長期目標	短期目標	サービス内容
118	痛みを軽減したい	毎日30分から1時間程度のゆっくり散歩を実践できるようになる	栄養バランスの良い食事を適量摂取でき、適度な運動により痛みが軽減する	● 内科受診継続 ● 神経内科受診 ● 栄養指導 ● 糖尿病の管理をきちんと行うよう家族を含めて指導 ● 訪問看護で足浴等合併症の管理 ● 毎日適度な運動をする
119	麻痺側の拘縮、筋力低下を予防し、できれば向上するように頑張りたい	身の周りの動作ができるようになる	介護者の協力により、自宅でも生活リハビリが継続できるようになる	● 作業療法 ● 自宅でのリハビリ方法の指導 ● 補装具や自助具の情報提供
120	血圧を安定させ食道静脈瘤が破裂しないようにしたい	高血圧に配慮した食事と服薬により、血圧を安定させることができる	病状をしっかり受け止め、減塩・脂肪分の制限ができるようになる	● 定期通院 ● 受診時に血圧測定記録を持参する ● 栄養管理指導 ● 指示通りの食事摂取
121	● 両下肢運動機能低下により関節拘縮の進行が見られるため、拘縮の進行を防止したい	拘縮の進行予防ができ、現状の拘縮が多少は改善できる	リハビリにより拘縮の進行防止ができる	● 作業療法 ● 拘縮予防マッサージ ● 日常生活動作によるセルフケア

第3章　居宅サービス計画書(2) 項目別文例集第2部

03 病状管理

事例No.	ニーズ	長期目標	短期目標	サービス内容
122	褥瘡の痛みがひどくなっているため治療して楽になりたい	●管理状態がきちんとできるようになり、他部位の褥瘡予防ができる	●仙骨部の痛みが軽減する ●臥床時間が短縮できる	●皮膚科および内科受診 ●離床時間を増やす ●褥瘡の治療 ●対応方法を家族に指導 ●栄養状態の管理 ●デイサービスの利用
123	あまりに痒みがひどいので病院で診てもらい、適切な治療をしてもらいたい	●痒みの軽減ができる	●受診により痒みの原因が明らかになり、適切な対応ができる	●通院介助 ●皮膚科・内科受診 ●スキンケア指導 ●室内の湿度に配慮する
124	壊疽を起こすことなく生活したい	●継続した血糖のコントロールができる	●毎日の観察で早期の対応ができ、壊疽を予防できる	●フットケア ●やけど、けがを放置しないよう家族を指導 ●毎日足を観察するよう指導
125	適切な治療を受けてほしい（別居の家族）	●定期的な受診ができ、適切な治療が継続される	●受診の必要性を本人が納得し、継続的な受診の手段が確保される	●通院送迎 ●家族による治療の必要性の説得 ●訪問看護

事例No.	ニーズ	長期目標	短期目標	サービス内容
126	内服薬を適切に服用してほしい（家族）	● 服薬が適切になされ、病状が維持改善できる	● 適切な服用が確認できる	● 医師、薬剤師による療養管理指導 ● 薬剤の整理、一包化 ● 訪問看護時の服薬確認と指導 ● 訪問時の服薬確認（家族）
127	膝、腰の痛みがひどく体全体がつらい。痛みを軽減したい	● 定期的な治療、服薬により痛みの緩和・改善ができる	● 不安なく通院ができ、適切な治療と服薬ができる	● 通院介助 ● 車いす貸与 ● 服薬管理
128	膝の痛みがなくなり、以前のように外出したい	● 足の痛みが軽減する	● 医師の診察を受け、適切な治療を受ける ● 歩行時の痛みが軽減する	● 通院介助 ● 痛みの緩和 ● 理学療法、作業療法によるリハビリ
129	●室内だけでもひとりで自由に移動できるようになりたい	● 杖歩行で好きな時に好きな所へ単独移動ができるようになる	● 手すりや歩行器を利用し、ひとりで移動ができるようになる	● ADL訓練 ● 通所リハビリテーション ● 段差の解消、手すり設置 ● 室内での歩行器使用
130	薬は自分で服薬したい	● 自分で毎回服薬できる	● 袋から出し、取り出しやすいピルケースに入れておく	● 取り出しやすいように事前にピルケースに入れる

事例No.	ニーズ	長期目標	短期目標	サービス内容
131	規則正しい食事やインスリン自己注射ができ、血糖コントロールがひとりでもできるようにしたい	●糖尿病の悪化を防止し、血糖値が安定する ●三食きちんと摂り、インスリンも正しく注射することがひとりでできるようになる	●ヘルパーが作った食事を声かけにより自分で配膳し、三食きっちり食べることができる ●見守りによりインスリンの自己注射ができる	●朝食時は家族が対応 ●昼夕食事を作り、わかりやすく置いておく（家族） ●昼夕食は本人が配膳できるように声かけ（ヘルパー） ●インスリン注射の見守り・確認

03 病状管理

04 | 移動（屋内）

事例No.	ニーズ	長期目標	短期目標	サービス内容
132	移動が困難であるため、リハビリや訓練を受け、室内移動がひとりでできるようになりたい	● 室内移動が自分でできるようになる	● 定期的にリハビリを受けられるようになる	● 通院介助 ● 通院など乗降介助 ● 訪問リハビリ ● 通所リハビリ
133	硬膜下血腫術後の後遺症で下肢が不安定であるが、本人は認めず術前のように歩けると思い込んで歩行時頻回に転倒している。安全な状況にしたい	● 転倒や事故がなく、安全、安楽に在宅生活を送ることができる	● 歩行器を利用し、室内移動が自分でできる	● 歩行器貸与 ● 室内移動線上の安全整備 ● 移動時声かけや一部介助で安全面に注意し、歩行器に慣れるようにする
134	片麻痺のため下肢筋力が低下し、体のバランスが取れず転倒の危険性が高くなり不安である。安全に室内の移動をひとりでできるようになりたい	● 手すりを支えに不安なく室内移動ができるようになる ● 歩行器を使用し近場の外出ができるようになる	● 手すりを設置するなど動線上の整備により、安全にひとりで移動することができる	● 手すりの設置（住宅改修） ● タッチアップ手すりの設置（福祉用具貸与） ● 下肢筋力回復のためのリハビリ ● 歩行器貸与
135	室内を転倒することなく移動したい	● 転倒することなくスムーズに、安全に移動できる	● 転倒することが減少する	● 受診し歩行不安定の原因を確認する ● リハビリ歩行訓練 ● 動線上に手すりの設置と段差の解消 ● 歩行器の使用を検討する

事例No.	ニーズ	長期目標	短期目標	サービス内容
136	下肢筋力低下と認知症により、手引き歩行時に足の踏み出し方がわからない時があり、歩行が困難になっている。室内だけでも介助しながら移動できるようにしたい	●歩行器を使用し声かけをすることで、室内の移動が自力でできる	●歩行器の利用に慣れる ●足の踏み出しなど、声かけしながら一部介助で室内の移動ができるようになる	●歩行器貸与 ●室内移動線上の安全整備（家族） ●移動時声かけや一部介助によって、安全面に対して注意する
137	歩行不安定で移動に転倒の危険性があり、不安である。安全に室内移動ができるようになりたい	●不安なく室内移動ができるようになる	●転倒や事故がなく、室内移動ができるようになる	●トイレ、玄関出入り口、廊下など動線に合わせて手すりの設置
138	家の中を転ばないように移動したい	●自宅内で転倒の不安なく移動できる	●安全を確保して移動する方法が習慣づけられる	●動線の調査 ●移動方法の確認 ●移動時の危険因子の確認 ●安全な移動に必要な手すりや歩行器などの検討
139	部屋で横になっていると良くないことばかり考えているため、気晴らしにベッドから離れ、外出をしてみたい	●車いす介助で外出ができるようになる ●気分転換ができ、生活意欲が向上する	●ベッドを離れて座位をとる時間が増加する ●リハビリの継続で残存機能の向上を図れる	●作業療法による残存機能の訓練、リハビリ ●車いす介助 ●買い物など外出介助

04 移動（屋内）

事例No.	ニーズ	長期目標	短期目標	サービス内容
140	つかまりながら安全に家の中を動きたい	● 手すりなどを使い、装具を装着し、安全に単独移動ができる	● 手すりを使い、膝折れに注意し、見守りのもと、室内移動ができるようになる	● 室内動線上に手すりの設置 ● 歩行時、膝折れ防止の装具の取り外し介助
141	下肢筋力低下のため歩行不安定で転倒の危険性が高いため、安全に室内移動ができるようにしたい	● 転倒の不安なく安全に室内移動ができるようになる	● 手すりを利用し室内移動ができるようになる	● 生活動線の安全確保 ● 段差解消 ● 手すりの設置
142	自宅内は介助なく安全に自立歩行ができるようになりたい	● 自宅内は手すりだけで自立歩行ができるようになる	● 手すりや歩行器を使用し、好きな時に室内の移動ができる	● 手すりの設置 ● 歩行器貸与 ● 歩行機能訓練 ● 下肢筋力強化運動
143	パーキンソン病の進行が顕著に出現し、室内の歩行も思うようにできなくなっている。オフ状態になるとまったく動けないが、何とか室内だけでも自立したい	● 夫とヘルパー各関係者の協力で、本人の希望する生活状態が継続できるようになる	● 住宅改修や福祉用具を活用し、安全に移動できるようにする ● 進行状況に合わせ、流動的に室内環境の整備ができる	● 手すりの設置 ● 室内用歩行器の貸与 ● 特殊寝台貸与 ● 特殊寝台付属品の貸与 ● 車いす貸与 ● 車いす付属品の貸与

事例No.	ニーズ	長期目標	短期目標	サービス内容
144	室内の移動は自分でできるようになりたい	● 痛みが改善し、単独移動ができるようになる	● 痛み止めの処置ができ、室内移動ができるようになる ● 治療の継続ができる	● 通院治療の継続 ● 改善策について医師と相談する ● 通院介助
145	右半身麻痺のため室内移動や起居動作が困難である。家族の手を煩わさないよう、家の中では自立したい	● 室内移動・起居動作が自分ででき、自分自身のペースで生活が維持できるようになる	● 体の障害状況に合わせた福祉用具を使いこなせるようになり、介護者の介助の必要性が減る	● 手すりの設置 ● 特殊寝台貸与 ● 特殊寝台付属品の貸与 ● 訪問リハビリ ● 通所リハビリ ● 残存機能向上訓練
146	脳梗塞後遺症により転倒不安がある。リハビリ訓練中であるが、より安心して室内移動をしたい	● 筋力回復により転倒不安なく室内を移動できる	● 室内環境が改善でき転倒不安が減少する ● 回復には時間がかかることを理解し、焦らずゆっくり無理のないリハビリができるようになる	● 室内環境整備（手すり） ● 掃除、片づけ ● リハビリの継続 ● 自発的なリハビリの実施
147	トイレまで自分で行けるようになりたい	● トイレまでひとりで行ける	● 見守りでベッドからトイレまでの移動ができる	● ベッドからトイレまでの動線上に必要な手すりの設置 ● 移動時の手すりの使い方の指導と練習

事例No.	ニーズ	長期目標	短期目標	サービス内容
148	家事などのため室内移動が必要であるが、歩行は困難。室内の移動がしたい	● 歩行器なしで歩けるようになり、ヘルパーと一緒に調理ができ、室内の清潔保持ができるようになる	● 膝の痛みが軽減でき、歩行器使用で室内移動は安全にできるようになる	● 通院介助・服薬管理 ● リハビリの継続 ● 通院など乗降介助（医師との連携により単独通院ができる） ● 室内環境整備 ● 家事全般見守り・介助 ● 自分でできることは本人に自分で行ってもらうよう、声かけする ● 買い物同行、代行
149	痛みなく歩けて、転倒による骨折を防ぎたい	● 下肢筋力向上により、杖歩行ができるようになる	● 通院、治療により痛みが軽減できる ● 手すりを支えに転倒の不安なく室内移動ができる	● 通院介助 ● 手すりの設置 ● 通所リハビリ
150	荷物を整頓して、歩行器で安全に室内移動ができるような環境をつくりたい	● 杖歩行で室内移動ができるようになる	● 室内が整理され、安楽に歩行器の使用ができるようになる	● 歩行機能訓練 ● 下肢筋力強化運動 ● 歩行器貸与 ● 杖の購入

第3章　居宅サービス計画書(2)　項目別文例集第2部

事例No.	ニーズ	長期目標	短期目標	サービス内容
151	脳梗塞後遺症で、歩行困難であるが、室内移動は自分で行い、在宅生活を維持したい	● 室内移動が自分でできる	● 一部介助・見守りにより、室内移動ができるようになる	● 移動介助 ● 歩行動作の促し、見守り ● 手すりの設置 ● 段差解消 ● 日常生活動線の確保 ● 歩行機能訓練
152	身体機能の低下により歩き始めはふらつきがある。転倒の危険なく室内は自立移動ができるようになりたい	● 転倒の危険なく、安全な室内移動ができるようになる	● 手すりを持ち、ゆっくり自立歩行ができるようになる	● 特殊寝台・付属品の貸与 ● 動線に合わせた手すりの設置 ● タッチアップ手すり ● 起居動作・生活動作訓練 ● 通所リハビリ ● 臥床時間の短縮を図る
153	足が上がらず、わずかな段差にもつまずいて転倒するようになり、転倒・骨折の不安がある。このまま寝込むことがないようにしたい	● 寝込むことなく室内では自立できる	● 足の関節が和らぎ、つまずきが軽減する	● 両下肢筋力強化訓練 ● 立位バランス訓練 ● 四肢、体幹関節可動域訓練 ● 日常生活動作によるセルフケア

04　移動(屋内)

事例No.	ニーズ	長期目標	短期目標	サービス内容
154	すり足歩行で転倒の危険がある。夫の手を借りて移動しているが、自立歩行ができ、夫の負担を軽くしたい	● 夫にお茶くらいは入れてあげられるようになる	● 転倒の不安なく室内移動ができるようになる	● 手すりの設置 ● 動線確保 ● 通所リハビリ ● 残存機能向上訓練
155	転倒の危険性が大きいため、筋力の向上を図り、転倒の不安がなく歩けるようになりたい	● 下肢筋力が向上し、歩けるようになる ● 安心してひとりで外出ができるようになる	● 転倒の不安なく室内移動ができる	● 歩行機能訓練 ● 通所リハビリ ● 玄関上がり框手すりの設置
156	大腿骨骨折後で、歩行状態が不安定であるため、転倒なく安定した歩行ができるようになりたい	● 好きな時に杖歩行で外出ができるようになる	● 室内環境を整えたことで事故防止ができる ● リハビリ、訓練により歩行機能が回復し、杖歩行ができる	● 手すりの設置 ● 段差の解消 ● 歩行機能訓練
157	膝、腰の痛みが強く移動時は介助してもらっている。家の中は自分で歩きたい	● 室内移動が自分でできる	● 通院の確保により痛みの軽減ができる ● 歩行器を使用し、室内移動ができるようになる	● 通院介助 ● 歩行器貸与 ● 歩行機能訓練 ● 下肢筋力強化運動（セルフケア）

第3章　居宅サービス計画書(2) 項目別文例集第2部

事例No.	ニーズ	長期目標	短期目標	サービス内容
158	歩行が不安定で転倒の危険性があるが、排泄はトイレで、ひとりで行いたい	● 転倒の不安なく排泄動作ができるようになる	● 手すりを活用し不安の解消ができる	● 動線確保 ● 手すり設置 ● 筋力向上運動
159	下肢筋力低下によってふらつきがあり、歩行困難になっている。転倒することなく自由に動きたい	● 筋力がつき、自由に室内移動ができるようになる	● 手すりを支えに不安が減少し、ゆっくり、しっかり歩けるようになる ● リハビリの継続により筋力が強化され、安全に歩けるようになる	● 生活動線上に手すりの設置・段差解消 ● 通所リハビリ ● 筋力強化運動 ● 歩行機能訓練
160	労作時呼吸困難になり、簡単な起居動作にも負担がかかっているため、起居動作、室内移動が安楽にできるようにしたい	● 家族や医師他、各関係者の連携により、利用者の精神的安定を図りながら身体的負担の軽減ができる	● ギャッチアップ操作がひとりでできるようになる ● 負担のない姿勢の保持や動作ができるようになる	● 起居・移動介助 ● 特殊寝台・付属品貸与 ● 居宅療養管理指導 ● 看護師によるバイタルチェック ● 室内用車いす貸与

04 移動（屋内）

事例No.	ニーズ	長期目標	短期目標	サービス内容
161	何もすることがなく、日中もベッドにいる。家族やまわりの人たちに喜んでもらえるようなことができるようになりたい	● 歩行器で室内移動が可能になり、家事の手伝いができるようになる	● 残存機能の強化と麻痺側の機能向上訓練の継続ができる ● 洗濯物がたためるようになる ● 食卓テーブルを拭くことが仕事となる	● 訪問リハビリ ● 通所リハビリ ● 歩行器貸与 ● 家族と一緒に楽しんでできることを見つける ● 外出先でのできごとなど、情報を共有し、会話を多くする
162	歩行に不安がありベッドから離れようとしないが、元気な時のようにテーブルにつき夫婦で食事を楽しみたい	● 手すりや杖を支えにひとりでテーブルにつくことができるようになる	● 一部介助することで歩行に不安がなくテーブルにつける ● リハビリの継続ができる	● 手すりの設置 ● 手すりの貸与 ● 通所リハビリ ● 訪問リハビリ
163	歩行が不安定なため、転倒なく過ごしたい	● 安定した歩行ができ、不安が軽減できる	● 歩行器の使用に慣れる ● 補装具の装着に慣れ、膝折れの不安が軽減できる	● 段差解消 ● 手すりの設置 ● 歩行器の貸与 ● 補装具の購入
164	室内を転倒することなく移動したい	● 転倒することなく室内移動ができる	● 室内移動の介助と手すり使用の習慣づけ	● 神経内科受診 ● 通所リハビリテーション ● 段差の解消、手すりの設置

事例No.	ニーズ	長期目標	短期目標	サービス内容
165	歩行不安定で移動にも転倒の危険性があり、不安である。安全に室内移動ができるようになりたい	●一人でも不安なく室内移動ができ、近場は歩行器を使用して単独歩行ができるようになる	●手すりを利用し転倒や事故がなく室内移動ができ、ヘルパー付添で外出ができるようになる	●手すりの設置
166	下肢筋力低下により転倒の危険性を感じている。安心して移動できるような環境にしたい	●屋内の移動は不安なくできる	●屋内の移動は安全を確保しながらできる	●手すりの設置 ●段差解消 ●日常生活動線の確保 ●下肢筋力強化運動
167	トイレに段差があり移動と立ち座りに不安がある。安全にトイレ使用ができるようにしたい	●歩行機能が向上し、転倒の不安なく安全に排泄動作ができるようになる	●手すりを使った安全で安楽な動作を習得できる	●段差解消 ●手すりの設置・貸与 ●作業療法 ●歩行機能訓練
168	段差が多く転倒することが多いため、転倒の不安なく室内移動ができるようになりたい	●室内移動は危険なく自立できるようになる	●段差が解消され安全に移動ができる ●生活動線の危険性が解消され、安全な移動ができる	●段差の解消 ●手すりの設置 ●日常生活動線の確保 ●歩行機能訓練

移動（屋内）

事例No.	ニーズ	長期目標	短期目標	サービス内容
169	借家であるため、手すりの設置ができない。杖だけでは不安定なため、安全に室内移動ができるようにしたい	● 転倒や骨折に気を付けて自宅内でもリハビリを継続し、室内自立移動の継続に努める	● 安全に室内移動ができる	● 家主に相談する ● ベストポジションバーの貸与 ● 歩行器の貸与 ● 歩行機能訓練
170	不全麻痺はあるが、室内はひとりで移動できるようになりたい	● ゆっくり自分のペースで室内を移動できるようになる	● 杖や手すりを使って、転倒なく安全に移動できるようになる	● 室内動線に手すりの設置 ● 4点杖貸与
171	歩行不安定で転倒の不安があるが、骨折などの事故がなく、現状の生活を続けたい	● 歩行機能の向上が図られ、近場の外出は杖歩行でできる	● 歩行機能が向上する ● 歩行バランスが改善される ● 室内移動が不安なくできる	● S.Tにより安全な動作指導を受ける（本人） ● 手すりの設置 ● 室内動線の確保 ● 訪問リハビリ ● 通所リハビリ
172	下肢にしびれがあり感覚が鈍い。自宅内に段差が多くあるため、つまずくことがよくあるので、骨折など事故がないようにしたい	● 転倒の不安なく室内での運動やリハビリが継続できる	● 段差解消、手すりの設置などによりつまずきの不安なく屋内移動ができる ● セルフリハビリの継続ができる	● 手すりの設置 ● 段差解消 ● 通所リハビリ ● 自宅で継続できるリハビリの指導

事例No.	ニーズ	長期目標	短期目標	サービス内容
173	半身麻痺のため歩行が困難であるが、介護者も高齢で移動介助することができない。元気な時のようにテーブルにつき夫婦で食事を楽しみたい	● テーブルについて食事ができるようになる ● 介護負担が軽減され夫婦ともにストレスを抱えることなく介護生活が維持できる	● 残存機能を活用しベッドから車いすへの移乗が一部介助でできるようになる ● 介護者に大きな負担をかけずにテーブルにつけるようになる	● ヘルパーによる移動・移乗介助 ● 作業療法（家族にも介助方法の指導をする） ● 残存機能を活用し、自立できるような移乗方法の習得（本人） ● 特殊寝台・付属品貸与 ● 車いす貸与

04 移動（屋内）

05 移動(屋外)

事例No.	ニーズ	長期目標	短期目標	サービス内容
174	これまで出かけるのが辛くて引きこもっていたが、気分転換も兼ねて自分で献立を考え、買い物がしたい	●買い物等外出を楽しめるようになり、張りのある毎日を送ることができる	●室内は歩行器で自立移動できるようになる	●車いす貸与 ●車いす介助 ●歩行器貸与 ●訪問リハビリ ●通所リハビリ
175	転倒の不安がなく安全に通院ができるようにしたい	●転倒なく自力で安全な通院ができ、病状の悪化防止ができる	●介助により通院が安全にできるようになる	●玄関から病院受付までの介助
176	気管支喘息がひどく狭心症もあるため、通院時歩行器で少し歩くと途中息苦しくなるので、通院が苦痛になっている。安楽に通院ができるようにしたい	●体調不良時も無理なく通院ができ、病状管理ができる	●車いす介助により安全に苦痛なく安楽な通院ができるようになる	●車いす貸与 ●車いすで通院介助(長女) ●長女の都合がつかない時はヘルパーによる通院介助
177	整形外科、内科、眼科など月に3回以上の通院があるが、ひとりでは行けない。安全に定期通院がしたい	●不安なく安全に通院ができ、病状の管理、改善ができる	●転倒の不安なく安全・安楽に通院ができる	●自宅玄関から病院受付までの介助(通院等乗降介助) ●院内は歩行器を利用し単独移動(本人)
178	左人工骨置き換え術後のため痛みで歩行ができない。検診やリハビリなどの通院が安全にできるようにしたい	●痛みもなく歩行ができ、通院できるようになる	●歩行器を利用し通院ができるようになる	●通院等乗降介助 ●歩行訓練などリハビリ ●歩行器貸与

事例No.	ニーズ	長期目標	短期目標	サービス内容
179	ひとりでは外出に不安があり通院も困難で閉じこもりになっているため、定期的な通院ができ、痛みをなくしたい	●安全な通院が継続でき、病状の管理ができる	●通院により痛みの軽減ができる	●通院介助
180	両膝と腰の痛みがあり歩行困難となっているため通院ができない。病院が遠いため介助してもらえず困っている。他人に迷惑をかけず、通院ができるようになりたい	●定期的な通院がひとりでできるようになる	●電動車いすの操作に慣れる ●電動車いすで電車やエレベーターに乗れるようになる	●電動車いすの貸与 ●電動車いすの操作の指導を受ける ●電車やエレベーターの乗降の見守り（慣れるまでは家族付添） ●駅員に声かけをする（本人）
181	下肢不全麻痺で室内でもよく転倒しているため、通院がひとりではできない。転倒することなく安全に通院ができるようにしたい	●通院が継続でき、病状の管理ができる	●定期的な通院が安全にできる	●通院介助 ●院内介助（病院受付職員より介助依頼あり）
182	下肢筋力が低下し転倒の不安があるが、安全に外出できるようにしたい	●転倒の不安がなく、買い物や散歩に出かけられる	●転倒の不安なく外出ができる	●車いす貸与 ●車いす介助（長女・ヘルパー）

事例No.	ニーズ	長期目標	短期目標	サービス内容
183	ひとりでは外出に不安があり閉じこもりになっているため、時には自分の目で見て買い物を楽しみたい	● 自分の目で見て買い物ができ、食事の楽しみが出る	● 介助により不安なく買い物を楽しめるようになる	● 買い物同行
184	痛みを軽減し、安全に歩行したい	● 屋外の移動も、杖があれば歩行移動できる	● 膝の痛みが軽減し、室内は楽に移動できる	● 整形外科受診 ● 下肢筋力訓練 ● 栄養指導により減量 ● 外出時、杖使用 ● 手すりの設置
185	下肢痺れと筋力低下でベッドからの立ち上がりや移動時に転倒することが多く骨折の不安がある。室内や院内の歩行がひとりで安全にできるようになりたい	● 自宅内や院内の歩行が自立できるようになる	● 歩行器を使用し、転倒することなく安全に移動ができる ● 介護者付添で毎日散歩ができる	● 歩行器貸与 ● 定期通院と院内のリハビリを受ける（本人） ● 家族や友人の付添で自宅周辺を毎日散歩する（本人）
186	腰痛のため歩行が困難になったが、近くのスーパーへ毎日、一日に一度は買い物に行きたい	● 腰痛が改善され自由に外出ができるようになる	● 介助により買い物に行くことができる	● 買い物介助 ● 車いす貸与 ● リハビリ訓練

事例No.	ニーズ	長期目標	短期目標	サービス内容
187	日内変動が顕著であるが、献立を考え買い物に行きたい	● ヘルパーと調理方法などを話しながら、調理作業をともにする	● ヘルパーと一緒に献立や調理方法など話し合いながら買い物をする	● 一緒に献立を考える ● 買い物同行に際して、車いす介助 ● 体調不良時は買い物代行
188	認知症と下肢筋力の低下により車の移乗が困難になっている。介護者も高齢であり介助ができないため、定期通院の確保ができるように手伝ってほしい	● 妻の付添が安楽になり、通院介助の継続ができ、認知症進行の軽減ができる	● 介護サービスにより、車の移乗が安全にでき、妻の付添で医師との連携が図れる	● 通院等乗降介助 ● 通院時付添（妻） ● 服薬管理
189	筋力低下でふらつきが多い。転倒しないで歩行できるようになり、いつも仲間と会っていた喫茶店へ行きたい	● 喫茶店まで歩いて行き、仲間と楽しく過ごすことができるようになる	● 継続的な下肢筋力強化運動を行う ● 杖歩行で不安なく歩けるようになる	● 散歩の継続 ● 歩行介助・促し・見守り ● 歩行機能訓練 ● 下肢筋力強化運動（セルフケア）
190	左下腿切断しているため、室内は右下肢と上半身で何とか移動できている状態。車いす介助で外出しているため、何とか単独で通院や外出ができるようになりたい	● 車いす自走ができ、社会参加の機会を得ることができて、QOLの向上が図れる	● ヘルパー見守りによって自走車いすで通院ができるようになる ● 安心してリハビリにも通えるようになる	● 電動車いす貸与 ● リハビリなど通院見守り介助 ● その他自立に向けた支援

事例No.	ニーズ	長期目標	短期目標	サービス内容
191	下肢のしびれで転倒が多く、ひとりでの通院に危険が伴っているため、安全に通院ができるようにしたい	● 継続して安全な通院ができる	● 通院介助により安全に通院ができるようになる	● 通院介助 ● 通院等乗降介助 ● 院内は病院スタッフが対応（承諾済）
192	週に1度の定期通院があるが、ぶつかったり事故が多く、ひとりでは通院ができないため、安全に通院ができるようにしたい	● 安全に定期通院ができ、病状管理ができる	● 事故がなく安全に通院ができるようになる	● 通院介助 ● 受付時の介助 ● 代筆、代読 ● 支払い時の見守り確認（できるだけ本人に任せて見守る）
193	整形の他、内科や眼科の通院がある。月に3回以上は通院があるが、ひとりでは行けない。安全に定期通院ができるようにしたい	● 安全な定期通院の確保ができ病状の管理ができる	● 転倒等の不安なく安全に通院ができる	● 通院等乗降介助
194	通院を拒みベッド上の生活になっている。このまま悪くなっていくのかと思うと不安であるため、前向きな通院、治療を行いたい（別居家族）	● 前向きに通院ができるようになり、離床時間が長くなってくる	● ヘルパーとコミュニケーションができ、受診により体調が改善することが実感できるようになる	● 信頼関係の構築 ● 利用者の思いや体調の把握・受容 ● 急がず、受診に向けた会話や促し

事例No.	ニーズ	長期目標	短期目標	サービス内容
195	四肢に拘縮があり通院困難であるが、義歯が合わなくなっているため、歯科受診したい	● 義歯の調整ができ、食事が楽しめる	● 歯科受診が定期的、継続的にできる	● 車いすによる通院介助 ● 車いす貸与 ● 訪問歯科診療
196	人工透析治療を無理なく続けていきたい	● 通院手段が安定し、透析治療の継続ができる	● 家族の負担軽減ができる	● 病院の送迎 ● 通院等乗降介助
197	通院介助が必要だが、介護者も高齢のため、体調不良でできない時が多くなっているので、支援をお願いしたい	● 介護者の負担を軽減しつつ通院の確保ができる	● 介護タクシーやヘルパーの援助を受け、安心して通院ができる	● 通院介助 ● 介護タクシーの利用 ● 通院等乗降介助
198	入院中下肢筋力が低下し、退院後の通院がひとりではできない。介助により通院したい	● 継続的な通院ができる	● 車いす介助により通院（受診）ができるようになる	● 車いすによる通院介助 ● 自宅内での詳細な情報提供 ● リハビリ訓練
199	慢性関節リウマチで痛みが激しく、通院困難になっているが、進行を少しでも遅らせるため通院したい	● 通院治療を継続する ● 自宅でリウマチ体操や体を冷やさないなどセルフケアが継続できる	● 定期的な通院治療を受け、本人・家族ともに治療内容や病状を理解する	● 通院等乗降介助 ● 通院介助 ● 理学療法 ● 作業療法 ● 自宅で行えるリハビリの指導 ● 本人・家族ともに治療内容や病状を理解する

事例No.	ニーズ	長期目標	短期目標	サービス内容
200	通院ができて適切な医療を受け、膝の痛みが軽減するようにしたい	● 継続的な通院で適切な医療が受けられ、痛みが軽減する	● 通院による治療が受けられる	● 車いす貸与 ● 通院時にヘルパーが送迎を行う
201	しっかりとした足どりで、外を歩きたい	● 不安なくひとりで外を歩ける	● 運動が日課になり筋力が回復し、歩行時の転倒不安が減少する	● 筋力強化リハビリ ● 自宅での運動
202	下肢筋力低下でふらつき転倒が多いが、自分の目で見て買い物がしたい	● 介助なしに外出、買い物ができるようになる	● ヘルパーの見守りで、歩行器を使って自立歩行ができる ● 定期的な歩行機能訓練の継続ができる	● 買い物介助 ● 通所リハビリ ● 歩行機能訓練 ● 歩行器貸与 ● 歩行杖の購入
203	土日はできるだけ買い物や散歩に連れて行きたいが、下肢筋力が低下し、転倒の不安があるため、安全に外出できるようにしたい	● 買い物や散歩に出かけられる	● 転倒の不安なく外出ができる	● 車いす貸与 ● 車いす介助（長女・ヘルパー）

事例No.	ニーズ	長期目標	短期目標	サービス内容
204	歩行困難でひとりでは通院ができないが、安全に定期受診ができるようにしたい	● 自立した通院ができるようになる	● ヘルパーの付添により受診ができる ● 電動車いすの操作が自在にできるようになる	● 通院介助 ● 電動車いすの操作の習得 ● 電動車いす貸与
205	健康な時のように、好きな時に好きな所へ出掛け、好きなことをして生活を楽しみたい	● 歩行器を使用し、単独散歩ができるようになる	● 血糖コントロールができる ● 痛みの緩和ができる	● 定期的通院の確保 ● 通所リハビリ ● 歩行機能訓練 ● 下肢筋力強化運動 ● 自宅内でリハビリを取り入れる
206	妻と二人暮らしで外出の機会がないため、定期的な外出が安全にできるようにしたい	● 定期的な外出で楽しい一日を過ごせるようになる	● 通所施設で他者との交流ができる ● おしゃべりやゲームなどで楽しい時間を過ごせる	● 送迎 ● 他者との交流 ● アクティビティの提供 ● 入浴介助 ● 昼食の提供、見守り ● 個別機能訓練
207	生活の場である2階から介助なしに安全に外出したい	● 介護者に負担をかけることなく、階段の昇降ができ、安全に外出ができる ● 屋外を介助なしに安全に移動できる	● 階段昇降機の操作に慣れる ● 車いすの自走に慣れる	● 階段昇降機設置 ● 自走用車いす貸与

05 移動（屋外）

事例No.	ニーズ	長期目標	短期目標	サービス内容
208	介助者の腰痛でリハビリ通院ができなくなったが、リハビリを継続し歩けるようになりたい	● 歩行器や車いすを使用し、近場であればひとりで出かけられるようになる	● 車いすを自走し、見守っていれば通院ができる ● 歩行器を使い見守りで歩けるようになる	● 歩行機能訓練 ● 車いす自走を習得する ● リハビリ通院時、見守ってもらいながら自分で押して歩くことを部分的に入れる
209	室内は家具や壁を支えに移動しているが、筋力の低下で外出ができない。近所のスーパーくらいまでは買い物に行けるようになりたい	● 歩行器を使って簡単な買い物が単独でできるようになる	● ヘルパーの付添見守りで歩行器を使い買い物ができるようになる	● 外出介助 ● 歩行器貸与 ● 歩行機能訓練 ● 下肢筋力強化運動
210	転倒が多いが、室内・室外の歩行が安心してできるようになりたい	● 外出時、歩行器を使用し転倒の不安なく安心して出かけることができる	● 転倒が減少し室内歩行時の手引きが少なくなる	● 外出介助 ● 通所リハビリ ● 歩行機能訓練 ● 歩行器貸与
211	半身麻痺で外出がひとりでは不安なため、通院以外は外出していない。体力がどんどん落ちていくようなので、現状維持、できれば改善できるようにしたい	● 毎日の散歩がひとりでできるようになる	● 家族の付添で毎日散歩ができる ● 自宅でも家族と一緒にリハビリができるようになる	● 毎日の散歩（家族付添） ● 通所リハビリ ● 歩行機能訓練 ● 家族と一緒にできるリハビリの修得

事例No.	ニーズ	長期目標	短期目標	サービス内容
212	自宅玄関から通路までに階段が5段あり、通院時の昇降に苦労と危険を抱えているため、安全に昇降ができるようにしたい	●安全・安楽に昇降ができ、通院ができるようになる	●手すりを支えに転倒の危険なく通院ができる ●二人介助により安楽に通院ができる	●手すりの設置 ●男性二人の昇降介助 ●通院等乗降介助
213	治療とリハビリのため、院内は病院スタッフが介助してくれるが病院までの往復が困難であるため、定期的に通院できるようにしたい	●継続通院ができる	●事故がなく、安全に通院ができる	●通院等乗降介助 ●友人の送迎介助
214	膝関節の術後で、かなり改善されてきたが、もうしばらくリハビリに通いたい。ひとりでは通院に不安があるため、安全に通院ができるようにしたい	●自立歩行ができるようになる ●好きな時にひとりで外出ができるようになる	●歩行器を使用し、単独通院ができる	●通院歩行の見守り、一部介助 ●通所リハビリ ●歩行機能訓練 ●歩行器貸与
215	ゆっくり歩行で少し歩くと息苦しくなり通院が辛いので、体に負担なく通院ができるようにしたい	●身体的負担が少なく通院（受診）ができる	●車いす介助で身体的負担が軽減できる ●往診により負担なく受診ができる	●車いすによる通院介助 ●通院等乗降介助 ●居宅療養管理指導

05 移動（屋外）

事例No.	ニーズ	長期目標	短期目標	サービス内容
216	車いすで介助が必要であるが、定期受診したい	● 定期通院の確保ができ、安心して治療を受けられる	● ヘルパーの介助により通院受診ができる	● 車いすでの通院介助
217	定期的な通院・検査を行い、今の状態を保ち、妻との生活を維持していきたい	● 病状が悪化せず、現在の生活が継続できる	● 負担なく通院ができ、不安の解消ができる	● ヘルパーによる通院介助 ● 家族が付添の場合は通院等乗降介助の活用
218	定期的な透析通院でバスを利用しているため、最近は身体的につらくなっている。楽に通院ができるようにしたい	● 定期通院の確保ができ、安心して透析治療を受けられる	● 転倒など事故がなく、安全に通院ができる ● 体調不良時も安楽に通院ができる	● 通院等乗降介助 ● 病院の送迎
219	入院により著しく歩行能力が低下し通院が困難になっている。介護者である妻も高齢であり、車いすの介助はできないため、安心して通院ができるようにしたい	● 歩行器を使用し、単独通院ができるようになる	● 介助により安全に通院ができる ● 歩行機能が向上する ● 下肢筋力が向上する	● 通院介助 ● 訪問リハビリ ● 通所リハビリ ● 歩行機能訓練 ● 歩行器貸与 ● 通院等乗降介助
220	移動、移乗動作が不安定であり、歩行も2～3mが限度であるため、安全に通院ができるようにしたい	● 歩行器を利用して院内は歩けるようになる	● 介助により定期リハビリと受診ができる	● 通院介助 ● 車いす貸与 ● 歩行機能訓練 ● 歩行器貸与

事例No.	ニーズ	長期目標	短期目標	サービス内容
221	透析を週3回受けているが、妻が腰を痛め介助ができなくなった。これからもきちんと通院ができるようにしたい	● 継続的な通院で病状を維持できる	● ヘルパーの送迎介助で安定した通院ができる	● 車いす通院介助 ● 通院等乗降介助
222	下肢麻痺のため通院介助が必要。介護者の体調不良の場合の介助がほしい	● 介護者の体調変動にかかわらず確実な定期通院ができる	● 必要時の介助を行い定期通院できるようにする	● ヘルパーによる通院介助 ● 介助者の体調変動を把握する
223	通院時や通所の送迎車から玄関までの行程を安全に移動したい	● 骨折の痛みが軽減し、単独歩行ができるようになる	● 介助により安全に移動ができるようになる	● 車いす貸与 ● 車いす介助 ● 通院等乗降介助
224	下肢筋力が低下し歩行に不安があるため、転倒なく安全に自立歩行ができるようになりたい	● 自立歩行で毎日の散歩が不安なくできるようになる	● 杖歩行で毎日散歩ができるようになる	● 短時間デイケアの機能訓練 ● セルフケアの継続（本人）
225	下肢麻痺であるが、自走車いすで交通機関を利用して通院したい	● 自走車いすで交通機関を使って単独通院ができる	● 車いす自走ができるようになる ● 付添介助により安心して通院ができる	● 自走用車いす貸与 ● 家族・ヘルパーによる付添 ● 通院ルートの関係者への協力依頼 ● 自立に向けた支援

05 移動（屋外）

事例No.	ニーズ	長期目標	短期目標	サービス内容
226	最近病状不安定になり不整脈が頻回に起きているので、身体的負担が大きくなっている。負担なく安全に通院できるようにしたい	●心身ともに負担なく安楽に通院ができる ●ひとりで受診ができるようになる	●精神的不安と身体的不安の軽減ができる	●通院等乗降介助により安全にベッドから病院受付まで移動する（家族付添） ●介護タクシーによりヘルパー付添
227	視力が弱く歩行も不安定で、転倒したり、人や物にぶつかることがよくある。通院時の介助をお願いしたい	●白杖歩行に慣れ、介護タクシーを利用し、安全に単独通院ができるようになる	●手引き歩行により他者に迷惑をかけることなく安全に通院ができる	●手引き歩行での通院介助 ●院内の移動介助（院内介護ができない旨の確認が必要） ●受付・会計・薬の受け取りなどの補助
228	できることは自分でするようにしているが、通院に関しては腰・膝の痛みがひどくできないので、確実に通院ができ、治療ができるようにしたい	●ひとりでも安全に通院ができるようになる ●腰・膝痛が改善され、在宅生活が維持できる	●定期通院の確保により、膝・腰の痛みの緩和、または改善が図れる	●通院介助 ●通所リハビリ ●通院等乗降介助

事例No.	ニーズ	長期目標	短期目標	サービス内容
229	通院時乗降も困難であり、院内もひとりでは移動できない。安全に通院ができるようにしたい	● 事故がなく安楽・安全に通院ができるようになり、病状管理ができる	● 心身に負担なく通院の確保ができる	● 通院等乗降介助 ● 院内移動は家族対応 ● 家族が不可能な場合はヘルパーの介助（院内スタッフ対応不可能）

05 移動（屋外）

06 外出・交流

事例No.	ニーズ	長期目標	短期目標	サービス内容
230	歩行不安定でひとりでは外出ができず、独居のため閉じこもりになっている。友達を作り、おしゃべりをしたり生活を楽しみたい	●多くの人とふれあい、気の合う友達ができ、生活を楽しむことができるようになる	●施設通所により多くの人と交流し、楽しい時を過ごせるようになる ●ヘルパーとコミュニケーションが構築され、協働作業を楽しめるようになる	●他者との交流の場・レクリエーションの提供 ●季節の行事 ●他者とおしゃべりしながらできる食事
231	最近物忘れがひどく人と話すことが怖くなり、外出もせず閉じこもりになっている。以前のように友達とおしゃべりや食事を楽しみたい	●友達とおしゃべりや食事を楽しめる	●受診ができる ●ヘルパーとのコミュニケーションが構築され、一緒に家事ができるようになる ●生活意欲が出て外出したい気分になれる ●デイサービスが利用できる	●通院介助 ●服薬管理 ●協働で行う家事 ●コミュニケーションの構築 ●通所施設や地域の催しなどの情報提供
232	歩行不安定で転倒の恐れがあるので、最小限度でしか外出しないため他者と話す機会がない。昔の仲間に会い、思いきりおしゃべりしたい	●地域で催す趣味の会や旅行などに参加し、仲間ができる ●買い物等定期的に外出できるようになる	●隣近所の人達との交流が持てるようになる ●施設通所により仲間ができる	●外出介助 ●自分で回覧板の受け渡しをして、少しでもおしゃべりをする ●歩行器貸与 ●通所施設の利用 ●個別機能訓練

事例No.	ニーズ	長期目標	短期目標	サービス内容
233	退院後何もする気になれず、2～3日に一度近くのコンビニでパンや弁当を買って食べて寝るだけの生活になっている。以前のように友達と食事や旅行がしたいと思っている	● 生活意欲が向上し、友達との交流ができるようになる ● 友達と旅行ができるようになる	● 介護者とのコミュニケーションが図られ、一緒に買い物や調理が行えるようになる ● 定期的に食事が摂れるようになる ● 他者と会話が発生することで意欲の向上を促し、3度の食事がしっかりできるようになる	● 心療内科受診・服薬 ● コミュニケーションの構築 ● 共感的態度で接する ● 買い物同行または代行 ● 利用者とともに調理をする
234	友人を増やし、楽しくおしゃべりをしたい	● 友人が増え、おしゃべりの機会が増える	● 施設通所により他者とふれあいの場ができる ● 他者と協働で行う楽しみが味わえるようになる	● 他者とのふれあいの場 ● 季節の行事やゲーム等を他者とともに楽しむ

事例No.	ニーズ	長期目標	短期目標	サービス内容
235	最近頭がモヤーとして人と話すことが億劫になり、外に出ることもなく家事もせず、閉じこもり状態になっている。積極的に外出できるようになり、以前のように友達と会話したりして楽しく生活を送りたい	● 認知症の悪化を防ぎ、身体機能の向上が図れる ● 社交性が復活し、デイサービスの利用など、多くの人と関わりを持てるようになる	● 受診ができる ● ヘルパーに買い物や調理をしてもらい、掃除は一緒にできるようになる ● ヘルパーとのコミュニケーションが構築され一緒に家事ができるようになる ● 生活意欲が出て外出したい気分になれる	● 通院介助 ● 服薬管理 ● 協働で行う家事 ● コミュニケーションの構築 ● デイサービス施設や地域の催しなどの情報提供
236	下肢筋力低下により転倒の危険性が高く、いつも不安を抱えている。閉じこもりになっているので、気晴らしに外出がしたい	● 下肢筋力を強化し、安心して外出ができるようになる	● 室内は安定した歩行ができるようになる ● 家の周辺を杖歩行で毎日散歩ができるようになる	● 通所リハビリ ● 毎日散歩する ● 短時間デイケアの機能訓練・筋力強化運動
237	変形性膝関節症で歩行時に痛みがひどくつらいので、痛みなく外出ができるようにしたい	● 痛みが緩和または改善し、自由に出かけることができるようになる	● 疼痛コントロールができる ● 歩行器を利用し近場はひとりで外出ができるようになる	● 通院介助 ● 歩行機能訓練 ● 下肢筋力強化運動 ● 歩行器貸与

事例No.	ニーズ	長期目標	短期目標	サービス内容
238	歩行が不安定であるが、外出したり他者と交流したりして、自立した生活を送りたい	・自分の望む生活ができるようになり、生活に励みが出る ・趣味の手芸教室に通えるようになる	・筋力が向上し、自宅周辺の散歩が継続できる ・通所施設で友達ができる	・毎日の散歩（杖歩行） ・通所施設で他者との交流 ・下肢筋力強化運動
239	外出して、人と交流が持ちたい	・外出して人との交流が楽しめるようになる ・地域の行事に参加できるようになる	・隣近所の人達との交流が深まる	・近隣者への挨拶を積極的に行う（本人） ・民生委員や福祉委員への協力依頼（ケアマネ）
240	疾病が多くあり、病状に対する不安から閉じこもりになっているが、時には外出し、買い物や他者との会話などを楽しみたい	・自分の好きな時に歩行器を利用し、単独外出や買い物ができる ・生活が活性化する	・介助により買い物に行くことができる ・外出の機会が増える	・買い物同行 ・通所リハビリ ・多くの人とゲームを楽しむ ・体調に合わせた運動を行う
241	在宅酸素療法を行っているが、気晴らしのためにも食材や日用品の買い物がしたい	・定期的な買い物が不安なくできる	・携帯用ボンベを携行し、家族・ヘルパーの車いす介助で買い物ができる	・車いす貸与 ・外出介助 ・酸素ボンベを携行する ・酸素残量に配慮する

事例No.	ニーズ	長期目標	短期目標	サービス内容
242	デイ以外は家で閉じこもりになっているが、買い物などをして気分転換を図りたい	● ヘルパーの付添で歩行器を使って買い物に行けるようになる	● 室内は歩行器を使って移動ができる	● 歩行機能訓練 ● 作業療法 ● 買い物など外出介助 ● 車いす・歩行器貸与
243	外出することなく、ほとんど横になっている。身体機能の低下が心配で、今の生活状況を改善したいと思っているが、動く気持ちになれずにいる。何とかして以前のように人と触れ合う生活に戻りたい	● 通院治療により生活状況の改善ができるようになる ● 友達や趣味などを見つけ、楽しい毎日を送れるようになる	● 受診により心身の診断を得て現状の原因が解明でき、生活改善に取り組める	● 利用者に寄り添った相談援助 ● 通院介助 ● 医師との連携 ● 近隣者との交流ができるような状況作り ● 家族の状況把握、連携 ● 民生委員などボランティアの協力を得る
244	身体のことを考えると、自分に自信が持てない。以前のように友達と食事やおしゃべりをして楽しみたい	● 周りの協力に抵抗がなく、自分に自信を持ち、友達との交流の機会が増えるようになる	● 車いす介助で外出ができるようになる ● 補装具や自助具を利用することで目の前のボールが持てるようになる	● 車いす貸与 ● 車いす介助 ● 訪問リハビリ ● 通所リハビリ ● 友達などボランティアの支援

事例No.	ニーズ	長期目標	短期目標	サービス内容
245	認知症に伴う周辺症状が悪化せず、安定した生活を続けたい	● 認知症の進行を緩やかにし、日常生活の障害の軽減ができる	● 服薬により周辺症状の安定が保てる ● 多くの人との会話が楽しくできるようになる ● 外出し、他者との会話が増える	● 通院介助 ● 医師との連携、情報の共有 ● 地域取り組み、活動の情報提供 ● 多くの人と触れ合いや会話の機会をつくる ● 脳トレーニングを行う ● アクティビティや、季節ごとの催しなどの提供
246	右肩を複雑骨折し長く入院していたため、右腕は使えず身体機能も低下、ベッド上の生活になっている。他者と触れ合い、会話のある生活を送りたい（デイサービスは行きたくない）	● 積極的に他者との交流ができるようになる	● リハビリ通院が継続でき、歩行状態が安定する ● 左手の活用が向上する	● 買い物など外出介助 ● デイサービスに行きたくなるような情報提供 ● ヘルパーとのコミュニケーションの構築 ● 近隣者・民生委員・福祉委員への声かけ ● 傾聴ボランティア ● 通院により身体機能向上運動

06 外出・交流

事例No.	ニーズ	長期目標	短期目標	サービス内容
247	退職前は社交性があり、カラオケや人と話すことが好きだったが、認知症発症後から徐々に閉じこもりになっている。以前のように外出し、多くの人と触れ合いたい	● 社会参加が拡大し、楽しい毎日を送れることで認知症の進行防止ができる	● 他者と会話しながらの食事や入浴により満足感を得られ、生活に充実感を覚えるようになる ● 近隣者との交流ができる	● デイサービスの利用 ● 他者との触れ合いの場の提供 ● 仲間と一緒に行うリハビリ・脳トレーニング・カラオケ ● 地域行事への参加 ● 老人会への参加
248	ひとりでは外出できず、閉じこもりになっている。少しでも外に出て多くの人と触れ合い、会話ができ、生活を楽しんでもらいたい（家族）	● 多くの人と触れ合い、社会参加の拡大ができる	● 積極的に他者との交流ができるようになる ● 気の合う友達ができる	● 多くの人と触れ合う場の提供 ● 会話が弾む状況の提供 ● みんなで楽しめるゲームや運動・脳トレーニングなど ● 歩行訓練
249	趣味の将棋や囲碁をまたやってみたい	● 下肢筋力をつけ、将棋教室までの距離が歩けるようになる	● リハビリにより、歩行器を使って外出ができるようになる	● 下肢筋力強化運動 ● 歩行機能訓練 ● 散歩などセルフリハビリの継続

第3章　居宅サービス計画書(2)　項目別文例集第2部

事例No.	ニーズ	長期目標	短期目標	サービス内容
250	退院後の落ち込みがひどく、閉じこもりになっている。以前のように近隣者等、人との交流を深め、明るく生きて欲しい（民生委員）	●他者から声をかけてもらえることで自信を取り戻し、生活意欲が向上する	●施設で友達ができ、楽しい時を過ごせるようになる ●施設で行う行事や地域の行事に参加できるようになる	●他者と楽しむ機会をつくる ●ストレッチや外出行事 ●ゲームやカラオケ等 ●みんなで楽しくできる食事や入浴等
251	家が大好きで外へ出ないため、自宅以外でも楽しめる場所を探して欲しい（家族）	●自宅以外の場所でも過ごせるようになる	●地域の行事や施設のアクティビティなどに家族とともに行き、慣れるようにする	●本人に合う施設を探す ●いくつかの施設の体験をする ●慣れるまで家族の同伴を依頼する
252	言語障害があり生活が不自由になっているが、昔から付き合いのある人たちとの交流は継続したい	●言語機能が向上し、友人との交流が復活する ●家族や他の支援者の協力で生活の支障が軽減される	●家族やヘルパーなどとの意思疎通が図れるようになる	●言語機能回復のリハビリ ●通所リハビリ
253	転入直後で知人がいない。多くの人と知り合い、交流をし、会話を楽しむ機会を持ちたい	●外出し、他者との交流を楽しめるようになる	●地域の行事やコミュニティの情報を得ることができ、参加の機会が得られる	●地域の情報提供 ●民生委員や近隣者との橋渡し ●積極的に近隣者に声かけをする（本人）

06 外出・交流

事例No.	ニーズ	長期目標	短期目標	サービス内容
254	対麻痺で歩行困難であるため、ほとんどベッド上の生活になっている。離床して他者とコミュニケーションを図り、楽しい日々を送りたい	● 他者とコミュニケーションを図り、生活に楽しみができる	● 車いす介助により外出ができる ● 離床時間が増える	● 作業療法 ● 起居動作介助 ● 車いす介助により外出介助 ● 自立支援を意識したサービスの提供 ● 地域コミュニティの情報提供 ● 通所施設の情報提供
255	1年前は友達と食事やカラオケに行きみんなでワイワイと楽しんでいたのに、物忘れがひどくなり、人との交流が怖くなって不活発な生活になっている。元の生活に戻りたい	● 友達の理解が得られ、以前と変わらない活動的な生活ができるようになる	● 友達の理解が得られる ● 恥ずかしいことではないと思えるようになる ● 通所施設の利用ができる	● 信頼できる友達に思いを話し協力を得る ● 多くの人とのふれあい ● ゲームや脳トレーニング
256	ひとり暮らしで話し相手もおらず、誰にも会わない日がよくあり、虚しい。もっと人と触れ合い話をしたい	● 生活意欲を向上させ、在宅生活が継続できるようになる	● たくさんの人達と出会い楽しい時を過ごせる	● 他者との触れ合いの場の提供 ● 季節行事の参加 ● 仲間と一緒に行うリハビリ・脳トレーニング ● 個別機能訓練 ● 入浴・昼食の提供 ● 相談援助

事例No.	ニーズ	長期目標	短期目標	サービス内容
257	玄関の段差と玄関から通路までの段差があるのでめったなことで外出ができないため、外出困難となっている。容易に外出ができるようにしたい	● 安全に外出ができるようになる	● 段差解消機やスロープで安楽に外出ができる ● 二人介護で安全に段差の障害を越えることができる	● 段差解消機またはスロープの貸与 ● 移動二人介助
258	以前は自治会の役員をしていたので馴染みが多い。町内会の行事などに参加したい	● 以前と変わらず交流が保てるようになる	● 治療に対して前向きに頑張れるようになる	● 通院介助 ● 通所リハビリ ● 身体機能訓練 ● 歩行訓練
259	同居の息子は朝早く出勤のためひとりでは外出の用意ができない。通所や通院の迎えを待たせることなくスムーズに出かけられるようにしたい	● 迎えの時間に合わせ安定した通所、通院ができるようになる	● ヘルパーの援助で通院、通所に時間を合わせ出かける準備ができる	● 起床声かけ ● 口腔ケア、整容声かけ、促し ● 食事見守り ● 更衣見守り・一部介助 ● トイレ使用の促し ● ガス電気施錠の確認 ● 送り出し
260	デイサービス送り出しの支援をしてほしい	● 声掛け、見守りによりひとりで更衣動作ができるようになる	● きちんと着替えを済ませ迎えの時間に間に合うようにする	● 更衣介助 ● 食事摂取の確認 ● 車いす移乗一部介助 ● 水分補給 ● 残存機能活用に向けた支援

06 外出・交流

事例No.	ニーズ	長期目標	短期目標	サービス内容
261	歩行が不安定になっているが、転倒や骨折の不安なくまた碁会所へ通いたい	● 筋力向上し、骨折前のように歩けるようになる ● 碁会所へ徒歩で行けるようになる	● 歩行器を使い碁会所へ行けるようになる ● 自宅でもセルフリハビリができるようになる	● 通所リハビリ ● 歩行機能訓練 ● 筋力強化運動 ● セルフリハビリ
262	息子夫婦と同居するようになったが、知り合いが少ない。話し相手がほしい	● 環境（地域、生活）に慣れ、安心して過ごせる	● より多くの人と話ができる機会をもつ ● 身体機能の低下を防止する	● 地域行事に参加し、多くの人と触れ合う ● 近隣者との親睦を深める（本人、家族） ● 通所リハビリ ● 他者と会話しながら楽しめる入浴、食事の提供 ● 個別機能訓練
263	肺気腫により動作時息切れがひどく、自宅でも過激な動きはできない。外出は病院以外にすることがなく、人と話すこともなく淋しい。誰かとゆっくり会話できる時間がほしい	● 家族が留守の間でも誰かが訪問してくれることで会話ができ、楽しいひと時を過ごすことができる	● 民生委員や近隣者などの声かけが得られるようになる ● デイサービスで楽しい一日が送れるようになる	● 通所施設の利用 ● 近隣者への声かけ、協力をお願いする ● 民生委員や福祉委員に協力をお願いする ● 傾聴ボランティア

事例No.	ニーズ	長期目標	短期目標	サービス内容
264	半身不全麻痺で杖歩行はできる。だが、転居してきたため友人もなく、知らない人ばかりなので出かける気にもなれず閉じこもっている。友達を作り、おしゃべりがしたい	●友達ができ、地域行事の参加や施設内でのレクリエーションなどが楽しめるようになる	●積極的に近隣者と交流できるようになる ●施設に通所することで友達ができ、会話を楽しめる	●近隣者へ紹介する（家族） ●積極的に交流を図る（本人） ●地域取組行事の情報提供 ●通所施設の情報提供 ●相談援助
265	右膝関節痛、腰痛（ヘルニア）のため外出もできず痛みと戦っている。早く良くなり、買い物や近所の人達とおしゃべりがしたい	●痛みが緩和、もしくは改善され、買い物やおしゃべりができるようになる	●治療・服薬を継続することで痛みが緩和される	●通院介助 ●今後の治療内容などについて医師より説明を受け理解する ●買い物など外出介助 ●車いす貸与 ●リハビリ
266	慢性関節リウマチのため、閉じこもりがちで、毎日が変わらず、気分が晴れない。気晴らしがほしい	●気分転換ができ、楽しい時間を過ごすことができる	●外出、他者との交流により気分転換ができる	●他者とのふれあい ●アクティビティへの参加 ●季節の行事などを多くの人とともに楽しむ
267	慢性腎不全と言われ通院しているが、これからも友達と出かけたり趣味のカラオケに行ったりして楽しみたい	●友達との交流ができ、生活を楽しむことができる	●医師の指示通りの運動や食事療法が実践できる	●定期通院の確保 ●医師の説明をしっかり理解する ●病状に合わせた調理 ●通所施設での活動

06 外出・交流

事例No.	ニーズ	長期目標	短期目標	サービス内容
268	下肢筋力の低下が顕著で、バランスを崩しやすく転倒不安のため外出できないが、元気な時のように友達とグランドゴルフがしたい	● 下肢筋力が向上し、友達とグランドゴルフができるようになる	● リハビリにより筋力向上が図れる ● 毎日の散歩が継続できる	● 通院リハビリ ● 通所リハビリ ● 自宅でセルフリハビリの継続（本人） ● 自宅周辺の散歩の継続
269	庭の花壇の世話を続けていきたい	● 花壇の手入れのできる範囲が増え、継続でき、生活意欲も回復する	● 用具・方法を検討することで、できる範囲の世話を再開する	● 下肢筋力強化運動 ● 用具・方法の検討選定 ● 花壇の世話のできる範囲、家族との分担を検討
270	長年続けてきた畑仕事をまたやってみたい	● 痛みがなく、無理のない程度の畑仕事が再開できる	● リハビリの継続ができ、腰に負担の掛らない作業はできるようになる	● 定期的な受診 ● リハビリの継続
271	歩行困難で自宅に引きこもっている。家の中でじっとしていると痛みや今後の不安が押し寄せてつらい。つらさを少しでも忘れるための気分転換できる楽しみがほしい	● 痛みや不安が軽減する ● 施設で習った折り紙や小物作りで楽しめるようになる	● 他者との交流時間が増え、前向きな気分になれる	● 定期通院 ● 病状コントロール（本人） ● 通所施設でのアクティビティの参加 ● 脳トレーニング ● 歩行訓練 ● おしゃべりしながらの楽しい食事、入浴

事例No.	ニーズ	長期目標	短期目標	サービス内容
272	障害があるため人と会うのを嫌がり、閉じこもりになっている。少しでも外出し社交的であった以前のように友達と交流し、楽しく過ごしてほしい（家族）	●進んで友達との交流を求めるようになる ●生活意欲が向上し、以前のように社交的になれる	●友達からの声かけに対応できるようになる ●通所施設などで交流する	●最も仲の良い友達に訪問してもらえるよう依頼する（家族） ●作業療法（残存機能活用） ●言語療法 ●毎日リハビリが行えるように療法を習得する（家族） ●外出時の介助（通訳的存在）
273	左半身に軽度の麻痺があるが、現状を維持しながら地域の行事に参加するなど、人と交流を持ちたい	●生活に大きな支障がなく、外部との交流ができるようになる	●歩行器使用で外出ができるようになる ●両手を使って洗濯物がたためるようになる ●左手でペットボトルが落とさず持てるようになる	●地域行事の情報提供 ●地域イベントへの参加付添 ●作業療法 ●筋力訓練や日常動作訓練
274	ひとりで買い物に出かけられるようになりたい	●籠付歩行器を使い、ひとりで買い物に行けるようになる	●籠付歩行器を使用し、ヘルパーの見守りで買い物ができるようになる	●買い物付添、見守り ●歩行器貸与 ●歩行機能訓練 ●下肢強化運動

06 外出・交流

事例No.	ニーズ	長期目標	短期目標	サービス内容
275	家族不在時に病院の送迎車が来るが、ひとりで準備ができず、待たせることや起床していない時もよくあるため、時間通りに準備をしたい	● 声かけにより、ひとりでスムーズに準備ができるようになる	● ヘルパーの声かけや一部介助で迎えの時間を守り、準備ができるようになる	● 起床確認 ● 朝食摂取の確認 ● 出かけるまでの一連の行動に対する声かけ・促し・一部介助を行いながら、時間を意識することができるようにする ● 通院送り出し ● 戸締り確認
276	骨折術後、車いす介助のリハビリ通院以外は外出しないため、徐々に歩行状態も悪くなっている。何とかして以前のように歩けるようになってほしい（妻）	● 歩行器を使い、夫婦そろって買い物や食事に出かけることができるようになる	● スーパーの中では車いすから降りて押して歩けるようになる ● デイケアなど社会参加を受け入れられるようになる	● 通院リハビリ ● 実現可能な夫婦で楽しめるようなことの情報提供・促し ● 車いす貸与 ● 通所リハビリ
277	外出し他者との交流などを楽しんでほしい（家族）	● 定期的な外出機会があり、人との交流を楽しめる	● 定期的な外出ができる ● 外出機会が増える	● デイサービス ● 受診（うつ傾向その他身体的要因確認） ● 老人会や地域の催しなどについて情報提供し、参加を勧める ● 同じ趣味の友人を持つよう勧める ● 近隣の協力による安否確認

第3章 居宅サービス計画書(2) 項目別文例集第2部

事例No.	ニーズ	長期目標	短期目標	サービス内容
278	歩行状態が不安定になっているが、以前のように友達と食事に行ったりして生活を楽しみたい	●歩行状態が安定し、骨折前の生活に戻ることができる ●友達と食事や交流ができ、生活を楽しめるようになる	●リハビリを継続することで歩行が安定してくる ●杖を使用し、安定した歩行ができるようになる	●定期的なリハビリの継続 ●セルフリハビリの継続
279	散歩や運動をして健康を維持してほしい（家族）	●定期的な運動習慣ができ、健康を維持できる	●テレビを見て過ごす時間の減少	●運動ができるかどうかの身体チェック ●PT.OTによる運動指導 ●室内でできる運動の指導 ●運動の機会の提供（通所施設）
280	関節リウマチの進行により表情のこわばりや急激な容姿の変化により、人と会うのが嫌で、デイサービスを止めてしまった。夫以外と話すこともなく寂しいので、多くの人とも交流できるようにしたい	●清潔の保持ができ、時には口紅やマニキュアを付けたり、おしゃれをして、施設の仲間と楽しく過ごせるようになる	●清潔を維持できる ●家族やヘルパーの援助でおしゃれをし、生活を楽しめるようにする	●通所施設の再開 ●入浴介助 ●脳トレーニングや体調に合わせ、アクティビティへの参加 ●本人の希望により整容に関する支援 ●生活意欲向上につながる支援

06 外出・交流

事例No.	ニーズ	長期目標	短期目標	サービス内容
281	交通機関の乗降時に危険があるが、杖歩行で不安ながら通院だけはしている。安定した歩行ができるようになり、好きな所へ行けるようになりたい	●身体機能が向上し、周りの人の協力にも慣れ不安が解消でき、社会参加が増える	●交通機関職員の介助を受け、安全に乗降ができる	●常に利用する交通機関職員に声をかけておく ●他者の協力を受け入れる ●身体機能向上運動
282	通院時や通所の送迎車から玄関までが遠く、移動困難になっている。安全に移動ができるようにしたい	●安全に外出が継続できる	●転倒の不安なく移動ができる	●車いす貸与 ●車いす介助 ●乗降等通院介助 ●介護タクシー
283	言語障害があり生活が不自由になっているが、昔から付き合いのある人たちとの交流は継続したい	●言語機能が向上し、家族や他の支援者の協力で他者とも会話が可能になる ●以前からの友達との交流が継続できるようになる	●家族やヘルパーは、表情や発語で本人の意思を理解できるようになる	●言語機能回復のリハビリ（家族も一緒に学ぶ） ●通所リハビリ

07 ｜ 起居動作

第3章　居宅サービス計画書(2) 項目別文例集第2部

事例No.	ニーズ	長期目標	短期目標	サービス内容
284	座位時間、ベッドから離れる時間をもちたい	●一日に6時間くらいは座位、またはベッドから離れられるようになる	●座位時間を一日に2時間持てるようにする ●ギャッチアップ機能の活用ができるようになる	●特殊寝台貸与 ●座位保持訓練 ●訪問リハビリにより座位保持・移乗訓練 ●ベッド柵の変更
285	脊柱管狭窄症で痛みがひどく起居動作が困難であるため、楽にできるようにしたい	●治療により症状の改善ができ、安楽に起居動作ができるようになる	●治療により痛みの軽減または改善ができる ●ギャッチアップ機能の活用で起き上がり時の痛みの軽減ができる	●通院介助 ●特殊寝台・付属品貸与 ●タッチアップ手すり貸与
286	起き上がり、立ち上がりを身体に負担をかけずに自身で行いたい	●身体への負担がなく、安全・安楽に起居動作が行える	●福祉用具の活用により、身体への負担が軽減できる	●訪問リハビリにより安楽にできる起居動作方法の修得 ●特殊寝台及び介助バー付きサイドレールの貸与 ●タッチアップ手すり貸与

事例No.	ニーズ	長期目標	短期目標	サービス内容
287	脊柱管狭窄症があるので、楽に寝起きができるようにしたい	● 定期通院の継続により、痛みがなく楽に寝起きができるようになる	● 通院により病状管理ができ、痛みが軽減できる ● 痛みのない動きができるようになる ● ベッドの操作に慣れ、安楽な動き方の習得ができる	● 特殊寝台貸与 ● サイドレール貸与 ● タッチアップ手すり貸与
288	寝たきり状態で生活しているが、誤嚥防止のため、飲食は座って摂りたい	● 安定した座位を保つことができる ● 自助具の活用で自力摂取が一部できるようになる	● クッションを利用し座位が保てるようになる ● 介助により食事摂取ができる	● 姿勢をサポートするためのクッションの利用 ● 理学療法・作業療法によるリハビリ ● 適切な自助具・補助具の情報提供 ● 特殊寝台・テーブル貸与
289	安楽に座位保持ができ、誤嚥等の事故を予防したい	● 食事時の座位保持ができるようになり、誤嚥の危険性の軽減ができる	● 安楽な姿勢を保つことができる ● 座位にて摂食することで誤嚥の予防ができる	● 起居動作の介助 ● 食事時の見守り ● 特殊寝台及び付属品の貸与 ● クッションやパッドの購入

事例No.	ニーズ	長期目標	短期目標	サービス内容
290	安楽に座位保持ができ、臥床時間を少なくし、昼夜のメリハリをつけたい	● 起床から就寝までの生活リズムができる	● ギャッチアップ操作が自分ででき、好きな時に座位保持が取れるようになる ● 一部介助で着替えができるようになる	● 起居動作のためのリハビリ ● 自立に向けた口腔ケア ● 更衣一部介助 ● 食事・入浴など一連の行動に時間を決める
291	自分で座位がとれ、車いすに移乗し、臥床時間を少なくしたい	● 単独移乗ができて、好きなときに好きな姿勢を保てるようになる ● 離床時間が増えて、生活を楽しめるようになる	● ベッド機能の活用がひとりでできるようになる ● 自分のペースに合わせてゆっくり起居動作が行えるようになり、臥床時間が少なくなる	● 特殊寝台（3モーター）及び付属品貸与 ● ギャッチアップ操作が安全にできるよう習得する ● 訪問リハビリでベッドから車いすの単独移乗を習得する
292	時間ごとに体位変換を行い、褥瘡の悪化を予防したい	● 褥瘡が改善し、再発を予防できる	● 定期的に体位変換ができる ● 福祉用具利用により皮膚湿度の軽減ができる	● 定期的な体位変換 ● 体位変換機能付きマット貸与 ● 体位変換パッドの購入・貸与

事例No.	ニーズ	長期目標	短期目標	サービス内容
293	寝たきりにはなりたくないので、起き上がりだけでも楽にできるようになりたい	●起居動作・車いす移乗が自身でできるようになる	●福祉用具活用ができ、自力で起き上がりができる ●リハビリの継続ができ、残存機能の活用が増える	●特殊寝台貸与 ●介助バー付きサイドレール貸与 ●車いす貸与 ●訪問リハビリ ●通所リハビリ
294	臥床時間が長く、ひとりではなかなか寝返りを打つことが難しいが、褥瘡ができないようにしたい	●褥瘡の要因となる圧迫や湿潤をなくし、褥瘡の予防ができる	●体圧分散や除湿を行い、褥瘡を予防する	●定期的な体位変換 ●入浴、排泄介助時に皮膚の状態確認 ●特殊寝台貸与 ●体位変換機能付きマット貸与 ●体位変換パッドの購入・貸与
295	腰部脊柱管狭窄症による腰痛があるため、痛みがなく寝起きができるようになりたい	●治療により痛みの改善ができる	●治療・リハビリの継続ができる ●ベッド機能を利用し楽に起き上がれる	●通院介助 ●特殊寝台貸与 ●介助バー付きサイドレール貸与
296	半身麻痺と拘縮があるため、自分で寝返りや起き上がりができないが、できるようになりたい	●ひとりで寝返りや起き上がりができるようになる	●ヘルパーの一部介助で寝返りや起き上がりができるようになる	●特殊寝台・付属品貸与 ●起居動作などの身体介護 ●訪問リハビリ

事例No.	ニーズ	長期目標	短期目標	サービス内容
297	固定ベッドを使用しているので、高さが低く起居動作が困難であるため、安全・安楽に行えるようになりたい	● 腰の痛みが改善し、手すりなしでも起居動作が安全にできるようになる	● 痛みが軽減でき、フレームコルセットが外せるようになる	● タッチアップ手すり貸与
298	日中も寝たきりの生活になっているが、食事のときは家族と一緒に食卓で食べたい	● 離床して、家族と一緒に食事を楽しめる	● ギャッチアップ機能により座位に慣れる ● 長時間座れるようになる ● 車いすで長時間座位が保てる	● 特殊寝台貸与 ● 移動・移乗介助 ● 理学・作業療法士によるリハビリ ● 残存機能と福祉用具の活用により、起居動作や移乗ができるようなリハビリを行う
299	離床時間を作り、廃用性疾患を予防したい	● 座位を保てるようになり、廃用性疾患の予防ができる	● 起居動作が安全に行えて、離床できる	● 移動・移乗介助 ● 特殊寝台及び付属品貸与 ● 車いす貸与

07 起居動作

事例No.	ニーズ	長期目標	短期目標	サービス内容
300	起き上がりが困難になっているが、家族と一緒に食卓で食事ができるようになりたい	● テーブルに就いて家族そろって食事ができるようになる ● テーブル上の片づけができるようになる	● 起居動作、端座位までひとりでできるようになる ● 介護者に大きな負担をかけずに移動ができる ● 全介助から一部介助で移動ができるようになる	● 移動介助 ● 特殊寝台貸与 ● 福祉用具機能を活用できる指導 ● 残存機能を活用し、車いす移乗など自立に向けた指導 ● 福祉機器の情報提供
301	寝たきりにはなりたくないので、起き上がりが楽にできるようになりたい	● 起居動作が安楽にできるようになる	● 福祉用具の操作が安全にできるようになる ● リハビリの継続ができ、残存機能の活用が増幅する	● 特殊寝台貸与 ● 介助バー付きサイドレール貸与 ● 理学療法、作業療法によるリハビリ
302	起居動作がひとりでできるようになりたい	● 起居動作が自身でできるようになる	● 特殊寝台や手すりなどの機能の活用ができるようになる	● 動作時にヘルパーによる一部介助 ● 理学療法、作業療法による起居動作のリハビリ（福祉用具の機能及び活用方法の指導） ● 特殊寝台及び介助バー付きサイドレールの貸与 ● 手すりの貸与

事例No.	ニーズ	長期目標	短期目標	サービス内容
303	ベッドからの起き上がりや立ち上がりができるようになりたい	● 自分で起き上がりや立ち上がりができる	● 福祉用具の習熟ができ、安全に操作ができる ● 福祉用具を利用し、自分で寝返りや起き上がりができる	● 特殊寝台貸与 ● 介助バー付サイドレール貸与 ● 理学療法、作業療法による起居動作のリハビリ
304	起き上がり、立ち上がりを身体に負担をかけずに自身で行いたい	● 身体への負担がなく、安全・安楽に起居動作が行える	● 福祉用具の活用により、身体への負担が軽減できる ● 福祉用具の活用方法が修得できる	● 特殊寝台及び介助バー付きサイドレールの貸与 ● タッチアップ手すり貸与
305	固定ベッドを使用しているが、高さが低く起居動作が困難であるため、安全・安楽に行えるようになりたい	● 腰の痛みが改善し、起居動作が安楽にできるようになる	● 起居動作時の痛みが軽減し、フレームコルセットが外せるようになり、手すりを持って不安なく起居動作ができるようになる	● 通院治療、服薬管理（本人、家族） ● 特殊寝台貸与 ● 特殊寝台付属品貸与

事例No.	ニーズ	長期目標	短期目標	サービス内容
306	自身で起き上がることが困難になったが、自身で起き上がれるようになりたい	● 自身で起き上がりができる	● ベッドのギャッチアップ機能の習得ができる ● 身体の残存機能に応じた起き上がり方法が習得できる ● 健側の腕や腹筋・背筋の筋力が向上する	● 特殊寝台貸与 ● 体圧分散ができて、通気性が良いマットの貸与 ● 起き上がり時の転落防止を図るためのサイドレールの貸与 ● 理学療法、作業療法による起き上がり方法のリハビリ ● 起き上がりの介助
307	寝返り、起き上がり、立ち上がり動作の身体的な負担をなくしたい	● 安定した寝返り、起き上がり、立ち上がりができる	● 寝返り、起き上がり動作が安全・安楽にできる	● 理学療法、作業療法によるリハビリ ● 特殊寝台貸与 ● 介助バー付きサイドレール貸与
308	起き上がりが困難になり寝たきりの生活になったが、できれば家族と食卓で食事がしたい	● 家族と団らんし、楽しい食事の摂取ができる	● 車いすに移乗し、食卓で食事ができる	● 特殊寝台貸与 ● 移動・移乗介助 ● 食事の見守り・一部介助（家族）
309	腰部脊柱管狭窄症による腰痛があるため、痛みがなく寝起きができるようになりたい	● 楽に寝起きができて、自分で動くことができる	● ベッドの利用に慣れる	● 特殊寝台貸与 ● 介助バー付きサイドレール貸与

事例No.	ニーズ	長期目標	短期目標	サービス内容
310	起き上がりが困難になり、寝たきりの生活になったが、食卓で食事がしたい	●食卓での食事が継続できる	●介助により起き上がり、車いすに移乗し、食卓で食事ができる	●起き上がり介助 ●移動・移乗介助
311	起き上がりや立ち上がりに時間がかかり、転倒の危険が大きいため安全・安楽に起居動作ができるようになりたい	●福祉用具を利用しながら、安全に起居動作ができる	●身体レベルに応じた福祉用具の利用に習熟する	●福祉用具 ●特殊寝台貸与 ●立ち上がり手すり貸与
312	これまで使用していたベッドが故障し、起居動作が困難になっているため、好きな時に家族の手を借りずに安楽に起居動作ができるようになりたい	●家族の手を借りずに好きな時に起居動作ができる	●安全・安楽に起居動作ができる	●特殊寝台貸与 ●特殊寝台付属品貸与 ●ベッドが変わったことを認識してもらい、操作方法を指導
313	身体機能の低下により起居動作が困難である。楽に起き上がり室内の自立移動につなげたい	●自力で起き上がりがスムーズにでき、自力で室内移動ができるようになる	●ギャッチアップ機能を利用し、体調に合わせながら自力でゆっくり座位を保ち、端座位になることができるようになる	●特殊寝台・付属品貸与 ●動線に合わせた手すりの設置 ●タッチアップ手すり ●起居動作・生活動作訓練 ●通所リハビリ

事例No.	ニーズ	長期目標	短期目標	サービス内容
314	寝たきり状態で自分では思うように動けない。このままでは徐々に悪化して行くので、せめてベッド上だけでも座位を保ち、気分転換を図りたい	● 座位を保ち、簡単な手作業ができるようになり、気分転換ができる	● 60度位の座位保持が数時間できるようになる	● ギャッチアップ機能を活用し、30度位の座位から徐々に90度まで座位姿勢が保てるようにする
315	座位姿勢を保つことができず身体が側方に倒れるので、安定した座位を保てるようになりたい	● 座位のバランス感覚を養い、座位姿勢を保つことができる	● 座位補助具を利用し、座位姿勢を保つことができる	● 姿勢をサポートするためのクッションの利用 ● 端座位補助具の利用 ● 理学療法・作業療法による座位姿勢保持のリハビリ
316	自分で座位がとれるようになり、臥床時間を少なくしたい	● ベッド上でクッション等を利用し、座位姿勢で長時間過ごすことができるようになる	● 徐々にギャッチアップ角度を上げ、90度の座位姿勢ができるようになる	● 特殊寝台（3モーター）及び付属品貸与 ● 座位体制確保のための介助

事例No.	ニーズ	長期目標	短期目標	サービス内容
317	肺梗塞で少しの動きでも息切れがし、咳が出るため一日ほとんど臥床（45度位）しているが、普通に座位を保ち、みんなと会話ができるようになりたい	● ギャッチアップ機能を活用し、体調に合わせ座位保持ができ、在宅酸素吸入しながら会話ができる	● 好きな時にひとりで起居動作ができるようになる	● 療養管理指導 ● 在宅酸素 ● ギャッチアップ機能を活用し、30度位の座位から徐々に90度まで座位が保てるようにする（本人操作修得）
318	座位姿勢をとるとお尻（臀部座面）に痛みが出てくるので褥瘡にならないようにしたい	● 臀部の痛みがなく、褥瘡予防ができる	● ひとりで立ち座りや横になることができ、1時間以上同じ姿勢を保たないようにできる	● 体圧分散できる座布団の利用 ● 姿勢をサポートするためのクッションの利用 ● 端座位補助具の利用 ● 理学療法・作業療法による座位姿勢保持のリハビリ
319	介護者の妻は小柄で高齢のため、妻の負担を軽減し、起居動作をひとりでできるようにしたい	● 毎日の生活の中でリハビリを継続し、介助なしで室内移動ができるようになる	● 福祉用具と残存機能を活用し、起居動作がひとりでできるようになる	● 特殊寝台の利用 ● 介助バー付きサイドレール貸与 ● 自宅内における生活動作の指導を受ける（車いす移乗も含む） ● 介護技術を学ぶ（家族）

07 起居動作

事例No.	ニーズ	長期目標	短期目標	サービス内容
320	労作時呼吸困難になり、簡単な起居動作にも負担がかかっているため、起居動作・室内移動が安楽にできるようにしたい	● 家族や医師他、各関係者の連携により、利用者の精神的安定を図りながら身体的負担の軽減ができる	● ギャッチアップ操作がひとりでできるようになる ● 負担のない姿勢の保持や動作ができるようになる	● 起居・移動介助 ● 特殊寝台・付属品貸与 ● 居宅療養管理指導 ● 訪問看護 ● 室内移動等、安楽な動作指導 ● 室内車いす貸与
321	頚部脊柱管狭窄症のため、軽度の四肢麻痺があり、起居動作が困難になっている。他者の手を煩わせずに、自身で行っていきたい	● 痛みやしびれが軽減でき、悪化を防ぐことができる ● 身体への負担を軽減し、起居動作ができるようになる	● 福祉用具の操作が安全にできるようになる ● リハビリの継続ができ残存機能の活用が増える	● 特殊寝台貸与 ● 介助バー付きサイドレール貸与 ● 作業療法 ● 訪問リハビリ ● 食生活を改善し、頚部を温めるなど血流が滞らないよう常に気を付ける
322	これまで使用していたベッドが故障し、起居動作が困難になっている。好きな時に家族の手を借りずに安楽に起居動作ができるようになりたい	● 家族の手を借りずに好きな時に起居動作ができる	● 安全・安楽に起居動作ができる	● 特殊寝台貸与 ● 特殊寝台付属品貸与

08 整容

事例No.	ニーズ	長期目標	短期目標	サービス内容
323	整容がひとりでできるようになりたい	●整容に興味が湧き、自分でできるようになる ●おしゃれを楽しめるようになる	●健側の活用ができるようになる ●歯磨きは自分でできる	●作業療法によるリハビリ ●整容の一部介助 ●身だしなみに興味が湧くような楽しい会話
324	着替えがひとりでできるようになりたい	●自助具を利用し、自分で更衣ができるようになる	●リハビリにより左手が活用できる	●作業療法によるリハビリ ●自助具の情報提供・使い方指導
325	義歯の噛み合せが悪いので、食事を摂りにくく、食欲が減退している。義歯の調整をしてもらいたい	●咀嚼機能が向上し、美味しく食事がいただける	●身体に負担なく歯科治療が受けられる	●通院介助 ●訪問歯科診療 ●医療との連携
326	振戦があり歯磨きがしっかりできず、すっきりしない。口腔内を清潔にし、余病を防ぎたい	●口腔内を清潔に保つことができる	●介護者とともに歯科衛生指導を受け、見守りや一部介助を受けながらできるようになる	●歯科衛生士より指導を受ける ●見守り・一部介助 ●口腔機能向上運動

事例No.	ニーズ	長期目標	短期目標	サービス内容
327	手指の痛みで力が入らず、自分では歯磨きができないが、毎食後、歯磨きをして口腔内の清潔を保ちたい	● 口腔内の衛生状態を清潔に保つことができる	● 毎食後のうがいがひとりでできるようになる ● 歯磨きを自助具の利用で一部介助にて継続できるようになる	● 歯科衛生士の指導 ● 自助具の活用 ● 口腔ケア一部介助 ● 医師の指示に従った服薬
328	脳梗塞後遺症、左半身麻痺で認知症があり、呑み込みが困難で左頬に食物が溜まっていくため、食後の口腔ケアをしっかり行いたい	● 口腔内清潔を保てる	● 介助により毎食後口腔清掃ができる	● 洗面所までの移動介助 ● 食後のうがい、左頬から指で掻き出す ● 残渣の確認
329	自分では磨くことができないが、口の中がべたべたするため、気持ちよく過ごせるように歯磨きがしたい	● 毎日歯磨きができ、口腔内清潔を保ち、気分よく過ごせる	● 介助により歯磨き・うがいなど、口腔ケアができる	● 歯磨きの準備 ● 半座位を保ち自分で歯ブラシを使ってみる ● 磨き残しのケア ● 側臥位で口腔ケア（うがいにはストロー使用）
330	口臭がひどくなっている。食前のうがいと食後の歯磨きをし、口腔内を清潔にして口臭の防止を図りたい	● 口臭内清潔を保ち、口臭や口腔内疾患の予防ができる	● 歯磨きが習慣づけられる	● 口腔ケアの促し・準備 ● 会話しながらの見守り ● 習慣づけを目的とした対応・一部介助

第3章 居宅サービス計画書(2) 項目別文例集第2部

事例No.	ニーズ	長期目標	短期目標	サービス内容
331	寝起きが悪く妻に対しては文句が多い。整容に時間がかかるため、通所日の送迎に間に合わず、待たせることが多い。迎えの時間に間に合うように手伝ってほしい	● ヘルパーの介助により、拒否することなくスムーズに整容を済ませられるようになる	● 楽しい会話で気分を盛り上げ、自発的に動くように働きかけ、時間通りにできるようにする	● 明るく笑顔であいさつ ● 整容の声かけ・見守り・一部介助 ● トイレ誘導 ● 気分を盛り上げるよう、会話しながらの更衣介助 ● 居室から玄関先までの移動介助
332	関節リウマチの進行により、表情のこわばりや急激な容姿の変化で人と会うのが嫌になり、入浴・整容もしなくなったが、身綺麗にし外出させたい（家族）	● 清潔の保持ができ、時には口紅やマニキュアを付けたり、おしゃれをして、施設の仲間と楽しく過ごせるようになる	● 清潔を維持できる ● 家族やヘルパーの援助でおしゃれをし、生活を楽しめるようにする	● 通所施設の再開 ● 入浴介助 ● 脳トレーニングや体調に合わせ、アクティビティへの参加 ● 本人の希望により、整容に関する支援 ● 生活意欲向上につながる支援
333	歯茎が弱く、歯肉炎を起こしているため、口腔内の衛生状態を清潔に保ちたい	● 歯肉炎が改善される ● 口腔内の清潔保持ができる	● 声かけ・見守りにより、口腔内の清潔保持を毎日行う習慣がつく	● 定期的な歯科診療の確保 ● 歯科衛生士より指導を受ける ● 声かけ・見守り・確認

08 整容

事例No.	ニーズ	長期目標	短期目標	サービス内容
334	ほとんど視力がなく、歯磨き・点眼・更衣などがうまくできない。一日気持ちよく過ごすためにも、モーニングケアがきっちりできるようになりたい	● 歯磨きや整容ができ、自分の好みの衣服に着替え、一日気持ちよく過ごせるようになる	● ヘルパーの一部介助により、見えない不安が解消される	● 日用品などの置き場所の確立 ● 服薬・点眼の見守り・確認・一部介助 ● 着替えを順番にそろえる ● 対象者が必要とする情報提供
335	起床時の洗顔・歯磨き・整髪・着替えがひとりでできず、一日ぼんやり過ごしているため、朝のケアをしっかりして気分転換を図りたい	● 朝のケアが習慣付き、ひとりでできるようになる	● 声かけ・一部介助により、朝のケアができるようになる	● 置き場所を決め、声かけ・見守り・確認をする ● 習慣付けることを意識し、楽しみながら朝のケアを行えるようにする
336	脳梗塞後遺症で日常動作が困難であり、歯磨きもせず歯槽膿漏が悪化し、口臭が強くなっている。治療し、口腔内の清潔を保ちたい	● 洗面所に介助で移動し、準備が整えばひとりで磨けるようになる	● 歯槽膿漏が改善できる ● 常に口腔内清潔を保てるようになる	● 治療のための通院介助 ● 歯科衛生管理士の指導を受ける ● 介護者もともに学ぶ ● 残存機能を活用できるような方法を探る

事例No.	ニーズ	長期目標	短期目標	サービス内容
337	歯槽膿漏で痛みがひどく、食事も痛みで十分に摂取できていないため、治療をして美味しい食事を楽しめるようになりたい	● 口腔ケアが継続でき、口腔内清潔が保持できる	● 治療ができ、痛みがなくなる ● ヘルパーの援助で口腔ケアができるようになる	● 訪問歯科診療 ● 口腔ケアの指導を受ける（家族・ヘルパー） ● 食前のうがい、食後の歯磨きの促し、確認、できていない部分の介助
338	自分で更衣ができるようになりたい	● 自分で着衣ができる	● 介助を受けながら自分で着衣ができる	● リハビリ訓練 ● 衣服の準備、声かけ ● 着衣順序・方法の指導 ● 家族への介助方法の指導

08 整容

09 食事

事例No.	ニーズ	長期目標	短期目標	サービス内容
339	栄養失調と言われたため、一日3食はきちんと摂れるようにしたい	● ヘルパーと会話しながらの調理ができ、自分で作った食事を楽しめる	● 定期的に3食しっかり摂れるようになる	● 家事援助 ● 食材の調達援助と下ごしらえの援助 ● 宅配食の検討
340	胃瘻摂取は気持ちが悪く、吐き気がするので、少しずつでも口で味わいながら食べたい	● 口腔摂取ができる間は、本人の望むようにできる	● 少量ずつ口腔摂取ができる	● 看護師による状況確認 ● ヘルパーによる見守り情報提供
341	自分で食事が摂れるようになりたい	● 自分で食事が摂れる	● 一部介助を受けながら自分で食事ができる	● 通所リハビリにて理学療法・作業療法を受ける ● 自助具を検討、使用方法の訓練を受ける
342	自分で食事が食べられるようになりたい	● 介助が少なく、自分で食事ができる	● 介助を得ながら自助具を使って自力での食事を始める	● 食事の介助 ● OTによるリハビリ訓練 ● 箸・スプーン、食器などの自助具の入手 ● 使用方法の訓練

事例No.	ニーズ	長期目標	短期目標	サービス内容
343	栄養バランスの良い食事が摂りたい	●栄養バランスの良い食事が摂取できる	●ヘルパーとともに献立を考え、調理をすることで食事の大切さや楽しみを覚えるようになる	●ヘルパーとともに栄養管理指導を受ける ●ヘルパーとともに調理をする
344	認知症のため、声かけをしないと用意した食事を食べていないことがよくある。昼食時に声かけや促しをしてもらいたい（家族）	●日中定期的な訪問やデイサービス利用により、昼食もしっかり摂れるようになる	●定期的な訪問で、声かけにより食事の摂取ができる ●通所介護により全般的に見守ることができ、本人も楽しく昼食の摂取ができる	●ヘルパーにより食事摂取の声かけ・見守り ●コミュニケーションを保ち、自立に向けた誘導・見守りを行う ●施設での食事摂取の声かけや見守り ●口腔体操
345	むせることなく安全に食事を摂りたい	●食事中にむせることなく、楽に、安全に食事ができる	●食事中にむせることが減少する	●受診し嚥下障害の原因確認 ●食事中の見守りと声かけ ●食事内容の検討 ●食前の口腔運動
346	食欲が回復して少しでも食べられるようになりたい	●食欲が回復し食事ができる	●原因を究明し相応な対応策を実施する	●医療機関の受診（内科・精神科） ●処方薬の相談

事例No.	ニーズ	長期目標	短期目標	サービス内容
347	これまで調理をしたことがなく、自分では作れないため、糖尿病や腎臓疾患に配慮されたバランスの良い食事を作れるようになりたい	●病状に合わせた献立が自分で作れるようになる ●病状に配慮した食事が一部介助で作れるようになる	●ヘルパーとともに献立を考え、調理ができ、調理を楽しめるようになる	●利用者とともに栄養管理指導を受ける ●利用者とともに献立を考え、ともに調理をし、自立できるような支援をする
348	半身麻痺や右手不自由のため調理ができないが、糖尿病や慢性腎不全のための食事ができるようにしたい	●病状に合わせた食事ができるようになる ●介護者とともに献立を考え、食事を楽しめるようになる	●介護者とともに栄養バランスなどを話しながら楽しく調理ができる ●食事前後のテーブルの片づけや清掃ができるようになる	●利用者とともにする調理 ●利用者とともに栄養管理指導を受ける ●利用者の身体状況を把握し、できる仕事を見つけ誘導する
349	腎臓病や糖尿病による食事制限があるが、自身では管理ができないので、食事内容を改善し、病状が安定するように援助してほしい	●毎日、朝夕の散歩が継続できるようになる	●医師の指示に従った食事を摂ることができる ●適度な運動の継続ができる	●栄養管理指導 ●指導内容に沿った献立調理をヘルパーと一緒に行う ●毎日散歩をする（本人）

事例No.	ニーズ	長期目標	短期目標	サービス内容
350	入院中はなんでもできると思っていたが、立ち上がることも困難で買い物はおろか調理もできない。バランスの良い食事が摂れるようにしたい	●栄養バランスの良い食事を楽しめるようになる	●訪問サービスにより定期的な食事が摂取できる ●配膳やテーブルの片づけができるようになる	●買い物代行 ●3食分の調理（訪問時間外はひとりで摂取できる状況に準備する） ●利用者とともにテーブルの片づけと配膳 ●訪問時間外利用者がひとりでできるように説明をする
351	日中も寝たきりの生活になっているが、食事のときは家族と一緒に食卓で食べたい	●離床して、三度の食事を家族と一緒に楽しめる	●ベッド上で座位が保てるようになる ●車いすで長時間座位が保てるようになる	●座位保持介助 ●移乗・移動介助 ●通所リハビリ ●車いす移乗時間を多くし、寝たきりを防ぐ（本人）
352	左半身麻痺と認知症のため飲み込みが困難で、左頬に咀嚼物がたまっていくので、左頬を確認しながら少しずつ時間をかけて介助してほしい	●時間をかけ必要量の食事摂取ができるようになる ●家族の介護時間の短縮ができる	●本人が苦痛を感じることなく、ゆっくり食事を楽しむことができる	●医師の指示により嚥下状態に合わせた調理（家族） ●楽しみながらの口腔体操 ●左頬に気を付け、少量ずつの食事介助・飲み込み確認 ●服薬介助 ●食後のうがい（残渣の確認）

事例No.	ニーズ	長期目標	短期目標	サービス内容
353	食事の時に上手く飲み込めずにむせることが多くなった。むせずに飲み込めるようになりたい	● 摂食時の誤嚥を防ぐことができる	● むせることが減少する	● 食前の口腔体操 ● 口腔機能向上運動 ● 嚥下状況に合わせた調理 ● 声かけや見守り介助
354	脳梗塞後遺症で軽い嚥下障害があるが、以前からの習慣で一度にたくさん頬張り、喉に詰まらせてあわてることがよくある。誤嚥性肺炎や緊急事態にならないようにしたい	● 少しずつゆっくり食べる習慣がつき、誤嚥のリスクが減少する	● 常に声かけをし、むせることのリスクが理解できるようになる	● 食材の切り方や調理方法に配慮する ● 食前の口腔体操 ● ゆっくり食べるよう、見守り、声かけをする ● 食後の口腔ケアの促し
355	嚥下困難であるが、誤嚥や喉詰めなどの事故がないように安全に食事ができるようにしたい	● 見守りにより、喉詰めなど事故がなく安全に食事ができる	● 見守り・声かけにより安全に食事ができる ● 一口の量が少なく、安定して食事できるようになる	● トロミを付けるなど調理方法を見直す ● 食前の口腔体操 ● 一口の量を少なくするよう、食事の見守り・声かけ

事例No.	ニーズ	長期目標	短期目標	サービス内容
356	嚥下機能が低下しているため、飲み込みが悪く、患側の頬に食べたものがたまってしまう。朝の忙しい時間はついていられないので、食事中の見守り、援助をしてもらいたい	●家族の負担を軽減し、本人もゆっくり落ち着いて食事を楽しむことができるようになる	●嚥下能力や摂取状況が把握でき、ゆっくり本人のペースに合わせて食事をすることができる	●食事前にしばらくおしゃべりをして、簡単な口腔体操をする ●少量ずつ口に入れ、飲み込みを確認する ●患側の頬に注意し、溜まっていたら取り出す ●食後の口腔ケア
357	半身麻痺のため起き上がりが困難であるが、介護者が高齢のため介助できず、側臥位の食事になっているので、座って食べるようにしたい	●残存機能を活用し、座位を保てるようになる ●自助具を使い一部介助で食事摂取ができるようになる	●座位姿勢ができ、介護者も無理な姿勢がなく介助ができるようになる ●福祉用具の活用で、自力で座位保持ができるようになる	●特殊寝台の安全なギャッチアップ機能の活用を習得する ●ベッド用テーブル貸与 ●座位姿勢の時間を増やすようにする ●作業療法（自助具を使用して食べる練習）
358	半身麻痺があり、声かけをしても反応がなく食事にかなりの時間がかかる。就業している介護者に時間がないため、援助をお願いしたい	●食事を楽しめるようになる	●介護者と協力して行うことで、本人に負担なくゆっくり食事を楽しめるようになる	●モーニングケアをしっかり行ってから食事にする ●おしゃべりしながら配膳をする ●見守り・一部介助

事例No.	ニーズ	長期目標	短期目標	サービス内容
359	糖尿病のため食事療法が必要であるとわかっているが、配食の糖尿病食では物足らず、つい間食してしまう（スイーツが大好き）。血糖値を安定させたい	● 血糖値が安定する ● 食事の代替の趣味や楽しみを持つことができる	● おやつは低カロリーの食品を少量で満足できるようになる ● カロリー制限を意識するようになる	● 朝食分のカロリーを配慮した食事作りの手伝い ● 毎日散歩を行う（本人） ● 通所施設でのみんなで楽しむ昼食 ● カラオケやゲーム・小物作りなどで楽しむ
360	家族は就労しているため、食事の用意はしておくので食事介助をお願いしたい	● ヘルパーの介助により現状の生活が維持できる	● ヘルパーの介助により食事の摂取ができる	● 配膳・下膳 ● 食事介助・水分補給 ● 服薬準備
361	少し食べると気分が悪くなるので食べるのを止めてしまい、最近では体力の低下を感じている。栄養状態を良好にし、健康を維持したい	● 気力を持ち直し、健康に対して前向きに取り組めるようになる	● 必要量の食事摂取ができるようになる ● 食事を楽しめるようになる	● 受診し、医師に相談をする ● 栄養管理指導 ● 本人の好みに合わせた献立を一緒に作る ● 調理一部介助 ● 気分転換と食欲向上のため、ヘルパーと一緒に買い物をし、調理を楽しむ

事例No.	ニーズ	長期目標	短期目標	サービス内容
362	原因は不明であるが、最近食欲がなく、何を食べても美味しいと思えず摂取量が低下し、体力がなくなっている。栄養バランスのとれた美味しい物を食べて体力をつけたい	● 原因により取り組みを検討する	● 受診により身体的なものか精神的なものかの判断ができ、改善に向けた対応ができるようになる	● 通院介助 ● 受診・検査により、病状や今後の取り組みについて相談する ● コミュニケーションを図り、何でも話せるような関係づくり（信頼関係の構築）
363	ベッド上で食事の介助を受けているが、妻は介助による腰痛が出ている。妻の腰痛がこれ以上ひどくならないようにしたい	● 妻の介護量の軽減ができ、腰痛の程度がひどくならず、気分的に余裕が持てるようになる	● 自助具を使い、ほぼひとりで食べられるようになる ● ヘルパーの介助により、安定した食事摂取ができる	● 食事介助・口腔ケア ● 作業療法（残存機能活用） ● 自力で食事ができるよう、機能・能力に合わせた自助具の購入
364	日中家族が不在になるため食事を作って配膳しておいてもほとんど食べていないが、側について声かけをすると何とか食べるので、介助をお願いしたい	● ヘルパーの声かけで完食できる	● 楽しい雰囲気の中でゆっくり食事ができる	● 会話しながらゆっくり時間をかける食事にする ● 手でも摘まめるような一口大の物をきれいに盛り付ける ● 声かけ・見守り・一部介助 ● 服薬管理

09 食事

事例No.	ニーズ	長期目標	短期目標	サービス内容
365	二人暮らしの娘は朝は早く、帰りも遅いため、日中独居となっている。糖尿病であるため、栄養バランスのとれた、定時の食事が摂取できるようにしたい	● 病状に合わせ、栄養バランスのとれた食事摂取が継続でき、体調を維持できる	● 娘とヘルパーが連携し、病状に合わせた食事が定期的にできるようになる	● 朝食の配膳・昼食の準備・買い物（娘） ● 昼食の配膳、電子レンジで温め（本人） ● 夕食準備利用者とともに献立などを相談しながらの調理 ● 不足分の買い物代行
366	視力障害・末梢神経障害のため、調理時包丁が怖くて使えない。糖尿病の悪化防止のためバランスのとれた食事がしたい	● 病状の悪化を防ぎ在宅生活を維持できる	● 糖尿病食が摂取できるようになる	● 栄養管理指導 ● 病状に合わせた調理 ● 台所後片付け
367	室内移動がままならず、配食弁当と別居の息子の妻が毎日手料理を持ってきているが、ほとんど手を付けず残している。暖かいおかゆなら食べられるかもわからないので作ってほしい （別居の息子の妻）	● 介助により、おかゆに加え、柔らかく調理した副菜も食べられるようになる	● 座って自分で食べられるようになる	● おかゆ作りに加えて、息子の奥さん持参のおかずをチョイス・温め・配膳 ● 食事介助 ● 後片付け ● コミュニケーションの構築 ● 家族との連携

事例No.	ニーズ	長期目標	短期目標	サービス内容
368	寝たきり状態なので食事の時は60度程度ギャッチアップし、介助してもらっている。体調の良い時は家族と一緒にテーブルで食べたい	● 車いすで移動し、家族と一緒に食事ができる ● 発語はあまりないが、家族の話を聞きながら食事を楽しむことができる	● 起立性低血圧を起こすことなく座位が保てるようになる	● 起き上がり時、ベッド上でしばらく座位を保ち体調確認をする ● 車いす移乗・移動介助 ● 飲み込み状態を確認し、ゆっくり食事介助を行う ● 食後の口腔ケア ● ベッド移動介助
369	糖尿病の食事制限を守り、血糖値のコントロールができるようになりたい	● 糖尿病のための食事管理ができ、病状が改善する	● 低カロリーで栄養バランスのとれた食事を摂ることができる	● 栄養管理指導 ● 利用者とともに指導を受け、一緒に調理を行い、食事の大切さについて興味を持つよう促す ● 片付けの手伝い
370	糖尿病性腎症のため、食事制限があり、調理用素材にも規制があるため自分では調理ができない。独居であり、若いころから全く調理をしてこなかったので教えて欲しい	● 介護者と相談しながら一部介助で自主的に料理ができるようになる ● 病状に合わせた好みの料理作りを楽しめるようになる	● ヘルパーとの協働により、病状に合わせた食事が作れるようになる ● 管理栄養士の指導が理解でき、実践できるようになる	● 栄養管理指導 ● 利用者と協働で行う調理 ● 自立に向けた支援 ● 相談援助

09 食事

事例No.	ニーズ	長期目標	短期目標	サービス内容
371	体調不良が続き、食事の準備ができず、徐々に体重が減ってきている。栄養のバランスがとれた食事をし、体調を改善したい	● 鬱症状の軽減ができ、食欲が出て体調改善ができる	● 受診により改善に向けた処置ができ、バランスの良い食事を摂取できるようになる	● 診察同席・状況改善の相談 ● 利用者の思いを受け止めながら好みの献立を聞き、調理する ● 心身の状況に応じて、できるだけ会話を多くする ● 配食サービス
372	ほとんどベッド上の生活で、楽しみは食事だけだったのが、最近食欲がなく楽しみがなくなった。また食事の時間が楽しみになるようにしたい	● 自分で買い物に行き、好きな食材で美味しい物を作る楽しみができる	● 介護者と一緒に献立を考え、調理することで食事が楽しめるようになる ● 介護者と一緒にする料理を楽しむことができる	● 利用者とともに献立を考える ● 利用者とともに調理を行う ● 楽しみを見つけるための社会資源の情報提供

事例No.	ニーズ	長期目標	短期目標	サービス内容
373	もの忘れがひどく判断力の低下もあり、食事したことを忘れる。過剰摂取になるなど血糖コントロールができず、糖尿病が悪化しているのでバランスの良い食事を適量摂取できるようにしたい	●定期的に栄養バランスの良い食事が適量摂取できるようになる	●家族とヘルパーの連携支援により、しっかり見守ることができ、適量の食事が習慣付くように促し、誘導ができる	●家族との連携 ●家族による買い物 ●ヘルパーによる調理・配膳 ●利用者とともに行う後片付け ●すぐ食べられるようなものは別室の鍵付冷蔵庫に保管する ●水分はいつでも飲めるように用意しておく

10 排泄

事例No.	ニーズ	長期目標	短期目標	サービス内容
374	自分でトイレまで行き、用を足したい	●ひとりでトイレに行き排泄ができる	●見守りでトイレに行き排泄ができる	●起居動作・歩行動作の確認、指導 ●移動ルートの安全確保 ●手すりの検討
375	認知症のため声かけをすると、ひとりでトイレに行き排泄できるが、留守中は全くトイレへ行かず、リハビリパンツがぼとぼとになっている。時間を決めてトイレに行けるようにしたい	●日中、定期的な訪問やデイサービス利用により、排泄の促しができ、身体の清潔を保てるようになる	●定期的な訪問で声かけにより、排泄の促しができる ●通所介護により、失禁がなく、ご本人も楽しく過ごせる	●ヘルパーにより排泄の声かけ誘導 ●コミュニケーションを保ち、自立に向けた誘導・見守りを行う ●施設での排泄の声かけや見守り
376	トイレまで間に合わず失禁が多く、後始末をしたいが、狭くてできない。夫がトイレに気持ちよく入れるように、清潔にしたい	●トイレを汚すことなく気持ちが楽になる	●受診により失禁の改善に取り組めるようになる ●リハビリパンツやパッドの処理が自分でできる	●受診により医師の指示を受ける（本人） ●リハビリパンツ・パッドの購入
377	家族は就労しているため、排泄介助をお願いしたい	●ヘルパーの介助により、現状の生活が維持できる	●ヘルパーの介助により排泄ができる	●排泄介助

事例No.	ニーズ	長期目標	短期目標	サービス内容
378	廃用症候群でポータブルトイレ使用もできず、高齢の夫の介護では充分な排泄介助ができないため、手伝ってほしい	● 夫のできない部分の支援により、介護を続けることができる	● 適切な排泄介助が定期的にでき、身体の清潔を保ち余病の防止ができる	● 定期的なおむつ交換（4回/日） ● 陰臀部洗浄 ● おむつ交換時、ベッド上の清掃（1回/日） ● 必要時、夫もできるように指導する
379	おむつ交換や更衣の際の介護者の負担を軽減したい	● 介護者の腰痛予防ができる	● ベッドの高さを調整することで、介助の際の負担が軽減できる ● 訪問サービスで介護負担の軽減ができる	● 特殊寝台及び付属品の貸与 ● おむつ交換など身体介護 ● 介護者の体調観察
380	尿意がなくおむつに排尿しているが本人は気付かず、尿臭がひどい。陰部を清潔に保ち皮膚疾患も防ぎたい	● 皮膚疾患及び尿路感染の予防ができる	● 陰部を清潔に保持できて、尿臭が減少する	● 定期的なトイレの促し・誘導 ● リハビリパンツの汚れ具合を観察し、排尿のリズムを把握する ● 陰・臀部の洗浄 ● 皮膚観察

10 排泄

事例No.	ニーズ	長期目標	短期目標	サービス内容
381	介護者も高齢で介護はあまりできないが、日中だけでも、排泄はポータブルトイレで座って行いたい。	● 自力でポータブルトイレに移乗し、座ってできるようになる	● 一部介助でポータブルトイレでの排泄ができるようになる	● ベッドからポータブルトイレへの移乗介助 ● 単独移動ができるような動作の指導 ● 介護者の体調にも配慮する
382	家族に負担をかけることなく、ポータブルトイレで排泄ができるようになりたい	● ポータブルトイレがひとりで利用できるようになる	● 一部介助、または見守りによりポータブルトイレの利用ができるようになる	● 安全・安楽に移乗できるように、声かけ・見守り ● 安楽にズボンの上げ下ろしができるように、声かけ・見守り ● ポータブルトイレの購入
383	筋力低下や歩行機能の低下があり、転倒に対する不安があるが、トイレで排泄したい	● 転倒の不安なくトイレまで行き排泄できる	● 手すりを支えにトイレで排泄できる	● 手すりの設置 ● 動線確保 ● 通所リハビリで下肢筋力向上運動

事例No.	ニーズ	長期目標	短期目標	サービス内容
384	半身麻痺で移動に介助が必要であるが、ポータブルトイレを嫌う。トイレの移動・狭いトイレ内での移乗を介助しているが困難であるため、安楽にできるようにしたい	●排泄動作が自分でできるようになる	●見守り・一部介助により排泄動作ができるようになる ●通所リハビリの継続ができる	●動線上に手すりの設置 ●トイレ内手すりの設置 ●声かけをしながらの自立に向けた介助・促し ●安全・安楽な移乗の修得（本人） ●排泄の見守り・一部介助 ●通所リハビリで歩行機能訓練
385	歩行困難でベッド上の生活だが、おむつは使わず座って排泄がしたい	●ポータブルトイレで排泄ができるようになる	●ポータブルトイレの単独移動ができるようになる	●ポータブルトイレの購入 ●移乗見守り・一部介助 ●自立に向けた移乗の介助
386	早めにトイレに立つが、歩いているときから感覚もなく出ている。下着やトイレを汚さないようにしたい	●治療とポータブルトイレやリハビリパンツで工夫をし、前向きな気持ちで暮らせるようになる	●ポータブルトイレが身近にあることで失禁回数が減少する ●リハビリパンツを使用することで下着やトイレを汚すことが減少する	●泌尿器科の受診 ●リハビリパンツ使用についての相談 ●服薬管理 ●ポータブルトイレを利用する

事例No.	ニーズ	長期目標	短期目標	サービス内容
387	尿意が鈍く、移動動作も緩慢なため、尿失禁が増えている。家族就業のため、日中の処理だけでも手伝ってもらい、身体・室内の清潔を保ちたい	● 失禁回数の軽減と清潔保持ができるようになる	● 定期的な声かけ、トイレ誘導により失禁を少なくすることができる ● リハビリパンツ使用により身体・室内の清潔を保つことができる	● 定期訪問の声かけ・トイレ誘導 ● さりげなく排泄状態の確認 ● 状況によりリハビリパンツ交換の促し ● 定期的な声かけ（家族）
388	腰痛があり右腕欠損しているためほとんど援助を受けているが、排泄だけは人の手を借りずに済ませたい	● ひとりで排泄ができるようになる	● ズボンの上げ下ろしができるようになり、自立できる	● 片腕でズボンの上げ下ろしができるように、練習し、ズボンを工夫する ● シャワートイレの設置
389	左半身麻痺であるが、人の手を借りずに排泄できるようになりたい	● ひとりで排泄ができるようになる	● ポータブルトイレを利用し、移乗時見守りにより排泄ができるようになる	● ポータブルトイレの購入 ● 事故の危険性がないように移乗動作のリハビリを行う ● ポータブルトイレの処理（介護者）
390	骨折で3か月入院していたので、筋力が低下し歩行が不安定になっている。病院ではポータブルトイレを使っていたが、家ではトイレを使いたい	● 歩行が安定し、トイレで単独排泄ができるようになる	● トイレ移動や便座からの立ち座りが不安なくできる ● 自宅でもセルフリハビリの継続ができる	● ベッドからトイレの動線上必要な個所の手すり設置 ● 通所リハビリ ● 歩行機能訓練 ● 筋力強化運動 ● セルフリハビリ

事例No.	ニーズ	長期目標	短期目標	サービス内容
391	入院生活が長かったため、歩行機能が顕著に低下し、転倒に対する不安があるが、排泄はトイレで行いたい	●転倒の不安なくひとりでトイレ利用ができるようになる	●安全な移動方法・便座の立ち座り方などを習得する ●ベッドから排泄の一連の行動がひとりでできるようになる	●便座立ち座り他、動線上の手すりの設置 ●作業療法により移乗・移動の安全な動作方法を習得する ●歩行機能訓練
392	尿意・便意はあり、排泄自体はひとりでできるが、両手指に麻痺があり、力が入らずズボンの上げ下ろしが上手くできない。一連の排泄動作ができるようになりたい	●人の手を借りずに排泄動作ができるようになる	●下着の工夫や自助具を利用するなどで、排泄動作ができるようになる	●緩い下着をつけ、排泄動作がひとりでできるよう、介助しながら見守る ●工夫するところがあるか、利用者と一緒に考える ●OTによるリハビリ
393	夜中に何度も歩行器を使ってトイレ移動しているため、家族もゆっくり眠れないので、静かにトイレ使用ができるようにしたい	●家族を起こすことなく排泄ができる	●ポータブルトイレをベッド横に置き、ひとりで排泄ができるようになる	●ポータブルトイレの購入 ●ベッドからポータブルトイレへ安全に移動できるよう練習する
394	夜中に何度も尿意があり、トイレまで行くのに時間がかかる。転倒の不安もあるため何とかしたい	●不安なく安楽に排尿できる	●ポータブルトイレをベッド横に置き、ひとりで排尿ができるようになる	●ポータブルトイレの購入 ●介助バーの貸与

10 排泄

事例No.	ニーズ	長期目標	短期目標	サービス内容
395	失禁による衣類・寝具の汚染をなくしたい	● 失禁による衣類・寝具の汚染がなくなる	● 失禁による衣類・寝具の汚染が減少する	● 受診・原因疾患の確認 ● おむつの定期交換
396	夜間の失禁をなくしたい	● 夜間の失禁がなくなる	● 夜間の失禁が減少する	● トイレへの動線上に手すり ● 起居補助のためのベッド柵の設置 ● トイレ動線上の照明の検討
397	排尿の感覚がなく本人は気付いていないため、トイレに行くよう促すが「ない」とトイレに行かず、常にリハビリパンツを汚している。尿臭もひどくなっているため、失禁なく清潔にしたい（家族）	● 根気よく定期的に声かけや介助を行うことができ、清潔を保てるようになる	● 時間を決めてトイレに行くことができる ● 介護サービスと家族で介護の分担をすることで時間や気持ちにゆとりが出て、トイレ誘導に応じてくれるようになる	● 通所施設の利用 ● ヘルパーによる定期的なトイレの促しや介助 ● 失禁の状況把握 ● 状況により受診も考える
398	排泄動作に時間がかかり、間に合わずに下着やトイレを汚すことが多くなっている。人の手を借りずに排泄を済ませたい	● 排泄は自分で済ませられる	● リハビリパンツやパッドの管理が自分でできる ● 部屋に備えたポータブルトイレを使用し、処理も自分でできる	● リハビリパンツやパッド使用 ● ポータブルトイレの使用 ● 排泄リズムを把握する ● 尿意がなくても定期的にトイレに行く（本人）

事例No.	ニーズ	長期目標	短期目標	サービス内容
399	便秘がひどく、服薬や浣腸を行っているが、スムーズな排便ができるようになりたい	● 排便のコントロールができ、ポータブルトイレに座ってできるようになる	● 容易にポータブルトイレに座れるようになる	● 医師の指示に沿った服薬 ● 植物繊維を多く摂れるような食事内容の提供 ● 常に水分補給の確認 ● ポータブルトイレに単独移乗ができるリハビリ ● 体調に合わせ適度な運動

11 入浴

事例No.	ニーズ	長期目標	短期目標	サービス内容
400	入浴がひとりでは不安であるため、安心して入浴ができるようにしたい	●転倒や事故がなく入浴ができ、身体の清潔保持ができる	●介護者が室内にいることで、安心してゆっくりひとりで入浴ができる	●ヘルパーの訪問時までに入浴準備をする（本人） ●家事援助をしながら入浴中の利用者の様子に配慮する ●入浴後の浴室掃除 ●シャワーいすの購入 ●浴槽内いすの購入
401	入浴がひとりでは不安であるため、安心して入浴ができるようにしたい	●転倒や事故がなく入浴ができ、身体の清潔保持ができる	●他者とおしゃべりしながら楽しんで入浴ができる ●個浴でスタッフの見守りの下、安心して入浴ができる	●施設での入浴見守り
402	ひとりでは危険なため入浴中見守っているが、長時間になるため見守りが困難になっている。定期的にゆっくり入浴をさせてあげたい	●不安なく安楽にゆっくり入浴ができ、身体の清潔を保てる	●施設スタッフ見守りの下、安全に入浴ができる	●施設での入浴介助

第3章　居宅サービス計画書(2) 項目別文例集第2部

事例No.	ニーズ	長期目標	短期目標	サービス内容
403	左半身不全で、骨折も完治していないため入浴が不安である。特に浴槽の出入りと浴槽内立ち上がりが困難なため、安全に入浴ができるようにしたい	●定期的な入浴が安全・安楽に自分でできる	●転倒なく安全に入浴ができる	●浴室内移動見守り ●浴槽出入り介助 ●洗身一部介助 ●更衣一部介助 ●浴槽内いすの購入
404	腰の痛みと下肢にしびれがあり、自宅の浴槽が高くてまたぐことができず、入浴が困難になっている。自宅でゆっくり入浴したい	●見守りにより、自宅でゆっくり入浴ができる	●手すりや福祉用具を使い、安全に入浴ができる ●見守り・一部介助により、転倒なく安全に入浴ができる	●手すりの設置 ●シャワーいす・浴槽内いすの購入 ●入浴見守り・一部介助 ●浴槽出入りは必ず見守りまたは一部介助する
405	自宅の風呂で、安全に入浴できるようになりたい	●自宅の風呂で、ひとりで安全に入浴できる	●見守りにより、安全に入浴できる	●入浴介助 ●筋力強化リハビリ ●浴室内での姿勢安定のための施策検討 ●手すりなどを設置後、入浴動作の確認指導 ●当面はひとりのときは絶対入浴しないように声かけをする

11 入浴

事例No.	ニーズ	長期目標	短期目標	サービス内容
406	肩関節がなく装具で固定しているため、入浴や着替えがひとりではできず、洗身や洗髪も自由にできない。好きな入浴をして身体の清潔を保ちたい	● 入浴を楽しみながら、身体の清潔を保ち、気分よく在宅生活を継続できる	● 入浴一連の動作が一部介助でできるようになる ● 体調不良時は清拭などで身体保清を図ることができる	● 更衣一部介助 ● 洗身一部介助 ● 洗髪全介助 ● 浴槽出入り介助 ● 身体清拭・陰部洗浄 ● 足浴
407	入浴が好きで、何度も湯船の出入りをし、何度も同じことを繰り返す。声かけをしても聞いてくれず、介助が困難になっている。短時間で入浴できるようにしたい	● 適切な時間で入浴の満足感を得られるようになる	● 介助を受けながら入浴が短時間でできる	● ヘルパーによる入浴介助 ● 通所施設での入浴介助 ● 一つの動作ごとに次にすることの声かけをしながら入浴後の楽しみを話しかけ、早く終わらせることができるような会話を入れる
408	腰に痛みがあり、浴室が狭く浴槽も高いため、自宅での入浴ができない。定期的な入浴をし、身体を清潔に保持したい	● 腰痛が軽減し、定期的な入浴で身体の保清ができる	● 安全に他者と一緒に入浴が楽しめる	● 通院により腰痛治療を行う ● リハビリ ● 通所施設での入浴介助

事例No.	ニーズ	長期目標	短期目標	サービス内容
409	浴室までの移動もつらく入浴ができないため、身体に負担なく入浴ができるようにしたい	常に安楽な状況で入浴ができ、身体の清潔を保持できる	安全・安楽に入浴ができる	●訪問入浴 ●在宅酸素吸入
410	股関節から下肢に痺れがあり、自宅の浴槽は高く跨げないため、入浴が困難になっている。安全に入浴ができるようにしたい	他者と会話しながら楽しい入浴を楽しめるようになる	転倒や事故の不安なく安全に入浴ができる	●通所施設での入浴介助 ●福祉用具を使用し、介護者の一部介助によって自宅入浴 ●シャワーいす・浴槽内いすの購入 ●手すりの設置
411	寝たきりのため、臥床状態で入浴したい	身体の清潔が保持できる	安全に入浴することができる	●デイサービス（機械浴） ●訪問入浴介護
412	浴槽が狭く介護者が高齢であるため、自宅での入浴は困難である。安全に入浴がしたい	●安全に定期的な入浴ができるようになる ●介護者の負担軽減ができる	定期的に安全な入浴ができる	●施設での入浴介助
413	半身麻痺があり、十分に体を洗うことができないので、介助をお願いしたい	いつもさっぱりした気分で過ごせる	手の届かない部分は介助を受けることで、行き届いた洗身ができる	●洗身一部介助

11 入浴

事例No.	ニーズ	長期目標	短期目標	サービス内容
414	関節リウマチによりほとんどベッド上の生活で、おしゃれもできず鏡を見るのも嫌になっている。せめて入浴をし、身ぎれいにしていたい	● 清潔の保持ができ、時には口紅やマニキュアを付けたりして、おしゃれを楽しむことができる	● 清潔を保持できる ● 家族やヘルパーの援助で毎日でも入浴ができる	● 入浴介助 ● 本人の希望により整容に関する支援 ● 生活意欲向上につながる支援
415	ひとりでは入浴ができない。浴槽の出入りも危険。転倒などの事故がなく、安全な入浴ができるようになり、身体の清潔を保ちたい	● 安定した入浴ができ、心身ともにさわやかに過ごせる	● 転倒の不安なく入浴ができる ● ゆったりした浴槽で気持ちよく入浴ができる	● 浴室に手すりの設置 ● シャワーいすや浴槽内いすの購入 ● ヘルパーによる入浴介助 ● 通所施設での入浴介助
416	関節リウマチがあり、視野狭窄が顕著に悪化して、入浴が困難になっている。安全に入浴ができるようにしたい	● 安全にゆっくり入浴ができ、関節痛の軽減ができる	● 一部介助により不安なく入浴ができる	● 入浴前の浴室内使用する物品などの準備 ● 入浴一部介助 ● 衣類を更衣しやすいように配置する ● 更衣見守り・一部介助
417	片麻痺で転倒に対する不安があるので、安全に入浴ができるようにしたい	● 安全に入浴できる	● 浴槽内に設置した手すりや用具がうまく使えるようになる	● 入浴用いす購入 ● 浴槽用手すりの設置 ● 浴槽内いす購入 ● 入浴台の設置 ● 浴室内すのこの設置

事例No.	ニーズ	長期目標	短期目標	サービス内容
418	入浴が嫌いで声かけをしても拒否が多く、入ろうとしないため皮膚がカサカサになっている。入浴して身体を清潔にし、皮膚病など、感染症を起こさないようにしたい（妻）	● 入浴ができ、皮膚病の予防ができる	● 皮膚のカサカサが治る ● 身体清拭や足浴が気持ち良く感じられるようになる	● 皮膚科通院介助（Drから入浴の必要性を話してもらう） ● 入浴嫌いな原因を探る ● 身体清拭や足浴を行いながら楽しい会話の中に心地良さを訴え、入浴につなげるようにする ● 利用者の言動から入浴につなげるチャンスを見逃さない
419	半身麻痺で歩行不安定のため転倒の不安がある。右手不自由のため洗身もできずひとりでは入浴ができないが、ゆっくりお湯につかり身体を清潔に保ちたい	● 安全な入浴で身体を清潔に保ち、心身ともにリラックスできるようになる	● 介助により安全に入浴ができる ● 洗身・一部介助により身体の清潔を維持できる	● 入浴見守り・一部介助
420	留置カテーテルを装着しているため、入浴が困難であるが、ゆっくりお湯につかってくつろぎたい	● 湯船の中でゆっくり浸かり、リラックスできる	● 皮膚疾患やカテーテルからの感染症を予防することができる	● 入浴前後のバイタルチェック ● ウロガードの処理 ● 尿量の記録 ● 医師からの注意事項を厳守する

事例No.	ニーズ	長期目標	短期目標	サービス内容
421	留置カテーテルを装着している。皮膚疾患があるため、身体を清潔にし、気持ちよく過ごしたい	● 皮膚疾患や尿カテーテルからの感染症が予防できる	● 定期的な入浴により身体清潔を保つことができる	● 訪問看護による入浴介助 ● 皮膚疾患の処置薬の処置 ● 看護師の注意事項など指導を受け入浴介助を行う ● 薬の塗布
422	入浴時ふらつきがあり、息苦しくなることがよくあるので、ひとりでは入浴ができない。安全に入浴ができ、身体の保清を図りたい	● 見守りにより不安なくひとりで入浴ができるようになる	● 一部介助により転倒などの事故がなく、安全に入浴ができる	● 入浴見守り一部介助 ● 居室から浴室、浴室内の動線に合わせた手すりの設置 ● シャワーいす・スライドボードの購入 ● 自立に向け、安全に浴槽内出入りができるよう促し ● 見守り
423	慢性関節リウマチのため、ひとりで入浴できないが、入浴により痛みが軽減できるので毎日入浴したい	● リウマチの痛み軽減のためにも毎日の入浴が安全にできるようになる	● 自宅ではヘルパー、通所施設では職員の入浴介助で安全に入ることができる	● 入浴介助 ● 通所施設での入浴介助 ● 浴槽内でできる範囲の拘縮予防運動

事例No.	ニーズ	長期目標	短期目標	サービス内容
424	下肢筋力低下により室内移動も困難でほとんど寝たきり状態となっているため、家族では入浴介助ができない。せめて清拭と着替えをして、身体を清潔にしたい	●安楽な入浴ができ、身体の清潔が保持できる	●体に負担なく、安全な入浴ができる ●全身清拭により身体の清潔が保持できる	●訪問入浴（洗髪含む） ●身体清拭・陰部洗浄（家族・ヘルパー） ●手足浴（家族・ヘルパー） ●更衣介助（家族）
425	半身麻痺があり、十分に身体の保清ができず、顔や手に発疹や痒みが出ている。入浴によりしっかり洗身ができ、身体の保清を図りたい	●身体の清潔が保たれ、皮膚疾患の予防ができる	●介助によりしっかり洗身ができ、痒みの改善ができる	●通院により皮膚疾患の原因、対処法の指示を受ける ●服薬・軟膏塗布 ●入浴介助 ●全身清拭・部分清拭 ●足浴・手浴 ●皮膚の観察
426	お風呂だけが楽しみで毎日入っているが、ひとり暮らしで「もし転んだら」と不安がある。安全に入浴したい	●好きなお風呂に安全に入ることができる	●室内環境を整備、ヘルパーなどが室内にいる時間滞在に、不安なく入浴できる ●通所施設で見守りのもと、たくさんの人達と入浴を安心して楽しめるようになる	●手すりの設置 ●シャワーいすの購入 ●浴槽内いすの購入 ●見守り・一部介助 ●デイサービスの入浴介助

事例No.	ニーズ	長期目標	短期目標	サービス内容
427	メニエール病のため、眩暈を起こして転倒することがあるため、入浴ができない。安全な入浴がしたい	● 安全な入浴の継続ができる	● 見守りや必要時一部介助により転倒の不安なく入浴ができる	● 入浴見守り・一部介助 ● 通所施設の入浴介助
428	下肢筋力低下により浴室内の移動や特に浴槽の出入りが不安である。安全に、リラックスして入浴がしたい	● 入浴を楽しみ、心身ともに安定を図れる	● 事故がなく安全な入浴ができる	● 手すりの設置 ● 浴槽内いす購入 ● シャワーいす購入 ● 入浴声かけ・促し・見守り ● 下肢筋力強化運動セルフケア
429	ひとり暮らしの上、脚力に自信がないため入浴が怖くてできない。安全にゆっくり湯船に浸かりたい	● 好きな時にひとりでゆっくり入浴を楽しみ、心身ともに安定できる	● 浴室内の環境を整え、見守りにより自宅でゆっくり入浴ができる	● 手すりの設置 ● 浴槽内いす購入 ● シャワーいす購入 ● 声かけ・促し・見守り ● 一部介助 ● 通所リハビリ ● 筋力向上運動

事例No.	ニーズ	長期目標	短期目標	サービス内容
430	下肢不安定で、何度も転倒しているため、入浴時の転倒に対する不安が絶えずある。不安なく入浴ができるようにしたい	● 歩行機能が強化され、定期的な入浴を安心して、楽しむことができ、心身ともにリラックスできるようになる	● 浴室環境が整備され不安なく入浴ができる	● 自立に向けた浴室内移動介助・浴槽の出入り介助 ● 手すりの設置 ● シャワーいすの購入 ● 浴槽内いすの購入 ● 歩行機能訓練
431	独居であり、体力に自信がなく、入浴時の転倒の不安がある。自宅で安心して入浴がしたい	● 不安なく単独入浴を楽しめるようになる	● 見守りにより、浴槽出入り以外は不安なくできるようになる	● 自立に向けた安全な入浴の促し・見守り ● 手すりの設置 ● シャワーいす・浴槽内いすの購入 ● 通院により治療 ● 痛みの緩和・リハビリ
432	心臓病・高血圧症など持病があるため、入浴時の急変にも対処してほしい	● 家族在宅時、ヘルパーサービス時に介助なく入浴ができる	● 入浴時の注意事項を理解し、見守りのもと、安心して入浴ができる	● 看護師から入浴時の環境を整える指導を受ける ● 指導通りの入浴ができるよう、声かけ・見守り ● 緊急通報装置の設置

事例No.	ニーズ	長期目標	短期目標	サービス内容
433	体力の低下・ふらつきがあり、自宅での入浴には常に転倒や事故の不安がある。見守りのもとで、安心してゆっくり入浴ができるようになり、転倒不安をなくしたい	● 転倒の不安なく、ゆっくりくつろげる入浴ができ、身体の保清ができて、心身ともに健やかに過ごせるようになる	● 転倒の不安なく安心して入浴ができる	● 入浴介助見守り ● 洗身一部介助 ● シャワーいす・浴槽内いすの購入 ● 浴室内手すりの設置
434	膝・腰痛があり、入浴時に転倒の不安がある。安全に入浴をし、身体の清潔を保ちたい	● 自宅浴室にて安全に入浴ができる ● 入浴を楽しみながら身体の清潔が維持できる	● 見守りにより安心した入浴ができる	● 通院治療・リハビリ ● 自立に向けた安全な入浴の促し・見守り ● 手すりの設置 ● シャワーいすの購入 ● 浴槽内いすの購入
435	リウマチ症状のこわばりにより、ひとりでの入浴が危険である。安全にゆっくり入浴がしたい	● ゆっくり入浴ができ、痛みの緩和ができる	● 安全に不安なく入浴ができるようになる	● 入浴準備 ● 浴槽跨ぎ介助 ● 洗身一部介助 ● 浴室内の掃除・片づけ
436	狭心症で息切れがして苦しくなるため、ひとりでの入浴が不安である。安心して入浴ができるようになりたい	● 入浴時の調整が自分でできるようになり、単独入浴ができる	● 見守りにより安全に入浴することができる	● 浴室の温度の調整 ● 湯温の調整 ● 入浴時間の調整 ● ヘルパーの訪問時に入浴をする

事例No.	ニーズ	長期目標	短期目標	サービス内容
437	血圧の変動が激しく、入浴に対して不安がある。安全に不安なく入浴したい	● 自らバイタルサインを見逃さず、体に負担のない入浴ができるようになる	● 浴前の環境整備を介護者見守りのもと、ひとりでできるようになる	● 自立できるよう、浴前の環境整備やバイタル確認をともにする ● 脱衣場や浴室内の温度調整 ● 湯温の調整 ● 洗身・浴槽内では見守り、必要時に一部介助 ● 入浴時間の調整など、声かけにより促す
438	湯船から出られなくなったことがあり、それ以後はひとりで入浴ができなくなったため、安心して入浴ができるようにしたい	● ひとりで安心して入浴ができ、ひとり暮らしの在宅生活が維持できる	● 浴室内環境を整備し、見守りにより不安なく入浴ができる	● ヘルパーの訪問時に入浴をする（本人） ● 入浴時の見守り ● 必要時一部介助 ● 浴槽内いすの購入 ● シャワーいすの購入 ● 浴槽からの立ち上がり・浴槽跨ぎ用の手すりの設置

11 入浴

事例No.	ニーズ	長期目標	短期目標	サービス内容
439	右目は全盲、左目はぼんやり見える程度の視力と下肢筋力低下のため、ひとりでは入浴ができない。安全に入浴ができ、清潔に過ごしたい	● スムーズな入浴動作に慣れ、ひとりで入浴ができるようになる	● 介助により定期的な入浴ができ、身体の清潔を保つことができる	● 自立に向け声かけをしながら、入浴動作や物品の配置がわかるように、毎回同じ動作に徹する ● 入浴時必要品既定位置の確認 ● 転倒回避の見守り介助 ● 洗身などできない部分の介助 ● 衣類は順に取りやすいような置き方の徹底
440	身体機能の著しい低下により、ひとりでは怖くて入浴ができないようになっている。安全に気持ちよく入浴を楽しみたい	● 常に身体の清潔保持ができ、気持ちよく前向きな生活が送れるようになる	● 介助により安全に気持ちよく入浴ができる	● 入浴介助 ● デイケア入浴サービス ● 身体機能向上訓練
441	高齢による身体機能の低下に加えて物忘れが多くなり、ひとりでの入浴に不安がある。楽しみにしている入浴を安全に継続したい	● 入浴の楽しみをいつまでも安全に継続することができる	● 見守り・一部介助することで安全に入浴ができる	● 会話をしながら、入浴動作状況を観察し、それに合わせた介助を行う ● 背中や足など手の届かない部分の洗身介助 ● 浴槽出入りの介助 ● 洗髪介助 ● 入浴後の処理

第3章 居宅サービス計画書(2) 項目別文例集第2部

事例No.	ニーズ	長期目標	短期目標	サービス内容
442	入浴時見守りが必要になっているが、高齢の妻には入浴介助が困難なので手伝ってほしい	●事故がなく安全に入浴ができ、本人の満足感が得られるようになる	●定期的な入浴が安全にできるようになる	●通所施設での入浴介助 ●ヘルパーによる入浴介助 ●家族と介護サービスの連携を図り、協働で支援する
443	歩行不安定で家族が帰るまで入浴は待っているが、帰りが遅いため、家族に負担をかけず早めに入浴がしたい	●家族負担が軽減でき、安心して入浴ができる	●介助により定期的な入浴ができる	●入浴見守り・一部介助 ●通所施設の入浴サービス ●通所リハビリ
444	膝・腰痛がひどくなり、ひとりでは入浴が困難になっている。特に浴槽の出入りが怖くてシャワー浴にしている。せめて週に一回でもゆっくり湯船につかりたい	●定期的な入浴をゆっくり楽しむことができ、身体の保清と膝や腰の痛みの緩和が図れる	●ヘルパーの介助により安全に入浴ができる	●移動時の見守り ●浴槽出入りの介助 ●洗身一部介助
445	家の浴室が狭く、脚力が低下しているため、事故の心配があり、ひとりで入れない。介助を受け、お湯につかりたい	●ゆっくりお湯につかり入浴を楽しめる	●介助により安全に入浴ができる	●通所施設の入浴サービス

11 入浴

事例No.	ニーズ	長期目標	短期目標	サービス内容
446	ひとりでは入浴ができず、同居の娘も仕事があり、帰ってからは食事作りなどで忙しく、入浴介助ができない。定期的に安全に入浴ができるようにしたい	● 安全に入浴ができ、心身ともに穏やかな生活が送れる	● 定期的に安全な入浴ができる	● バイタルチェック ● 入浴介助 ● 更衣介助 ● 移動介助 ● 水分補給介助
447	自分ひとりでは、入浴できないが、身体の清潔を保ちたい	● 清潔保持ができる	● 安全に入浴することができる	● 浴槽出入り介助 ● 洗身一部介助
448	半身麻痺のため、ひとりで入浴ができない。安全に入浴ができ、身体の保清を図りたい	● 残存機能が向上し、自分でできることが増えて、入浴を楽しめるようになる	● 事故がなく定期的な入浴ができる ● 一部介助により不安なく入浴ができる	● 浴室環境整備 ● 浴槽内出入りなど、入浴動作の状況把握 ● 残存機能を活用できるような声かけや一部介助
449	股関節可動域に制限があり、浴槽の出入りができないが、安全にお湯につかり痛みの軽減をしたい	● 痛みがなく安全に入浴ができ、関節痛の緩和ができる	● 介助や福祉用具を利用することで安全に入浴ができる	● 入浴時浴槽出入りの介助 ● シャワーいす・スライドボードの購入 ● 浴槽内いすの購入
450	ひとり入浴が不安でできない。転倒の不安なく安全に入れるようになりたい	● 見守りにより安心してゆっくり入浴を楽しめる	● 見守りや一部介助で安心して入浴ができる	● 入浴見守り・一部介助 ● 浴室の手すりの設置 ● シャワーいす・浴槽内いすの購入

事例No.	ニーズ	長期目標	短期目標	サービス内容
451	入浴時の転倒を家族が懸念している。入浴時間も長時間になっている。本人に危険の認識がなくひとりで入ってしまうので、安全な入浴ができるよう援助してほしい	● 事故がなく安全に入浴でき、妻の負担も軽減できた上で、在宅生活が維持できるようになる	● 見守り・声かけにより安全に入浴ができる	● 手すり・浴槽内いすなど、危険を回避できる浴室内環境整備 ● ヘルパーによる自宅入浴介助 ● 通所施設での入浴介助 ● 下肢筋力強化運動
452	転倒の不安をなくし、安心して自宅の風呂で入浴したい	● 自宅でくつろいで入浴ができるようになる	● 入浴時に手すりやすいが適切に使用でき、不安なく入浴ができるようになる	● 手すり設置 ● シャワーいすの購入 ● 滑り止めマットの購入 ● 下肢筋力向上運動
453	浴室への移動が困難になっている。息子夫婦は就業のため帰りが遅く、妻の介護力では危険であり任せられない。安全な入浴ができるようにしたい	● 入浴で妻に負担をかけず、妻・ヘルパー・本人の三者協働作業によって、本人の意欲向上につなげられる	● 妻とヘルパーの連携介助により、安全に入浴ができる	● 居室から浴室までの動線の確保（住宅改修） ● 車いす移動介助（ヘルパー） ● 洗身・洗髪介助（ヘルパー） ● 更衣介助（妻） ● 水分補給（妻） ● 妻の負担状況の把握（ヘルパー）

事例No.	ニーズ	長期目標	短期目標	サービス内容
454	下肢不安定で、浴槽跨ぎが困難であり、浴室内の移動時にも不安がある。糖尿病の悪化防止のためにも、毎日転倒の不安なく入浴ができるようにしたい	● 室内に誰かがいれば不安なく好きな時にひとりで入浴ができるようになる	● 浴槽跨ぎ介助で、その他はひとりでできるようになる	● 手すりの設置 ● 浴槽内いすの購入 ● シャワーいすの購入 ● 自立に向けた浴槽内出入りの介助 ● 声かけ・見守り
455	自宅での入浴を含め定期的な入浴ができるようになりたい	● 自宅での入浴が安心してひとりでできるようになる	● 入浴環境整備により安全に入浴ができるようになる	● 手すりの設置 ● シャワーいすの購入 ● 入浴一部介助
456	ひとりでは充分な洗身ができないため手伝ってほしい	● 定期的な洗身ができ、身体が清潔に保たれる	● 介助により洗身ができる	● 受診・リハビリ ● 入浴介助
457	左半身不全麻痺であり腰部圧迫骨折も完治していないため、入浴時の浴槽の出入りや立ち上がりが困難である。転倒なく安全に入浴ができるようにしたい	● 骨折の痛みが軽減し、手すりを使いひとりで入浴ができるようになる（室内に誰かがいる）	● 介助により転倒することなく安全に入浴ができる	● 浴室内手すりの設置 ● 浴室内移動の見守り ● 浴槽出入り介助 ● 洗身一部介助 ● 浴槽の出入りや立ち上がりに手すりを使うよう介助しながら促す

事例No.	ニーズ	長期目標	短期目標	サービス内容
458	半身麻痺のため、入浴を怖がり家族が声かけをしても拒否する。定期的に入浴させたい	● 転倒の不安がなく入浴を楽しめるようになる	● ヘルパーの援助により会話しながらの入浴を楽しめる ● デイサービスでの入浴で、安全に入浴を楽しめるようになる	● 不安解消するため、浴室環境整備をし、ヘルパーの入浴介助を行う ● コミュニケーションを意識した入浴介助 ● 手すり設置、シャワーいす・浴槽内いすの購入 ● デイサービスの情報提供をし、通所を勧める

12 家事

事例No.	ニーズ	長期目標	短期目標	サービス内容
459	自分も家族の一員として役に立ちたい	●家事の一部がこなせ、役割を果たす満足感を得ることができる	●献立や味付け、盛り付けなど自分の思い通りの食事内容ができる	●利用者主体でできない所の手伝い ●下ごしらえや後片付け
460	元気な時からコンビニ弁当やできあいの物で済ませていたため調理ができないが、病状悪化防止のため、栄養バランスの良い食事を摂りたい	●バランスの良い食事摂取ができ、病状の安定を保つことができる	●病状に配慮された食事摂取ができる ●料理の楽しみを覚えるようになる	●台所を調理しやすいように整備・清掃をする ●病状に合わせた調理を利用者とともに行う ●利用者とともに献立を考える ●病状に合わせた配食弁当
461	リハビリの効果で歩行が安定しているようだが、急に下肢から力が抜けて座り込んでしまうことがよくあるため油断ができない。妻も要介護状態で家事もできないが、これからも夫婦で生活を維持したい	●夫婦の分担協力で家事がこなせて、安全に在宅生活が継続できる	●介護者の支援を受けながら、夫婦が協力し合って分担して家事をする方法を見つける	●室内環境整備 ●掃除・片づけ ●買い物代行 ●調理手伝い ●夫婦の状況を把握し、できることは夫婦で分担して行ってもらうよう促し、自立に向ける ●生活全般見守り・関係者間の情報交換

事例No.	ニーズ	長期目標	短期目標	サービス内容
462	両膝関節術後で歩行が不安定であり、転倒に対する不安がある。室内の掃除や布団干しなどができない。身の回りを清潔に保ち、心地良く過ごしたい	● 室内の清潔が保たれ心地良い生活が維持できる	● 転倒の不安なく室内の清潔を保てる ● 天気の良い日は布団が干せる	● 室内清掃 ● 布団干し（取り入れは別居の家族） ● ゴミ出し ● トイレ・浴室掃除
463	術後の廃用にて下肢筋力が低下し、ストーマ設置のため、生活動作に制限があり、掃除や買い物が困難になっている。掃除や買い物ができるようになりたい	● 軽い買い物や簡単な掃除ができるようになり、術前の生活状態に近づけるようになる	● 介助を得ながら、家事をするための工夫や動作を身につけていく	● 利用者のできない部分の掃除 ● 買い物代行 ● 癌再発の不安に寄り添う相談援助
464	以前のように自分で調理ができるようになりたい	● 以前のように調理ができる	● ヘルパーと会話しながら楽しい調理ができる	● 利用者主体で会話しながら見守り、手順がわからなくなりそうな時、適切にさりげなく声かけをする
465	慢性関節リウマチのため、生活全般に支障が出ているが、独居で家事が十分にできないので手伝ってほしい	● 痛みを考慮し、ヘルパーと協働で行う家事が楽しみになり、生活に張りが出るようになる	● お湯を使って食器や食材などの洗い物がゆっくりできるようになる	● 利用者の体調に配慮ながら、利用者とともに家事援助をする ● 手足や体を冷す家事は避けるように配慮する

事例No.	ニーズ	長期目標	短期目標	サービス内容
466	妻が倒れたため、調理を勉強し、妻に食事を作ってやりたい	● 妻の好んでいたものが夫ひとりで作れるようになる	● ヘルパーと一緒に調理をし、修得できる ● レパートリーが増える	● 男の料理教室に参加する ● ヘルパーや知人に教わる ● 簡単な料理ブックを購入する
467	ほとんどベッド上の生活になっている。たまに買い物に行き、自分で好きな食材を選び、自分で料理をして食卓を飾ってみたい	● 痛みの軽減や介助により、買い物や好きな料理をして食べる楽しみを味わえる	● 車いす介助により、自分の目で見て買い物ができる ● 「重い物を持つ」「固い物を切る」など困難な部分の補助を得ながら料理に参加できる	● 車いす介助での買い物 ● 食材の下ごしらえなど、できない部分の調理援助 ● 食後の後片付け ● 食卓上の片付けや簡単な下ごしらえなど、いすに座ってできることを見つける
468	痛みがひどく長く歩けないため、食材や日常生活用品の購入ができないので支援してほしい	● 痛みの軽減または改善ができ、単独で買い物に行けるようになる	● ヘルパーの援助で買い物ができる ● 食材宅配で買い物ができる	● 整形外科受診 ● 買い物代行 ● 車いす介助での買い物同行 ● 食材宅配サービスの利用
469	室内は何とか自立できているが外出ができないため、買い物をお願いしたい	● 自力での買い物もできるようになる	● ヘルパー・近隣者の協力・宅配サービスなどを組み合わせての買い物ができる	● 買い物代行 ● 買い物同行 ● 食材宅配サービスの利用

第3章　居宅サービス計画書(2) 項目別文例集第2部

事例No.	ニーズ	長期目標	短期目標	サービス内容
470	負担の大きい家事を手伝ってもらいながら夫婦仲良く暮らしたい	● ヘルパーの援助を受け穏やかな在宅生活を継続できる	● 家事の負担を軽減できる	● 家事全般の補助・一部介助 ● 生活状況・心身の状況を配慮
471	半身麻痺のため家事困難。リハビリを受けて以前のように自分で家事ができるようになりたい	● 調理・洗濯（洗濯物干しを除く）・掃除の一部ができるようになる	● 一部補助を受けながら調理・洗濯ができるようになる	● 本人が洗濯した洗濯物干し ● 調理の手伝い ● 掃除の手伝い ● 買い物の同行・代行 ● 歩行機能訓練 ● 残存機能活用のリハビリ ● 必要な補装具や自助具の情報提供
472	半身麻痺になり、日常生活全般において援助が必要である。息子と2人暮らしのため、日中独居であるが、今の生活を継続したい	● 息子のできない部分を手伝うことで現状の生活が維持できる	● 残存機能活用によりできることが増えてくる ● リハビリにより身体機能向上が図れる ● リハビリや補装具・自助具を利用することで、できることが増えてくる ● 自分のできる範囲が見えてくる	● 通院介助 ● 本人が洗濯した洗濯物干し ● 調理の手伝い ● ベッドメイク ● 歩行機能訓練 ● 残存機能活用リハビリ ● 必要な補装具や自助具の情報提供 ● 通所施設での入浴介助・昼食の提供

12 家事

事例No.	ニーズ	長期目標	短期目標	サービス内容
473	半身麻痺や右手不自由のため家事がほとんどできないが、清潔な部屋で暮らしたい	● 介護者とともに掃除や洗たくを行い、少しでも自分でできることを見つけ、清潔な室内・身なりで生活を維持できるようになる	● 介護者の援助を受け、室内の清潔が保てるようになる ● リハビリにより、簡単な作業ができるようになる	● 施設通所でのリハビリ ● 利用者とともに家事援助をする（掃除・洗濯・ゴミ出しなど）
474	視力障害（弱視）のため、包丁やガスを使うのが怖くて調理ができず、弁当や総菜で済ませている。たまには美味しい手料理が食べたい	● ヘルパーの援助により、自力で簡単料理ができるようになる	● ヘルパーに具材を切ってもらい、自分で煮炊きや味付けができる	● ガスをIHに替える ● 調理道具や調味料などの置き場の徹底（場所替えしない） ● 具材を切る・洗うなどの援助 ● 片付けや食器洗いなどを一緒に行い、何ができるようになるかを見極め、できることが多くなるように支援する

第3章 居宅サービス計画書(2) 項目別文例集第2部

事例No.	ニーズ	長期目標	短期目標	サービス内容
475	視力障害のため、掃除が行き届いていない。不衛生にならないように手伝ってほしい	● 清潔で心地良い室内環境を維持できる	● 自分でできることが増えるよう、環境をヘルパーとともに整備できる	● ひとりで行いたいことをどうしたらひとりでできるか、利用者と相談をする ● したいことが行いやすい環境整備 ● 浴室やトイレなど困難な部分の介助
476	慢性関節リウマチのため、家事全般に手助けがほしい	● 生活環境が清潔に保たれ、栄養状態が改善できる	● できなかった家事がヘルパーの援助でできるようになる ● 通所することで家事の負担が軽減できる	● 掃除・調理・洗濯などの生活全般の支援 ● デイサービスを利用する
477	心不全と視力障害がある。郵便物の確認と行き届いていない衛生面の支援をお願いしたい	● 支援を受けながら、在宅生活を不安なく継続できる	● ヘルパーとともに活動しやすい環境作りや家事ができる	● 書類の代読・代筆 ● 室内環境の状況を把握しやすいように本人とともに整備する ● 本人では困難と思われる家事援助

12 家事

事例No.	ニーズ	長期目標	短期目標	サービス内容
478	右肩関節骨折により家事はできないが、衛生的な居室で、定期的な食事の摂取を確保したい	●日常的に行う軽い家事動作はひとりでできるようになる	●できない家事の補助・支援を得ながら家事をこなす	●家事全般の補助・支援 ●できない部分を確認しながら支援・補助を行う ●肩の回復に伴い支援を減らしていく
479	下肢筋力低下・腰痛・左膝痛のため、家事が十分にできない。困難な部分を手伝ってほしい	●リハビリや、補装具装着を適切に行うことで家事のできる範囲が広がる	●補助具の検討とリハビリを継続する ●テーブルの上の片づけや拭き掃除、下駄箱の上・窓のさんなど手が届く範囲の拭き掃除などができるようになる ●調理も味付けや温めなどができる	●通院(痛みの治療) ●通所リハビリ ●困難な部分の家事援助 ●補装具装着の促し ●腰痛・膝痛に負担がかからない家事を選び自分で行う
480	足・腰が弱り、家事が不自由になっているが、いつまでも家事は自分でできるようにしたい	●家事を自分でこなせるようになる	●援助を受けながら少しでもできる範囲で家事が行えるようになる	●通所によるリハビリ ●下肢筋力強化運動 ●できない部分の家事援助 ●できることが増えるような環境整備をする

第3章　居宅サービス計画書(2) 項目別文例集第2部

事例No.	ニーズ	長期目標	短期目標	サービス内容
481	腰椎圧迫骨折後、医師より安静にするよう言われているため、負担のかかるところの掃除や買い物を手伝ってほしい	● 骨折前のように家事ができる	● 食事前後の配膳やテーブルの片づけができる	● トイレ・浴室・居室の清掃 ● ベッドメイク ● 布団干し・取り入れ ● 買い物代行 ● 調理・後片付け
482	抗癌治療の副作用による体力低下で家事ができないが、在宅生活を続けたい	● 在宅生活が継続できる	● できる家事は自分でこなし、できない部分の家事支援を受けて不安なく治療に専念できる	● 体調に合わせて掃除・調理・洗濯などの生活全般の支援
483	左関節拘縮のため歩行が困難で左手も常に痺れがある。リハビリのためにも、できる範囲の掃除をしたり、自分の目で見て買い物をして、調理も行いたい	● できない部分の支援を受けながら望む生活スタイルを構築できる ● 支援を受け、できることが増える	● 介助者とともに、できる部分とできない部分を把握できるようになる	● 自立を目的とした買い物同行 ● 掃除・調理など家事全般に対して、ともに相談しながら一部介助を行う ● 歩行器の貸与 ● 室内環境整備
484	独居で内部障害があり、日中もベッド上の生活になっている。家事全般を手伝ってもらいたい	● 日中のベッド上の時間を少なくする ● 一部の家事を自分でこなせるようになる	● 家事全般の支援を受けながら、できる部分の家事を試みる	● 家事全般の援助 ● 病状を把握し、状況変化を察知して連絡 ● 医療と連携し自分でできる家事を増やす

12 家事

事例No.	ニーズ	長期目標	短期目標	サービス内容
485	同居の息子は仕事で家にいることが少なく、ひとりでいる時には認知症のため必要な家事ができず、何もしないでいる。最低限の家事はできるようにしたい	● 息子が留守の時も安心して過ごせるようになる	● 声かけや一部介助により、迷わず掃除や簡単な料理ができるようになる ● 施設通所により緊張感や楽しみができ、生活に張りが出るようになる	● 通院介助・服薬管理 ● 自立に向けて、昼食の準備・片付けなどを本人ができるように、声かけや協働作業をする ● 通所施設での入浴介助 ● 他者との会話・脳トレーニング・心身機能向上運動
486	ひとり暮らしで半身麻痺があり、家事全般に不自由があるが、これからも自宅で安定した生活を継続したい	● 残存機能の活用によりできることが多くなり、生活意欲が向上する ● 支援を受けながら在宅生活が安定する	● 介護支援により一緒に家事援助を行い、できる部分が抽出できるようになる	● 利用者とともに家事を行い、体に負担のない作業を見つけるよう支援する ● 作業療法による安全な家事動作のリハビリ
487	脳梗塞を発症して右半身に麻痺が出現し、右膝骨折の後遺症で膝が曲がりにくい。日常生活が不自由なので、家事などを手伝ってほしい	● 左手が使えるようになる ● 支援を受けながら安心してひとり暮らしができる	● ヘルパーと一緒に家事を行い、少しずつ左手を動かす機会を増やし、身の周りのことができるようになる	● できない部分の家事援助 ● 日常動作訓練 ● 通所によるリハビリ ● 個別機能訓練

事例No.	ニーズ	長期目標	短期目標	サービス内容
488	夫はこれまで家事を何もしなかったのでとまどっている。二人暮らしなので妻として自分で料理がしたい	●残存機能（左手）を活用し、調理ができるようになる ●夫と協働の喜びを味わえる	●自助具の活用に慣れてくる ●ひとりでもできるメニューが増えてくる ●夫の協力を得られるようになる	●ヘルパーの援助を受け、夫とともに調理する ●献立をともに考え、協力し合う ●家事全般において、夫婦で自立できるような情報提供しながらの支援 ●夫に対しても料理ができるように働きかける
489	脳梗塞の後遺症で軽度の歩行障害がある。独居のため、家事や食事の準備がうまくできない。買い物に行くのも大変であり、洗濯物干しや入浴も転倒の不安があるため、家事全般の支援をお願いしたい	●歩行が安定し、生活意欲が出て積極的に料理教室や地域の催しなどに参加できるようになる	●リハビリにより安定して歩けるようになる ●家事をヘルパーと一緒に行うことで簡単な料理や掃除ができるようになる	●医師との連携（医師の見解では、歩行機能は回復可能とのこと） ●通所施設で他者と触れ合い、生活意欲の向上を図る ●歩行機能訓練 ●会話しながらの入浴介助、昼食の提供 ●男の料理教室の参加 ●自立に向けた家事援助

事例No.	ニーズ	長期目標	短期目標	サービス内容
490	労作時狭心症で、心的ストレスなどにより心臓が痛み、呼吸が苦しくなる。家事が全くできないが、夫婦二人の生活を維持して行きたい	●ストレスが減少して病状が安定し、入院することなく夫婦での在宅生活が継続できる	●家事援助を本人と相談しながら実施し、一部だけでもできるようになる	●買い物代行 ●調理 ●居室などの片づけ・掃除 ●座ってできることや身体に負担がかからない作業を提供する ●身体状況の変化を見逃さない ●生活全般においての配慮
491	洗濯や掃除、日用品の買い物ができずに困っている。家事をこなしていきたい	●日常生活全般において見守りを受け、できない部分の援助を受けて、安定した生活が送れるようになる	●ヘルパーの援助や宅配サービスで、買い物困難な物が購入できる ●援助を受けながら簡単な調理や片付けはできるようになる	●買い物代行 ●買い物同行 ●掃除・洗濯・調理等困難な部分の生活援助 ●食材宅配サービスの利用

第3章　居宅サービス計画書(2)　項目別文例集第2部

事例No.	ニーズ	長期目標	短期目標	サービス内容
492	両膝術後で歩行困難なため家事ができず、軽度知的障害があるため、室内は不衛生である。冷蔵庫内は傷んだものがたくさん入っているなど生活全般において不適切なため、支援してほしい（民生委員）	●歩行器なしで歩けるようになり、ヘルパーと一緒に調理ができ、室内の清潔保持ができるようになる	●膝の痛みが軽減でき、歩行器を使用して室内移動は安全にできるようになる ●冷蔵庫内に入れすぎない（買いすぎない）ことが理解できるようになる ●室内を汚さない、ゴミ箱を置くなどが守れるようになる	●通院介助・服薬管理 ●リハビリの継続 ●通院等乗降介助（医師との連携により単独通院ができる） ●室内環境整備 ●冷蔵庫掃除 ●家事全般見守り ●できることは声かけにより、本人に行ってもらう ●買い物代行 ●買い物同行
493	体中が痛くて座位姿勢も長くはできず、ほとんど横になっている。夫のために自分で家事動作ができるようになりたい	●できない部分は夫・ヘルパーが援助することで、家事が行えるようになる	●不安なく療養できるよう、家族・各関係者と協働で支援ができる	●ご本人の意見を容れながら、家族との家事分担・調整 ●困難な部分の家事援助
494	外出ができないが、近所の買い物だけでもひとりで行けるようになりたい	●歩行器を使って簡単な買い物がひとりで行けるようになる	●リハビリ通院により、歩行器を使っての歩行可能距離を100mまで伸ばす	●膝の治療・置換術について医師と相談、検討をする ●通院等乗降介助 ●歩行機能訓練 ●歩行器貸与

12　家事

事例No.	ニーズ	長期目標	短期目標	サービス内容
495	歩行不安定であるがゴミ出しをしたい	● 自力で玄関先までは分別したゴミが出せるようになる	● 室内でゴミを分別して保管することができ、室内の衛生を保てる	● ヘルパーによるゴミ出し ● 市町村ゴミ出しサービス ● 近隣ボランティアサービス ● 歩行安定のためのリハビリ（支援を受けながら歩行力の強化を図る）
496	家の中の片付けができず、部屋が雑然としている。部屋にある物を片付けたい	● ヘルパーの援助が減少しつつ、室内生活が保たれているようになる	● 食後の洗い物とテーブルの上は常にきれいにすることができるようになる	● 室内の整理、整頓を一緒に行う ● 本人ができない場所の掃除を行う
497	知的障害のため、ゴミ出しができず不衛生になっている。分別できるような表を作り、定期的にゴミ出しができるようにしたい	● 分別をした上で、収集日にごみを自力で出せるようになる	● 介助により定期的なゴミ出しができるようになる	● 一緒にゴミ出しをする ● 分別がわかりやすいように表を作り、目のつく場所に貼っておく ● ゴミ出し日がわかるようにする

第3章　居宅サービス計画書(2)　項目別文例集第2部

事例No.	ニーズ	長期目標	短期目標	サービス内容
498	独居で歩行困難である。掃除・ゴミ出しができないので手伝ってもらいたい	●清潔保持の継続ができる	●定期的な清掃・ゴミ出しができる	●訪問サービスにより室内掃除・ゴミ出し ●市町村事業による、ゴミ出しサービス ●ボランティアによるサービス
499	視力障害のため室内の汚れがわからないので、不衛生になっていないか不安である。室内を清潔に保ちたい	●少しずつ自信を持ってできることが増えてくる	●確認ができることで、自分のできることの継続ができる	●居室や浴室、トイレなど確認しながらの掃除 ●ご本人の自信がつくように、テーブルの上などきれいにできているところは伝える ●できていないところは傷つけないように対応する
500	歩行が困難なため、掃除がほとんどできず室内が不衛生になっている。趣味の生け花で部屋を飾り気持ちよく過ごしたい	●趣味の生け花で部屋を飾り、生活意欲が向上することで、積極的にリハビリに励むようになる	●ヘルパーとともに話し合い、仕事を分担することで、楽しみながら掃除ができるようになる	●掃除の援助 ●通所リハビリ ●下肢筋力強化運動 ●歩行器を利用し自宅周辺を散歩する（本人）

12　家事

事例No.	ニーズ	長期目標	短期目標	サービス内容
501	腰痛がひどくて買い物に行けず、長時間立っていられないため、調理ができない。また夫のために料理を作ってあげたい	● 一部介助により本人主体の買い物や調理ができる ● 夫に一部手伝ってもらい、夫婦協働の楽しみと美味しい料理が味わえるようになる	● 疼痛コントロールができる ● いすに座りヘルパーと一緒に調理することで、少し手伝ってもらえば自分でできることが見えてくる	● 通院介助 ● 定期リハビリの継続 ● 痛みが軽減するリハビリの継続（本人） ● いすを置くなど台所の環境整備 ● 本人主体で行う調理の手伝い ● 買い物代行・同行
502	元気な時のように家族のために料理をし、家族を喜ばせてあげたい	● 家族に喜んでもらえるような食事作りができる	● 食材は自分の目で見て、旬の物や家族の喜ぶ献立ができる	● 買い物同行 ● 調理手伝い（困難な部分の調理） ● 調理場所の環境改善
503	調理ができず惣菜や弁当で済ませている。バランスのとれた食事がしたい	● 残存機能の活用によりひとりでできることが増えてくる	● ヘルパーと一緒に調理ができる ● 他の家事もヘルパーとともにすることを試みる	● 利用者とともに調理をする ● 栄養管理指導 ● 簡単な料理などの情報提供 ● 協働作業を楽しめる雰囲気作り

第3章　居宅サービス計画書(2) 項目別文例集第2部

事例No.	ニーズ	長期目標	短期目標	サービス内容
504	右麻痺があり調理はできないが、主婦として夫の喜ぶ料理を作りたい	● 自助具を利用して左手を活用し、自分でできる調理法やメニューが増えるようになる	● 左手の活用で、煮込むことや味つけができるようになる	● 左手が上手に使えるよう常に練習する ● 夫の好きな料理の献立を考える（本人） ● 介助により買い物に行き自分の目で見て食材を選ぶ（本人） ● できない部分の手伝い
505	関節の痛みがひどく、好きな調理が困難になっているが、以前のように孫の好物を作って喜ばせたい	● ヘルパーと一緒に調理を行い、孫の喜ぶ顔を見ることができる	● 自分で献立をし、味付けなど簡単なことができるようになる	● 買い物代行・同行 ● 調理の下ごしらえなど利用者のできない部分の援助
506	食事は息子が仕事帰りに買ってくる惣菜が多く、食欲が低下している。自分で調理をし、栄養状態を良好に保ち、健康になりたい	● 残存機能が向上し、下ごしらえをしてもらうことで、ひとりで仕上げまでできるようになる ● 栄養状態の改善ができる	● 介護者と献立を考え、自分の目で見て食材を選ぶことで料理の意欲が出る ● 介護者と一緒に調理ができ自分の味付けで好みのものができる	● 歩行機能訓練 ● 残存機能活用リハビリ ● 必要な補装具や自助具の情報提供 ● 買い物・調理の手伝い

12 家事

事例No.	ニーズ	長期目標	短期目標	サービス内容
507	左下腿切断しているため、室内は右下腿と上半身で何とか移動できる程度。調理など立位が困難であるが、自分で調理したい	● 自分で調理をし、自立した生活を維持することができるようになる	● 環境が整備され、座位で調理ができる	● 調理台の改修 ● 車いす貸与 ● 調味料や調理用品の配置などの整備
508	車いす生活になり、ヘルパーの介護を受けているが、好きな調理が自分でできるようになりたい	● 好きな調理がいつでもでき、ハリのある生活ができるようになる	● 車いすで調理するにあたって支障がなく、好きな調理ができるようになる	● 調理の中でできない部分の一部介助 ● 調理をする上での支障の確認と改善 ● 台所の改修
509	仕事を持つ娘と二人暮らしであるため、以前のように娘のために料理を作りたい	● 娘に喜んでもらえるような料理ができるようになる	● 介助により娘の好物を提供する準備ができるようになる	● 娘と一緒に献立を考える ● ヘルパーの介助により、買い物や下ごしらえをする ● 娘の帰宅後一緒に調理をする
510	右手に麻痺があるが、帰りの遅い娘を待たずに自分で食事の用意をしたい	● 料理がほぼ自分でできるようになる	● 包丁を使う、重い物を持つなど困難な部分以外は自分でできるようになる	● 座ってもできるよう環境を整える ● 介護者が下ごしらえを行い、煮炊きや味付けは利用者が行う ● 残存機能の訓練（作業療法により補装具や自助具を使っての指導を受ける）

第3章　居宅サービス計画書(2) 項目別文例集第2部

事例No.	ニーズ	長期目標	短期目標	サービス内容
511	息子夫婦が隣市にいるが、同居はしたくない。長年住んでいるこの家で最後まで暮らしていたい	◉本人の望む独居生活が継続できる	◉通所施設に通いながら生活を楽しみ、自宅においてはほぼ自立している現状の継続ができる	◉他者と会話しながらくつろげる入浴（バイタルチェック） ◉昼食の提供 ◉季節行事の催しやアクティビティへの参加 ◉個別機能訓練 ◉息子夫婦との連携・情報の共有
512	日中独居のため、ひとりでは何も食べず、ベッドで横になっているため、昼食をとってほしい（家族）	◉離床時間が長くなり昼食は毎日摂取できるようになる	◉ヘルパーの訪問時だけでも離床でき、鬱状態から解放される	◉昼食の配下膳 ◉食事の見守り・利用者に寄り添う姿勢 ◉片付け ◉ベッドメイク ◉ベッド周りの清掃
513	腕を上げると肩が痛み、布団を干すこと、取り込むことが困難になってきた。天気が良い日には、布団を干したい	◉布団を干して乾燥することでダニやカビの発生を抑制することができる	◉布団干しができる ◉乾燥した布団で気持ちよく寝ることができる	◉布団干し（家族） ◉布団取り込み（ヘルパー）

12 家事

事例No.	ニーズ	長期目標	短期目標	サービス内容
514	室内に物が散乱しており、歩行時に転倒の不安があるため、きれいに片付けて安全に移動ができるようにしたい	● 室内が常に整理され、転倒の不安なく移動できる	● 本人とともに置き場所を決め、場所の固定化を徹底し、容易に片付けられるようになる	● 本人とともに室内の整理整頓 ● 動線の確保 ● 置き場所など覚え書きメモは大きくわかりやすく書いて所定の場所に置く
515	室内を清掃し、清潔な住環境にしたい	● 室内が定期的に掃除され、清潔に保たれる	● 室内の清掃がされる ● リハビリにより一部の掃除が自分でできる	● 家事援助による清掃 ● 受診・リハビリ
516	室内を清掃し、清潔な住環境にしたい（援助者）	● 定期的に掃除ができて、清潔を保持できる ● 清潔な室内環境で生活意欲が向上する	● 簡単な片づけは自分で行い、できないところは援助を受けて、室内の清掃ができる ● ヘルパーとコミュニケーションが図られ、掃除をいっしょに楽しめるようになる	● 受診・原因となる疾患の有無の確認 ● 定期的な通院 ● 利用者とともに清掃 ● コミュニケーションの構築

事例No.	ニーズ	長期目標	短期目標	サービス内容
517	自分で食事の用意がしたい	自分の食べたいものを作れるようになり、食欲が向上する	介助を受けながら自分で食事の用意ができる	受診 体力低下の原因確認 リハビリ訓練 台所の環境検討 調理のための自助具の検討 利用者とともに献立を考える 買い物と下ごしらえ、調理の手伝い
518	右半身麻痺と腰痛がある。洗濯は自分でしているが、他の家事が困難なため手伝ってほしい	自力でできる家事が増え、希望する生活形態を継続することができる	麻痺・腰痛の改善を図りながら、補助を受けて家事がこなせる	理学療法・作業療法によるリハビリ 生活動作訓練（残存機能の活用） 通所によるリハビリ・個別機能訓練 買い物の付添 できない部分の家事援助
519	骨折し、糖尿病である。同居の娘は朝早く出かけ、帰りも遅いため、日中独居となっている。定時の食事と清潔な部屋で療養したい	骨折が改善し、糖尿病のコントロールができるようになる	定時の食事ができ、清潔な状況で体調の改善ができる	調理・買い物代行 ベッドメイク・ベッドまわりの清掃

12 家事

事例No.	ニーズ	長期目標	短期目標	サービス内容
520	食材を確保して自分で調理したい	●食材が定期的に調達でき調理が継続できる	●食材の調達方法が確保できる	●歩行リハビリ訓練 ●買い物介助または代行 ●家族による定期的な食材・生活用品調達 ●宅配の利用
521	関節リウマチの痛みを軽減させ、家事をしたい	●家事が自分でできる	●補助を得ながら、掃除・調理をこなす	●調理（困難な部分の手伝い） ●室内清掃（補助） ●通院と確実な服薬

13 生活環境

第3章 居宅サービス計画書(2) 項目別文例集第2部

事例No.	ニーズ	長期目標	短期目標	サービス内容
522	認知症からくる被害妄想が強く、娘も簡単には家に入れない。室内にゴキブリやネズミが発生し、感染症の心配がある。何とかして衛生的な室内にしたい	●室内環境の清潔維持ができる	●室内の清掃の実施	●精神科の受診・入院についての相談 ●医師との連携 ●民生委員・福祉委員・近隣者への協力依頼 ●清掃専門業者の受け入れ ●別居家族の参加、連携により今後の支援方法を探る
523	介護保険を受けるのは初めてで何も分からないが、緊急時に連絡し対応ができるようにしたい	●緊急連絡や対応が迅速に取れる	●緊急時の対応体制ができ、見やすい場所の壁などに貼っておく	●緊急時通報装置の設置 ●緊急連絡体制の確保と連絡表の作成を行う
524	独居で自力歩行ができず、家事全般がこなせない。身寄りがないため施設に入りたい	●人との交流に楽しみを感じ、安定した生活が送れるようになる	●生活全般の見守り、支援を行いながら、施設の入所を待つ	●相談援助 ●生活全般の見守り支援 ●施設入所手続き
525	糖尿病性網膜症で目が不自由になったが、ひとり暮らしを続けたい	●住環境が整備され、安全にひとり暮らしを継続することができる	●段差解消や手すりの設置により、安全に室内移動ができる	●室内環境整備 ●困難な部分の介護支援 ●障害者総合支援の利用

事例No.	ニーズ	長期目標	短期目標	サービス内容
526	トイレでの排便がしたい（和式のため困難）	● トイレでの排泄を支障なく継続できる	● トイレでの排泄ができる	● 洋式便器等への便器の取替え ● トイレ内手すりの設置
527	同居の息子が猫好きで家の中に野良猫が常に10匹ぐらいはいるため、蚤やダニ、子猫のひっかき傷で、寝たきりの利用者の身体が皮膚病になっている。息子は注意しても聞き入れないため、何とかして皮膚病を改善し、清潔な室内で暮らせるようにしたい	● 施設入所により清潔な場所で余病なく暮らせるようになる	● 皮膚病治療の入院ができる ● 入所待ちのための短期入所で、息子と利用者が別居となることを納得できるようになる（本人は希望）	● 息子を中心として担当医師（看護師）や生保担当者他各関係者で話し合いを繰り返し、現状の危険性を理解できるようにする ● 施設での生活状況のメリットを説明する ● いつでも会いに行けることや猫がいなくなったらいつでも帰れることなどの説明 ● 息子ひとりでも生活が安定することの説明（生保担当者）
528	硬膜下血腫術後の後遺症で下肢が不安定であるが、室内が散乱し危険である。安全に移動できるようにしたい	● 転倒や事故がなく、安全・安楽に在宅生活を送ることができる	● ほぼ室内環境が整備され、掃除や片付けですっきり衛生的に過ごせるようになる	● 室内環境整備（応急的に動線の確保、徐々に室内清掃・片づけ） ● 壁や家具などで体が支えられる環境作り

事例No.	ニーズ	長期目標	短期目標	サービス内容
529	室内環境が劣悪なため、フォーマルサービスが利用できず、在宅生活が困難となっている。これからは不安なく安定した生活を送りたい	● 充分な介護サービスを受けながら余病の不安なく生活ができるようになる	● 短期入所しながら入所について家族の了解を得ることができる（本人希望） ● 衛生的な環境で生活全般の見守りができる	● 担当者会議において息子の理解を得る ● 短期入所手続き ● 施設入所手続き ● 生活全般見守り
530	介護について何もわからず、これからもっと悪くなっていくのかと思うと不安で眠れない時がよくあるため、不安なく過ごせるようになりたい	● 安心して在宅生活が送れるようになる	● 必要時いつでも相談できることを知り、安心できるようになる	● 介護サービスの説明 ● 相談援助 ● 各専門分野との連携・調整 ● 社会資源の情報提供
531	他市在住の弟が週3～4回訪問しているが、介護はできない。買った物や汚物が散乱している室内清掃を行い、その他はヘルパーが援助している。介護が行き届かないため、人間らしい生活が維持できるようにしたい	● 施設入所により、常に見守りがある環境で人間らしい生活ができるようになる	● 入所を待ちながら、短期入所施設で見守りを受けて生活を維持できる	● 短期入所申し込み手続き ● 入所施設申し込み手続き

13 生活環境

事例No.	ニーズ	長期目標	短期目標	サービス内容
532	認知症がひどくなり、弄便することが頻回にある。掃除と弄便の繰り返しになって、便臭がひどくなっている。衛生的な生活環境で介護生活を維持したい	●室内の衛生を保てるようになる	●弄便回数が軽減できる ●ポータブルトイレで排泄ができるようになる	●受診し、排便コントロールができるようにする ●排便のリズムを把握する ●おむつやリハビリパンツを外し、ポータブルトイレで定期的に排泄を促す ●弄便を叱らず、すぐシャワーなどで洗い流し、さっぱりして気持ちが良いことを一緒に喜ぶ
533	家族が仕事のため夜中の帰宅になり、物音でいつも目が覚めてしまう。その後眠れなくなり、寝不足になっているため、日中も傾眠が多くなっている。夜はぐっすり眠りたい	●夜にぐっすり熟睡でき、日中はすっきり生活を楽しめるようになる	●他者とふれあい、おしゃべりやゲーム、カラオケなどで日中楽しんで過ごすことができる ●レクリエーションや適度な運動で日中の傾眠がなく、夜は眠れるようになる	●通所施設での適度な運動 ●身体機能訓練 ●脳トレーニング ●おしゃべりやカラオケなどへの参加 ●近隣者との交流

事例No.	ニーズ	長期目標	短期目標	サービス内容
534	安全に廊下の移動をしたい	● 廊下の移動に転倒不安がなく、安全に移動できる	● 安全に廊下の移動ができる	● 手すりの設置 ● 段差の解消 ● 滑りの防止のため床材の変更 ● 照明の改善
535	老々介護で、寝たきりの妻の介護はとても困難である。身体の保清・シーツ替え・ベッド周りの環境の整備など、清潔を保ち妻との生活を継続したい	● 介護負担の軽減ができ、清潔な環境で、夫婦で生活を維持できる	● 体を清潔に保ち、ベッド上やベッド周りの清潔も保持できる	● 訪問入浴 ● 通所施設での入浴 ● おむつ交換 ● ベッドメイク ● ベッド周りの清掃 ● 高齢の介護者への配慮

14 認知症

事例No.	ニーズ	長期目標	短期目標	サービス内容
536	サービス中指示や要求が多く、それもコロコロ変わるため作業が進まず時間が足りない。効率よく時間内で終わるようにしたい	●訪問時の確認により、サービス中の変更がなく、時間通りに終われるようになる	●仕事内容の確認・打ち合わせをし、内容をメモ書きして本人に渡しておくことで、途中の指示がなくなるようになる	●訪問時サービス内容の打ち合わせ、メモ書きを渡す ●時々進捗状況を話しながら、座ってできることなどを手伝ってもらう
537	家族と同居せず生活したい	●施設への入所ができる	●家族との調整ができ、施設入所の検討ができる	●家事援助 ●家族の受け入れ状況と同居の可能性を検討 ●認知症対応型共同生活介護利用を検討 ●老健・特養への入所を検討
538	介護サービスやボランティアサービスを利用し、安全に在宅生活を送れるようにしたい(家族)	●社会資源を取り入れ、安全に暮していけるようになる	●コミュニケーションが構築でき、ヘルパーの受け入れができるようになる	●窓越しで行うコミュニケーションの構築 ●民生委員・福祉委員・地域包括等情報共有
539	認知症のため、信頼関係が構築されていないヘルパーに対して、物盗られ妄想や被害妄想がある。精神的に安定するようにしたい	●精神的に安定し、穏やかに生活が送れるようになる	●信頼されているヘルパーにサービス提供してもらい、精神的不安なく過ごせる	●信頼関係の構築 ●利用者に寄り添い、利用者の気持ちを受容し、ストレスをかけないようにする

事例No.	ニーズ	長期目標	短期目標	サービス内容
540	自分なりに片付けているが、どこにしまったかわからなくなり、ほぼ毎日探し物をしている。いつもすぐ取り出せるようにしたい	● しまう場所が安定し、物を探す作業が軽減できる ● 決まった場所に置く習慣ができる	● 置き場所がわかるように貼り紙をし、紙をはがさず、そこにしまう重要性を理解できるようになる	● 本人がわかるよう引き出しなど見える場所に貼り紙をする ● 利用者とともに大事なものなどをまとめ、置き場所を決める ● ことあるごとに確認・促し
541	アルツハイマー型認知症が進行して、最近は日中も臥床時間が増え、物忘れも多くなっている。これ以上進行しないようにしたい	● 日中の活動量が増幅し、生活に張りが出る	● 他者とふれあい趣味を生かして生活を楽しめるようになる ● 日中の臥床時間が減少する	● ゲームなどアクティビティへの参加 ● 脳トレーニング ● 季節行事への参加 ● 病弱な妻の簡単な買い物を手伝う
542	膝・腰の痛みで閉じこもりになり物忘れがひどく、認知症の不安がある。人に迷惑をかけず一人暮らしを続けていきたい	● 痛みの軽減ができ、不安なく人と接することができるようになって、生活が活性化する	● 定期的な通院治療やリハビリにより痛みの軽減ができる ● 通所施設で多くの人とふれあい、友達ができる	● 定期通院の確保 ● 他者との会話 ● ゲームや脳トレーニング ● 季節の行事等 ● 地域の行事に積極的に参加する

事例No.	ニーズ	長期目標	短期目標	サービス内容
543	認知症が増悪し、人との関わりがなく、閉じこもりになっている。多くの人と関わり、感情を活性化したい（家族）	● 毎日が楽しいと思える生活を送ることができる	● 気の合う仲間ができる ● アクティビティを楽しめるようになる	● 他者とのおしゃべり ● アクティビティへの参加 ● 季節行事への参加 ● 脳トレーニング ● おしゃべりしながら食事を楽しむ
544	最近歩き方がわからなくなり、下肢筋力の低下も伴い、手引き歩行もできなくなってきた。少しでも進行を遅らせ、在宅生活を維持したい	● 室内見守り、声かけにより歩行器での移動ができるようになる	● 声をかけながら一部介助し、歩行器で移動できる	● 自宅内・デイともに歩行器を使った歩行の継続 ● 外出時車いす介助 ● 車いす貸与 ● 歩行器貸与
545	失語症があり意思伝達ができず、周囲との意思疎通が困難で、人を避けるようになっている。元気だったころの社交的な夫に戻ってもらいたい（妻）	● 自分の思いを伝えることができるようになる ● 意思疎通が可能になり、社交的な性格に戻る ● 地域行事などに積極的に参加できるようになる	● 言語聴覚士の指導により、リハビリが継続できる ● 家族がリハビリや対応方法などを習得でき、家庭内でも実践できるようになる ● 周りの人たちの理解が深まり、気兼ねなく接することができるようになる	● 言語聴覚士によるリハビリ ● 家族に対して家庭内でのリハビリ方法の指導 ● 通訳的存在になれるのを目標に、本人の思いをくみ取れるように努める（妻）

事例No.	ニーズ	長期目標	短期目標	サービス内容
546	被害妄想が強く、娘や孫に対しても「何か持って行かれる」と家に入れないことがある。満足な食事も摂っていないため、何とか介護を受け入れるようにしたい	● ヘルパーとの信頼関係が構築され、入室できるようになり、室内清掃・調理ができるようになる	● ヘルパーとのコミュニケーションが構築される ● 散歩や買い物に一緒に行くことができるようになる	● 家族と相談し、専門医の受診 ● 窓から会話をし、コミュニケーションを図る ● 弁当の差し入れ ● 散歩や買い物に行く時間帯を探り、その時間に合わせて偶然を装い、買い物に同行する
547	軽度の認知症があり、買い物の品物選びができなくなっている。援助を受けながら品物選びができるようになりたい	● 適切な買い物ができる	● 在庫品の管理と補充ができる ● 食材の管理ができる	● 利用者とともに日常生活用品や食材の在庫と補充の確認をする ● 買い物同行 ● 認知症の病状把握・医師との連携
548	最近、家事ができなくなり、自分でもどうしてよいのかわからない時がある	● ヘルパーの声かけで家事がしっかりできるようになり、不安がなくなる	● ヘルパーの声かけや一部介助により自信を持って家事ができるようになる	● 通院介助・服薬管理 ● 医師との連携により進行防止を図る ● 家事を利用者とともに行い、自信が持てるよう促しや援助をする ● 生活全般の状況把握

14 認知症

事例No.	ニーズ	長期目標	短期目標	サービス内容
549	家事手順を覚えることができなくなったが、これまでと変わりなく生活を維持したい	● 今まで通り家事ができ、役割が果たせる満足感を得られる	● 家事手順を聞きながら（書いたものを見ながら）自分で家事ができ、自信がつく	● 作業手順の声かけ（わかりやすくメモする） ● 失敗はさりげなく手助けする ● ほめることを多くする
550	最近昼夜問わず衣服・パンツを脱いでしまい、困っている。車いすに座っている時は上着を脱ぎ、パンツに手を入れてパットを引き抜くなど、止めようがなく、介護負担も限界にきているため、何とかしたい	● 本人や家族が穏やかに暮らせるようになる ● 介護者の負担状況により、限界に至る前に施設入所を考える	● 医師による服薬調整で不穏・異常行動が軽減できるようになる ● 認知症ケア専門員と対応方法などを検討し、不穏な行為や異常行為に至らないよう配慮しながら様子を見る	● 服薬管理 ● 不穏・異常行動が出る前後の状態を把握し、対応方法を検討する ● 小さなSOSを見逃さない ● うまく話せなくても非言語を読み取り、ゆっくり会話をする ● 入所施設の情報提供

事例No.	ニーズ	長期目標	短期目標	サービス内容
551	軽度の認知症で独居生活である。長男夫婦が近所に在住で、食事の用意などの世話をしてくれている。共働きの長男夫婦の介護負担を軽減し、長男夫婦に気兼ねなく自宅で暮したい	●安定した在宅生活を楽しむことができ、家族の心配も軽減できる	●介護サービスの支援や通所施設などで日中は過ごし、生活を楽しむことができる	●訪問サービスの利用 ●生活の活性化につながる会話・情報の提供 ●できない部分の家事援助 ●デイサービスの利用 ●他者と触れ合う場の提供 ●アクティビティへの参加 ●他者との会話 ●脳トレーニング ●みんなで楽しむゲームなどの提供
552	軽度認知症があり、金銭管理が困難になっている。ひとり暮らし。娘家族は隣市に在住で、週に1回は来て買い物をするが、不足分はお金を預けるので管理してほしい	●娘さんの週1回の訪問時の買い物と、ヘルパーの日常の買い物で、過不足なく金銭管理ができる	●日常の必要な買い物ができ、金銭の出納を家族が把握できる	●必要な少額の買い物代行 ●買い物同行 ●金銭出納帳の記帳・記録により金銭の動きが家族にわかるようにする ●家族との密なる連携 ●金額が高い物については家族に連絡する

事例No.	ニーズ	長期目標	短期目標	サービス内容
553	自身での金銭管理が困難になっているが、在宅生活を継続したい	●公的サービスを利用し在宅生活が継続できる	●金銭の出し入れや支払いが適切にできる	●後見人制度 ●社協による金銭管理 ●銀行振り込みの手続き ●ヘルパーによる日常生活費の金銭管理
554	認知症が始まる不安がある。認知症の予防をしたい	●認知症状の進行防止または進行遅滞が図れる	●医師の指示通りの服薬ができるようになる	●専門医の通院拒否をなくす ●医師との連携 ●服薬管理 ●利用者にストレスを与えない環境作り
555	突然、攻撃的態度をとることがあり、対応が難しくなっている。安定した精神状態で過ごしてほしい	●攻撃的態度が減少し、趣味や他者との交流が喜べるようになる	●攻撃的態度が減少する ●攻撃的態度をとる原因が推測できる	●精神科受診（原因を検討してもらう。服薬での緩和を検討してもらう） ●デイサービスの利用（他者との交流と趣味の発見） ●最初に怒りを受け止め、ゆっくり話しかける

事例No.	ニーズ	長期目標	短期目標	サービス内容
556	言葉は出てこないが、聞くことは理解できるので、表情で気持ちをくみ取り、意思疎通を図りたい	● 周りの人たちの理解も深まり、意思疎通ができるようになる ● 言葉は出にくいが他者と意思疎通ができ、社交的になれる	● 言語聴覚士の指導により、リハビリが継続できる ● コミュニケーションが図られ、思いが通じるようになる	● 言語聴覚士によるリハビリ ● 家族に対して、家庭内でのリハビリ方法の指導 ● 通訳的存在になれるように、思いをくみ取れるように努める（妻・ヘルパー）
557	老人性精神障害で入浴や着替えを嫌う（1年以上していない：家族談）ため、不衛生になっている。何とかして身体を清潔にしたい	● 身体の保清が保てるようになる	● 精神科への入院ができ、入浴・更衣ができる	● 病院嫌いを改め、着替えを用意する ● 精神科医への受診ができるように誘導する ● 入浴や着替えについて医師と相談する ● 入院につながるよう依頼する

事例No.	ニーズ	長期目標	短期目標	サービス内容
558	毎日3〜4回は散歩しているが、子供たちにからかわれるため、大声で怒ったり、追いかけたりなどで子供が怖がっていると近所から苦情が出ている。隣近所に迷惑をかけないようにしたい	● ヘルパーと会話をしながら買い物ができるようになり、問題がなくなる	● 精神科医への通院ができる	● 精神科医の受診ができるように誘導する ● 状況の確認と会話によりコミュニケーションを図り、一緒に散歩をする（市町村の了承済み） ● 民生委員・福祉委員・医療・福祉の連携を密にし、近隣者への迷惑を最小限にとどめるように支援する
559	時々自分が何をしているのかわからなくなり、不安と焦りで混乱してしまう。不安なく生活が維持していけるようになりたい	● 混乱することなく安心して穏やかな生活が維持できる	● 他者と話す機会が増え会話を楽しめる ● 不安・焦りによる混乱が減少する	● 通所施設で他者と触れ合い、会話を楽しむ ● ゲームなどを楽しむ ● 脳トレーニング ● 傾聴 ● 失敗感を感じさせないようにする
560	認知症の進行により、自身では服薬が困難だが、処方通りに服薬できるようにしたい	● 処方通りに服薬できることにより、病状が安定する	● 処方通りに服薬できる	● 服薬の一包化 ● カレンダーやピルケースを利用するなど、服薬の管理方法を工夫する ● 日中はヘルパーが確認する

事例No.	ニーズ	長期目標	短期目標	サービス内容
561	軽度の認知症があるため、在宅生活が困難になり、他県在住の娘が同居を勧めるが、長く住み慣れた家を離れたくない	●自宅で独居生活の継続ができる	●医師の指示に従い服薬ができる ●家事支援により必要な見守り、助言ができる ●他者と触れ合い、生活に張りが出る	●通院介助、家族・医師との連携 ●家事援助 ●服薬確認 ●通所施設で入浴介助 ●脳トレーニングやアクティビティへの参加
562	認知症が顕著で環境的に本人の身に危険がある。さまざまな取り組みをしてきたが、自宅での生活継続は無理と判断し、入院の方向で進めたい	●入院ができる	●入院治療の方向で進める	●精神科の受診・入院についての相談 ●医師との連携 ●民生委員・福祉委員・近隣者への協力依頼
563	室内環境が劣悪である。掃除・片付けをし、衛生的な室内で感染症など余病なく、安全に在宅生活が維持できるようにしたい	●感染症や事故がなく生活が維持できる	●入院中に専門事業者に清掃を依頼する	●医師と入院についての相談をする ●家族 ●民生委員 ●福祉委員 ●ボランティア ●ケアマネ・地域包括などの連携による支援

事例No.	ニーズ	長期目標	短期目標	サービス内容
564	本人は掃除をしているつもりだが、室内の清掃ができていない。住環境の整備がしたい	●住環境を整えることができる	●居室内の掃除ができる	●「汚い」など批判する言葉かけは禁句 ●利用者と掃除を一緒にする ●ゴミ分別がわかりやすいように整備する ●習慣付けるように、ゴミ出しを一緒に行う
565	収集癖がありなんでも貯め込んでしまい、傷んだ食品がタンスの中にあったりして、不衛生になっている。何とかして片付け、清潔な部屋にしたい	●部屋の中が清潔に保たれる	●利用者の留守中に少しずつ不衛生なものが除去される	●利用者の留守中に、こまめな室内の整理 ●危険物や不衛生のもととなるもの以外は目につくように置く ●傷んだ食品などは、優先順位を決め、少しずつ処分していく

第3章 居宅サービス計画書（2）項目別文例集第2部

事例No.	ニーズ	長期目標	短期目標	サービス内容
566	不要なものを集めて箪笥の中にため込んでいるため、衛生面で問題がある。危険物も見分けられず集めているので不安である	● ため込んだ不要物が少なくなってくる	● 現状の不要物（不要物と思われるもの）の整理と危険物の除去ができる	● 身辺整理の手伝い ●「捨てる」や「くだらない」などの言葉は禁句 ● 危険物や生ものなど不衛生と思われるものは別箱や袋などに入れ、本人の納得を得る（後日、本人にわからないように少しずつ処分する）
567	入浴が嫌いで何日も入浴せず、着替えも拒否する。身体や衣類を清潔にし、気持ちよく過ごしてもらいたい（家族）	● 入浴・着替えができる	● ホットタオル・足湯・清拭などが受けられるようになる	● 入浴誘導・ホットタオル・足湯 ● 嫌がる入浴は無理強いせず、入浴の心地良さを感じられるようにする ● 急がず徐々に、気長に向き合う
568	1年以上入浴や着替えをしていないため、子供たちにからかわれる。からかった子供たちを追いかけ回しているため、近隣者からの苦情が多い	● 身体の保清が保たれる	● 入院ができ、入浴や着替えができる	● 精神科医との連携 ● 家族・ケアマネの間で連携し、受診から入院につなげる

14 認知症

事例No.	ニーズ	長期目標	短期目標	サービス内容
569	近所のスーパーから無断で食品を持って帰るため、何度も警察の世話になっている。社会に迷惑をかけず穏やかに暮らしてほしい（娘の要望）	● 万引き行為がなくなり、穏やかな生活が送れるようになる	● ヘルパーの受け入れができるようになる ● 通所サービスの受け入れができるようになる	● 無理をせず時間をかけてコミュニケーションの構築を図る ● 買い物など外出介護 ● 散歩同行介助（市町村要確認） ● デイサービスに行きたくなるような情報提供 ● 交番やスーパーなどへの情報提供と連携
570	実行機能障害のため料理をしようとすると手順がわからず、ひとつひとつの行動に声かけや見守りが必要になっている。これ以上進行しないようにしたい	● 声かけ・介助が最小限で料理ができる	● 声かけ・介助により料理が一緒にできる	● 料理の手伝い（利用者の様子を見ながら、戸惑う前にさりげなく次の行動を話す） ● 自信がつくようなほめ言葉や尊敬の態度で接する
571	生活意欲が減退し、食事の準備も片付けも全くできない状態になっている。何とかしてもとの状態に戻りたい	● 生活意欲が向上し、発病前の状態に戻る ● 生活意欲が向上し、社会参加ができるようになる	● 定期的な食事の摂取ができるようになる ● 介護者とのコミュニケーションを図り、一緒に買い物や調理を行えるようになる	● 心療内科受診 ● 服薬促し・確認 ● 買い物同行または代行 ● 調理 ● 共感の態度で接する

事例No.	ニーズ	長期目標	短期目標	サービス内容
572	認知症のため、声かけをしないとトイレに行けず失禁する。用意している食事は食べないことがよくあるため、生活全般に見守りが必要になっているが、家族就労のため見ることができない。安心して在宅生活が維持できるようにしたい（家族の要望）	● 日中、定期的な訪問やデイサービス利用により、在宅生活が維持できる	● 定期的な訪問で声かけにより排泄や食事の摂取ができる ● 通所介護により全般的に見守ることができ、ご本人も楽しく過ごせる	● ヘルパーにより排泄の声かけ誘導 ● 食事摂取の声かけ・見守り ● コミュニケーションを保ち、自立に向けた誘導・見守りを行う ● 施設での排泄、食事摂取の声かけや見守り ● ゲームなどアクティビティへの参加
573	介護者は隣市在住の娘の家族だけであり、同居も困難な状態なので、このまま自宅で独居生活が送れるようにしたい	● サービス利用により娘との連携を図りながら独居生活を継続できるようになる	● 見守り・声かけにより通所の準備が自分ででき、迎えの時間を守れるようになる ● 施設で多くの人とふれあい、会話をして楽しむことができる	● 家事を手伝う姿勢を見せることで、本人の自覚を促す ● 通所時の持ち物などを自分で用意ができるように支援する ● 通所時間に合わせた準備ができるよう見守り支援する ● 家族との連携 ● 生活全般における相談援助

事例No.	ニーズ	長期目標	短期目標	サービス内容
574	尿失禁で下着を汚すことが多い。就労している娘は帰りが遅いため世話ができず、部屋の尿臭がひどく困っている。清潔な居室の確保と汚れた下着を放置しないようにしたい	● 尿失禁が少なくなり室内尿臭もなくなる	● リハビリパンツを使用し、介護の軽減ができる ● 介護者の留守中は定期的にヘルパーがトイレに行くよう促し、習慣づくようになる	● 訪問介護による排泄の促しと排泄リズムの把握 ● 定時の排尿の促し ● リハビリパンツを使用し、パットを併用する ● パットの取り換えやリハビリパンツの取り換えなど、声かけ・見守り
575	認知症状が出てきたため、社会参加に不安があるが、社会との交流は継続したい	● 社会参加が継続でき、現状の生活が継続できる	● 通所施設や訪問サービスで他者との交流に自信が出る	● 通所により多くの人と触れ合えて、会話が増える ● 脳トレーニングを行う ● アクティビティへの参加・季節ごとの催しなどの提供 ● 地域取り組み活動の情報提供 ● インフォーマルサービスの情報提供

事例No.	ニーズ	長期目標	短期目標	サービス内容
576	施設で他の利用者とけんかすることが多く、ゲームやカラオケを拒否することがよくあるので心配している。穏やかに生活を楽しんでもらいたい	● 施設で他者とのトラブルがなくなる	● 施設で他者とのトラブルが減少する	● 信頼関係の構築 ● 受容の態度で接する ● トラブルの原因を探る ● 失敗につながるようなことは避け、失敗しても注意せず、さりげなく対処する
577	最近、通所施設で他の利用者とけんかすることが多く、施設スタッフの言うことも聞かずゲームやカラオケを拒否することがよくあるので、認知症の進行を心配している。これ以上悪化せず、現状を維持できるようにしたい	● 精神的に安定し、通所施設の利用が継続できる	● 定期受診と服薬管理ができ、精神的安定が図れる ● 不穏な状況が減少し、他者とのトラブルも減少する	● 通院介助 ● 服薬管理 ● 信頼関係の構築 ● トラブルの原因を探る ● 受容の態度で接する ● 不穏な時の状況把握をして、関係者間で情報を共有し、原因を探る

事例No.	ニーズ	長期目標	短期目標	サービス内容
578	認知症の悪化により、週に2～3回決まったスーパーでチョコレートやお肉などを隠して持って帰ろうとする。近所の子供を追いかけ回すなどして、交番や近所からの苦情が多い。何とかして世間に迷惑をかけないようにしたい	● 入院ができる	● 医師との連携の中で入院治療の方向を検討する	● 精神科の受診 ● 医師との連携 ● 民生委員・福祉委員・近隣者への協力依頼 ● 散歩や買い物時に同行する
579	ガスコンロで煙草に火をつけるなど、煙草の火の始末に配慮が足りない。安心して生活ができるようにしたい	● 火災につながる事故がなく、安全に在宅生活を送ることができる	● 決められた喫煙場所での喫煙を守れる ● ガスコンロをIHに替え、安全性が高くなる	● 室内環境を整備 ● 喫煙場所を決め、大きな缶の中に灰皿を入れる ● 一口のIHを用意し、ガスは使えないようにする ● 掃除・片付け ● 火元の確認
580	日中は傾眠状態が多いため、夜間になると起きだしてごそごそしている。夜間睡眠がとれるようになってほしい（家族）	● 日中に行動し、夜に眠る生活リズムが確立する	● 日中の傾眠時間が減少し、夜間の睡眠が増加する ● 短期入所中にゆっくり眠れるようになる	● 精神的要因を探り、服薬治療 ● 通所施設で日中過ごす ● 定期的に短期入所を利用する

事例No.	ニーズ	長期目標	短期目標	サービス内容
581	最近、昼夜問わず衣服・パンツを脱いでしまい、汚れたリハビリパンツやパットをちぎり散らし、部屋に異臭が出ている。何とかして止めてもらいたい（家族の要望）	●脱衣などの異常行動がなくなる	●医師による服薬調整で不穏・異常行動が軽減できるようになる ●認知症ケア専門員と対応方法などを検討し、不穏にならないようにして様子を見る	●服薬管理 ●できるだけひとりにしないようにし、好きだった歌を一緒に歌う、テレビを一緒に見る等により、不穏にならないようにする ●家族の応援（ヘルパー） ●室内清掃
582	時々、トイレがどこかわからないため、間に合わず尿失禁がある。尿失禁を解決したい	●尿失禁の心配がなくなる	●トイレに間に合うようになり、尿失禁の回数が減少する	●トイレの場所をわかりやすく表示するなど、検討する ●リハビリパンツの使用 ●定期的な声かけ ●誘導 ●自分の部屋にポータブルトイレを設置する
583	軽度の認知症状があり、自分に自信がなく閉じこもりたくなる。他者が受け入れてくれるなら交流を図りたい	●精神的にリラックスでき、認知症状が軽減できて、他者と交流ができるようになる	●他者の理解を得ることで気持ちが安定する ●通所施設で多くの人と会話ができ、自信が出てくる	●他者の理解を求める ●失敗を指摘しない ●自信がつくような対応をする

事例No.	ニーズ	長期目標	短期目標	サービス内容
584	家事援助を受けながら生活に支障なく暮らしたい	● 不安なく毎日を楽しんで生活を送ることができる	● 適切に服薬ができる ● ヘルパーとともに楽しみながら家事ができる ● 通所施設で多くの人と会話し、ゲームなどで楽しむことができる	● 定期通院・服薬管理 ● 家事全般・できないところの支援 ● 本人の心身状況の把握 ● 会話やゲームなど、楽しめる状況を提供
585	認知症のため、今自分が何をしているのかがわからなかったり、手順がわからなかったりするので、一つ一つの行動に声かけ・見守り・介助が必要になっている。これ以上進行しないようにしたい	● 認知症があっても介護者と一緒に笑えるような生活が維持できる	● 声かけにより身の回りのことはできるようになり、不安なく生活が維持できる	● 水分摂取の促し・摂取量の確認・食事の見守り（むせやすい） ● 服薬管理・確認 ● 入浴見守り・声かけ・一部介助 ● 更衣見守り・声かけ介助 ● 心身の状況変化の早期発見

事例No.	ニーズ	長期目標	短期目標	サービス内容
586	日中徘徊があり、帰れなくなることがよくあるので気を付けているが、ちょっと目を離すと出て行ってしまう。周りの人たちに迷惑をかけているため何とかしたい	● 徘徊の回数が減少する	● 散歩に同行し、利用者の思いなどを聞いて共感することで、徘徊のきっかけ・目的・思いが察知できるようになる	● 徘徊のきっかけなどを観察し、徘徊に同行して行動を観察する ● 氏名・連絡先を書き込んだものを携帯する ● ご近所・関係機関への協力を依頼する ● 介護負担が大きいときは訪問介護を利用する ● 短期入所や通所介護の利用
587	声かけをしても拒否が多く、最近は皮膚がカサカサになっている。入浴を行い、身体を清潔にし、皮膚病など、感染症を起こさないようにしたい（妻の要望）	● 入浴に対する拒否がなく、定期的に入浴ができるようになる	● 2回/週の入浴を定期的に行うことができるようになる	● 通所施設で他者とおしゃべりをしながらの楽しい入浴介助 ● 脳トレーニング ● 仲間を作りゲームで楽しむ
588	好きな入浴も、歩行・座位不安定であり、洗身動作も全くわからないようになっているため、介護が困難になっている。安全にゆっくり、入浴が楽しめるようにしたい	● 好きな入浴をゆっくり楽しむことができる	● 事故がなく安全に入浴ができる	● ヘルパーによる入浴介助 ● 一つ一つ動作の促し・確認 ● シャワーいすの購入（座位安定） ● 通所施設での入浴介助

14 認知症

事例No.	ニーズ	長期目標	短期目標	サービス内容
589	認知症に伴い入浴手順が曖昧になり、ひとりでは困難になっている。好きな入浴ができるようにしてあげたい（妻）	● 声かけによりひとりで入浴できるようになる	● 一部介助しながら、声かけとともに手順を決め、ひとりでも入浴できるように誘導する	● ヘルパーによる入浴介助 ● 入浴時迷いがないように手順を決めて声かけ・一部介助をする
590	認知症状が出始め、外出が不安でできなくなっている。外出する機会を持ち、認知症の進行や身体機能の低下を防ぎたい	● 認知症の進行や身体機能の低下を防ぎ、現状維持ができる	● 機能訓練により身体機能の低下を防ぐことができる ● 他者との交流を楽しめるようになる	● 通院介助（家族） ● 外出介護 ● デイサービスへの送り出し ● 脳トレーニング ● 個別機能訓練 ● アクティビティへの参加
591	軽度認知症と言われ、今後に不安がある。認知症状の進行を防ぎ、日々の充実感や喜びを味わえる生活を送りたい	● 他者との交流を増やし、趣味や会話を楽しみ、充実感を味わえるようになる	● 通所施設で多くの人と触れ合い、楽しめるようになる ● 友人・近隣者などと共通の趣味を楽しめるようになる	● 通所施設で多くの人と触れ合う ● 脳トレーニングを行う ● アクティビティへの参加、季節ごとの催しなどの提供 ● 地域取り組み活動の情報提供

事例No.	ニーズ	長期目標	短期目標	サービス内容
592	ひとり暮らしで認知症と診断された。現在は友人や近隣者の助けがあり、生活できている。今後も認知症の進行を防止し、心身機能が低下しないようにしたい	・心理・行動の機能的な安定が保たれ、現状の生活が維持できる	・身体機能の維持・向上ができる ・少しずつ自信が持てるようになる	・通院介助 ・医師との連携・情報の共有 ・地域での活動の情報提供 ・多くの人と触れ合い会話が増える ・脳トレーニングを行う ・アクティビティや、季節ごとの催しなどへの参加
593	睡眠障害で昼夜関係なく傾眠状態・被害妄想が強く、その対応に家族は疲れている。認知症状の進行を防止し、身体機能の低下も防ぎたい	・生活にリズムができ、認知症の進行や身体機能の低下防止ができる	・服薬治療・対応方法などにより周辺症状の軽減ができる ・夜眠れるようになり、生活にリズムができてくる	・担当医に状況報告 ・問題の原因を探り対応方法を検討 ・服薬管理 ・利用者に寄り添った対応 ・周囲の理解を求め、他者との交流を絶やさないようにする
594	認知症が増悪し、感情が不安定。誰かがそばにいないと落ち着きがなく、徘徊が始まり、転倒や傷が絶えない。買い物に出かける間だけでもヘルパーさんにお願いしたい	・ヘルパーの付き添いで不穏にならず過ごせる	・介護者がいることで安心して買い物に出ることができる	・見守り介助（市町村の了解を得る） ・室内移動など動向の見守り介助 ・本人の希望があれば散歩の付添

14 認知症

事例No.	ニーズ	長期目標	短期目標	サービス内容
595	認知症が進行し、排泄がうまくできず身体や室内を汚すことが多く、常に見守りが必要な状態で施設入所を考えている。独居であるため入所までの期間何とかしてほしい	● 施設入所し、安心して過ごす ● 施設入所ができ、安定した生活を送ることができる	● 施設入所までの期間は短期入所と訪問介護で対応し、安全に過ごせる	● 家事・生活全般の見守り援助 ● 排泄のリズムを把握し、状況に合わせた声かけ ● 排泄介助・失禁処理 ● 短期入所（生活全般の見守り介助）
596	通所日、忙しくて目を離していると、自分で衣類を選び、季節感のない衣類を着ている。季節に応じた服装をしてほしい	● 季節に合った衣類を自分で着ることができる	● 季節に合った好きな衣類だけを何種類かそばに置くようにすると、自分で選び着ることができる	● 季節外れの衣類は片付ける ● 前夜に一緒に衣類を選び、枕元に置く
597	最近物忘れがひどく、特にガスコンロで事故を起こしそうなことが多く、危険である。事故がなく安心できる生活を送りたい	● 事故がなく安心できる生活が維持できる	● IHヒーターを使っての調理を介護者とともにできるようになる	● ガスコンロをIHヒーターに代える ● 調理は介護者とともに行う

事例No.	ニーズ	長期目標	短期目標	サービス内容
598	物忘れがひどく生活全般において見守りが必要だが、何でも自分でできると思い込みサービス拒否が多い。適切なサービスを提供できるようにしたい	● 適切なサービスにより安定した在宅生活が継続できる	● プランに合わせたサービス提供ができるようになる ● リスクの理解ができる	● 生活上のリスクについて尊厳を守りながら繰り返し話す ● 生活全般の見守り ● 適切なサービスを利用者納得の上で提供する ● できることが増えるように、促し・見守り
599	「誰かが来て、火をつけろと言っている」とライターを持ち出したり、首を吊って死のうとするなど、危険なことが毎日ある。目が離せず介護困難になっているため何とか助けてほしい	● 常に見守りがある中で、穏やかに生活ができるようになる	● 服薬により妄想の軽減を図る ● 療養病棟に入れるようになり、安全に過ごせる	● 精神科の受診 ● 服薬管理 ● 入院の相談 ● 介護者の寝床を同室あるいは隣室にする ● 玄関の鍵を目立たないところに取り付ける
600	認知症に伴い暴言や暴力が激しくなっている。急に怒り出したり、手を出したりするので、高齢の妻が怖がっているため支援してほしい（遠方に住む息子）	● 周辺症状が軽減し、穏やかに生活することができる	● 服薬により症状が緩和される ● 他者の理解を得られ、精神的不安が減少する	● 受診・服薬管理 ● 傾聴し、受容の態度で対応する ● 共感的態度で接する

事例No.	ニーズ	長期目標	短期目標	サービス内容
601	攻撃的な言葉が多く、突然大声で暴言を吐いたりして感情の起伏が激しい。早期受診により適切な治療を行いたい	● 専門医の受診ができ、適切な処置ができる	● 信頼関係ができる ● 通院につながるチャンスを見逃さず、通院への本人の納得が得られる ● タイミングのよい声かけにより通院する気分になる	● 心身状況の把握 ● 通院の必要性をさりげなく繰り返す ● 尊厳を守りながら見守る ● 訪問し会話の回数を重ねる
602	本人もできればおむつはしたくないと思っているが、動くのが面倒でトイレ移動に抵抗があるため、せめてポータブルトイレで排泄ができるようにしたい	● 自力でポータブルトイレでの排泄ができる	● 介助によりポータブルトイレでの排泄が安楽にできる	● 安楽なポータブルトイレ移動介助 ● ポータブルトイレの促し（決めつけた言い方は避ける） ● 後処理 ● ベッド上で座位時間を長くするように支援する ● 家族も安楽な移動方法を習得する

事例No.	ニーズ	長期目標	短期目標	サービス内容
603	いつもチョコレートを万引きし、注意すると大声で反抗して周りの人に迷惑をかけている。他市に住んでいるため、同居を促すが拒否するので、どう対応して良いのか分からない	● ヘルパーと会話をしながら散歩や買い物ができるようになる	● 精神科医への通院ができる ● ヘルパーとのコミュニケーションが図れるようになる	● 精神科医の受診ができるように誘導する ● 状況の確認と会話によってコミュニケーションを図り、一緒に買い物に行く ● 民生委員・福祉委員・医療・福祉の連携を密にし、近隣者への迷惑を最小限にとどめるように支援する
604	身の周りのことが充分できないため、息子が同居を勧めているが、自宅での生活継続を強く希望	● ヘルパーの支援と身の周りのことができるような工夫により、安全に暮らすことができる	● 簡単な調理や家事がヘルパーと一緒にできるようになる	● 声かけをしながら利用者と協働で家事を行う ● 買い物など外出援助 ● 不安感や焦りを感じさせない適切な声かけをする ● 家族との連携 ● 民生委員や近隣者に協力依頼をする

14 認知症

事例No.	ニーズ	長期目標	短期目標	サービス内容
605	起床時間が遅く、日中はテレビを見てウトウトする。夕方ごろより元気が出てお風呂に入ったり、自分の部屋でごそごそしているうちに外へ出て行こうとする。危険なため、昼夜逆転を治したい（家族）	●昼・夕の散歩が日常化することで夜間徘徊がなくなる ●生活リズムが確立し、施設通所ができるようになる	●服薬により睡眠時間のコントロールができる ●夜間徘徊が減少する	●受診により対応方法や服薬の相談 ●日中の散歩を取り入れ、昼間の活動に付き添う ●早めの夕食後、家族と一緒に散歩する ●本人に合った通所施設を選択し、通所体験ができるように方向づける
606	夕方になると、同じ言動を何度も繰り返し、落ち着かなくなる	●傾聴し、一緒に行動することで落ち着くようになる ●不穏状態の軽減ができる	●夕方にゆっくり一緒にできることを考え、ともに過ごすことができる ●夕方の時間に余裕を持ち、傾聴し一緒に行動することで落ち着くようになる	●ヘルパーの援助 ●夕方は利用者のための時間を作る ●家族会などに参加し、対応方法などを学ぶ ●ストレスの解消をする
607	家計を管理し、生活が維持できるようにしたい（家族）	●家計内での消費生活ができる	●金銭の使用内容の把握ができる ●アドバイスの受け入れができ、浪費が減少する	●家族による現金管理 ●買い物に付き添い

第3章　居宅サービス計画書(2)　項目別文例集第2部

事例No.	ニーズ	長期目標	短期目標	サービス内容
608	自分からの発語はない。声かけに対しては、意味不明だがニコニコと返事を返してくれる。現状の穏やかさが継続でき、これからも家族として一緒に暮らしていきたい	●穏やかに家族の思い出をたくさん積みあげられる ●笑いのある介護生活ができる	●家族も自由な時間を持ち、休養を取ることで、穏やかな気持ちで介護を継続することができる	●デイサービスにて、入浴介助など日常生活動作のリハビリ支援 ●宿泊サービスの利用 ●家族介護の会などの参加（家族）
609	調理や家事ができず、惣菜を少しとチョコレートを買って空腹を満たしている。冷蔵庫には傷んだ食品がたくさんあるが、処分させないため食あたりと栄養失調の不安がある。介護を受け入れ、定期的に安全なバランスの良い食事を摂れるようにしたい（別居の家族の要望）	●栄養バランスのとれた食事の摂取ができる ●食あたりの心配なく安全に食事の摂取ができる	●冷蔵庫内に古い食品がなくなる ●ヘルパー他、支援者とのコミュニケーションが構築される ●ヘルパーの受け入れができるようになる	●家族との連携プレー ●定期的な食事の差し入れ ●心身状態の把握 ●一日の行動パターンを知る ●偶然を装い散歩や買い物に同行 ●コミュニケーションの構築 ●民生委員・福祉委員・近隣者への協力依頼
610	下肢筋力の低下や認知症の増悪により、ひとり暮らしが困難になっているため、安定した暮らしができるようにしたい	●事故がなく安全に安定した暮らしができるようになる	●施設入所を申し込み、入るまでは短期入所介護と訪問介護で対応し、施設入所を待つことができる	●介護施設入所の手続き ●入所までの間、短期入所 ●ヘルパーなど関係者で日常生活全般を支援する

14 認知症

事例No.	ニーズ	長期目標	短期目標	サービス内容
611	食品の管理が困難になっており、冷蔵庫の中が賞味期限の切れた食材や惣菜の残ったものでいっぱいになっている。食中毒を起こさないようにしたい	● 冷蔵庫の中が整理され、食中毒の予防ができるようになる	● 食材や食品の管理が補助を受けながらできる	● 冷蔵庫内の賞味期限が大幅に過ぎた物から順に、本人にわからないように徐々に捨てていく ● 今ある材料で、利用者とともに献立を一緒に考える ● 食品を捨てるに当たり、娘との連携を保つ
612	失語症があり会話が困難であるため、人と接するのを避けるようになっている。本来は、人と話すことが好きなので、他者と会話ができるようにしてあげたい（家族の思い）	● 訓練により自分の意思表示ができるようになる ● 前向きに人と話せるようになる	● 工夫により基本的な会話ができるようになる ● 家族には積極的に話しかけるようになる	● 言語聴覚士による言語訓練 ● 家族への訓練法の指導 ● 家族も訓練に参加する
613	通院しても医師との会話が成り立たないと言われているため、医師の指示を受け、適切な治療ができるようにしたい	● 本人の能力的な状況が把握でき、最終目標に向けた検討ができる（家族との同居・施設入所など）	● 医師の指示を適切に受け止め実行できるようになる	● 診察室同行 ● 医師への情報提供 ● 医師の指示・意見の把握 ● 家族に報告 ● 服薬管理 ● 入居施設などの情報提供

事例No.	ニーズ	長期目標	短期目標	サービス内容
614	同じ言葉を繰り返し、尋ねていることに対して見当違いの返事をすることなどがある。これからも進行して行くのかと思うと不安である。これ以上進行しないようにしたい	●家族が病状を理解し、不安なく対応できるようになる	●サービス提供・医療連携・家族の適切な対応をしながら、症状の変化を把握する	●通院介助するとともに、介護者も専門医の指導を受ける ●通所施設の利用 ●家族の対応指導 ●他者との会話を多くする ●脳トレーニング ●自信が持てるような対応 ●怒ったりして失敗感や情けない思いをさせないように接する
615	午前中に転寝をし、午後家族が仕事に出ると徘徊している。安心して出かけられるようにしたい	●ヘルパーの買い物やボランティアの見守りにより、安心して出かけられるようになる	●午前中は利用者とともにおしゃべりしながら家事を手伝ってもらうようにすることで覚醒し、転寝をしなくなる ●一緒に散歩や買い物に行くことで満足感が得られるようになる	●無理に引き止めず、援助者が付き添うようにする ●衣服の襟に氏名・連絡先を書き込む ●近隣への協力依頼 ●ヘルパーの買い物同行 ●家族の休息のためのショートステイ ●デイサービスの利用 ●認知症対応型共同生活介護の検討

事例No.	ニーズ	長期目標	短期目標	サービス内容
616	声かけをしても無反応であまり話さなくなった。認知症状の進行を抑え、生活が不活発にならないようにしたい（家族の要望）	● 笑顔が見られるようになる	● 心身ともに安定する ● 自分自身に自信が持てるようになる	● 定期的な受診 ● 服薬管理 ● 生活歴を重視する ● 本人の望む環境づくり ● 失敗をさせないよう配慮する ● 会話を多くする（傾聴ボランティアなど利用申し込み）
617	認知症と医師から言われている。少しでも進行を防ぎたい	● 家族以外の人と楽しく会話ができる	● 他者と触れ合い、会話を持ち、生活を楽しむことで進行を遅らせることができる	● デイ利用で他者との触れ合いの場の提供 ● 季節行事などの参加 ● 簡単な小物作りや脳トレーニング
618	頻回に高価な買い物をしている。買い物には出られないので、テレビショッピングか訪問販売だと思うので、注意をしてみてほしい（別居の家族）	● 買いたい場合は本人が相談するようになる ● 注文する前にカタログで楽しみ、一緒に考えるようになる	● 買ったものの使い方や必要な物かの検討ができるようになる ● 送られてくる荷物などを観察し、家族に連絡することで、早期対策がとれるようになる	● 信頼関係の構築 ● 荷物を見てもとがめないで一緒に見せてもらう ● 買う時に相談してくれるような関係づくり ● 家族と連絡を密にする

事例No.	ニーズ	長期目標	短期目標	サービス内容
619	何でも目についたものを押し入れに収集するため、押し入れの中が不衛生になっている。何とかして収集癖を治したい	●医師と相談し対応策を講じることで、家族の精神的負担が軽減できる	●入浴時などに押し入れの中のチェックをし、衛生保持ができるようにする	●神経・精神科受診 ●室内の整理 ●危険物は棚に収納し、取り出せないようにする
620	近所の庭の花を見ると自分の花を盗んだと思い、取り返そうとする。近所に迷惑をかけたくない	●盗られ妄想が軽減し、近所の迷惑もあまりかけずに済むようになる	●室内に鉢植えを置いたり、ベランダに花壇を作るなどで満足感を得られる	●神経・精神科受診 ●家族に対して認知障害に関する情報提供を行う ●室内やベランダでの花の栽培を支援する（家族） ●デイサービスの利用
621	最近物忘れがひどく、話が食い違うと怒り出し、会話が成り立たなくなっている。介護者が高齢のため施設入所も考えている。受診し医師の判断を仰ぎたい	●施設入所ができるようになる	●入所に向けたサービスの利用ができるようになる	●専門医の受診・相談 ●自尊心を傷付けないよう気をつけながら、施設・デイサービス・ショートステイの情報を提供する

認知症

事例No.	ニーズ	長期目標	短期目標	サービス内容
622	これまで好きだった小物作りやカラオケに興味を示さなくなり、最近物忘れがひどく怒りっぽくなっている。特に家族にはきついため、家の中がぎすぎすしている。以前の穏やかな夫に戻ってほしい	●以前の趣味に興味を持ち、生活意欲が出るようになる ●家族が認知症状を理解することで、家族の対応が変わり、怒りっぽさが軽減される	●定期受診を嫌がらず、行けるようになる ●抵抗なく医師の指示を守れるようになる ●近隣の集会に参加できるようになる ●デイサービスなどで問題なく過ごせるようになる	●通院介助・服薬管理 ●医師との連携 ●心身の状況変化の観察（どんな時怒りだすのか原因を究明） ●社会参加の情報提供 ●参加への促し ●自尊心を傷つけない対応・傾聴 ●デイサービスの利用
623	昼夜逆転しているため、夜はしっかり眠れるように生活のリズムを変えたい	●日中の傾眠なく夜はしっかり眠れるようになる	●受診により原因を探り服薬の調整ができる ●通所施設で日中楽しく過ごせる	●身体的不調の評価のため、内科受診 ●精神的要因を評価するため、神経・精神科受診 ●規則正しい生活を送れるよう生活調整を指導 ●デイサービスの利用 ●家族のストレスが大きいようならショートステイの利用

事例No.	ニーズ	長期目標	短期目標	サービス内容
624	徘徊をなくしたい（家族）	●徘徊が減少する	●服薬と日中の活動により夜間の徘徊が減少する	●デイサービス利用 ●日中に散歩の機会をつくる ●眠前の入浴 ●ショートステイの利用
625	夕方になると不穏になり、家族も忙しくつい怒ってしまう。怒ってしまうのは心苦しいが、どうしてよいかわからない	●家族がゆっくりすることで不穏状態が減少するようになる	●不穏になる時間や状況が把握できるようになる	●対象者に寄り添う ●怒った対応をしない ●笑顔を見せる ●不穏になる要因を探る ●レスパイトケア
626	弄便をなくしたい	●弄便回数が減少する	●トイレ・ポータブルトイレの選択ができる ●排便の大体のタイミングがわかってくる	●受診して、おむつが必要かどうか見極める ●排泄介助 ●家族にトイレ誘導の指導 ●トイレ誘導かポータブルトイレの使用が可能かの確認 ●おむつ交換のタイミングの検討

14 認知症

事例No.	ニーズ	長期目標	短期目標	サービス内容
627	弄便があり妻と娘が分担して介護しているが娘は就労、妻は高齢のため疲れがたまっている。余病の不安があるため、身体を常に清潔に保ちたい	● 適切におむつ交換ができ、弄便の回数が減少する	● 入浴・清拭を行い、身体を清潔に保つことができる	● 排便コントロールについて医師と相談する ● ヘルパーの排泄介助・清拭・入浴介助・シャワー浴介助 ● 記録を付け排便状況を把握する（ヘルパー・家族） ● こまめに時間を決めてトイレ誘導をする
628	デイサービスから帰って何をして良いのかわからなくなっている。デイサービスからの帰宅時に本人が戸惑わないよう行動の声かけをしてほしい	● 認知症の進行の防止または遅滞を図ることができるようにする	● デイサービスで行ったことなどを回想的に話しかけることで、認知症の進行の遅滞を図れる	● デイサービスの迎え ● 更衣・手洗いうがい・水分補給の声かけ ● デイサービスでの楽しかったことなどの傾聴

15 飲酒

事例No.	ニーズ	長期目標	短期目標	サービス内容
629	アルコール依存症になっている自分自身に嫌悪感を抱いている。何とかアルコールを止めて健全な生活を取り戻したい	● 入院治療により飲酒を忘れ、健全な生活が営める ● 断酒が継続でき、前向きな生活を維持できる	● 医師の診断に納得ができ、同意ができるようになる ● 自主的に断酒会への参加が継続できる	● 室内環境の整備 ● 利用者の気持ちに寄り添い、ともに頑張る姿勢で接する ● 通院の促し、または付添介助 ● 家族が依存症の理解を深めるための働きかけ ● 服薬管理 ● 利用者の心身の状況変化の共有 ● 信頼関係の構築
630	寂しさから飲酒の危険性があるため、退院後、できるだけひとりで居る時間を減らしたい	● 地域の催しやカルチャーなどで外出の機会が増え、寂しさが軽減できる	● 友達ができ、外出の機会が増える ● 通所施設で楽しい時間を過ごせるようになる ● 断酒会への参加	● 医師・ワーカーとの連携 ● 多くの人と触れ合う ● 他者と楽しく食事や入浴ができる ● 自宅でひとりでもできるような作業の情報提供 ● 近隣者との付き合いの働きかけ

事例No.	ニーズ	長期目標	短期目標	サービス内容
631	毎日の飲酒・物忘れ・妄想などにより日常生活に支障をきたしている。飲酒量を減らしたい（家族）	● 断酒会への参加が継続できる ● アルコール依存症が改善される	● 医師・ワーカーとの連携を図り、家族・ヘルパーと協働で依存症の理解を深めて対応することで、改善につなげられるようになる	● 通院時の手伝い・促し ● 服薬管理 ● 医療との連携 ● 飲酒状況の観察・把握 ● 依存症の理解と適切な対応 ● 断酒会への参加
632	定年後、何もすることがないと外出もせず酒に浸る。転倒骨折で入院、退院後も飲酒を続けている。何とかアルコールを止めて健全な生活を取り戻したい（家族）	● 定期通院・服薬管理により前向きな生活を維持できる。 ● 日中の活動が活発になる ● 生活意欲が向上する	● 定期通院ができ、服薬管理ができるようになる ● 自主的に断酒会への参加が継続できる ● 地域の催しなどボランティア活動にできる範囲で参加できる	● 通院の促しまたは付添介助 ● 利用者の心身の状況変化の共有 ● 信頼関係の構築 ● 家族の依存症への理解を深める ● 体力に合わせ、短時間でできる仕事を探す ● 地域のボランティア活動の資料を提供する

事例No.	ニーズ	長期目標	短期目標	サービス内容
633	飲酒の量を少なくし、健康で在宅生活を継続していきたい	● 在宅生活の継続ができる ● 趣味や楽しみを見つけ、生活が前向きになれる	● 飲酒の量を減らすことができる ● 飲酒に代わる楽しみを見つけることができる	● 通院時の付添・促し ● 服薬管理 ● 医師・ワーカーとの連携 ● ひとりになる時間を少なくする ● デイサービス・地域事業・ボランティアの催しなど、情報提供
634	アルコール依存症を治し、健康を取り戻してほしい（家族の要望）	● 断酒ができ、生活状況が改善できる	● 断酒会への参加が継続できるようになる	● 受診付添 ● 断酒会参加を勧める ● 家族の依存症への理解を深める ● 代替の楽しみを見つける
635	飲み始めると酒量が多くなり、暴言や暴力がある。近隣者にも迷惑をかけているため、何とかアルコールを止めて健全な生活を取り戻したい（家族の要望）	● 退院後、断酒の継続ができ、定期通院と服薬管理ができるようになる ● 自主的に断酒会への参加が継続できる	● 入院治療を受ける	● 通院の促しおよび付添介助 ● 入院治療の検討 ● 医師・ワーカーとの連携 ● 家族のフォロー ● 依存症への理解を深める（家族の協力）

15 飲酒

事例No.	ニーズ	長期目標	短期目標	サービス内容
636	飲酒量を減らし健康を維持してほしい（家族の要望）	● 飲酒がなく健康が維持できる	● アルコール専門医に受診ができる ● 家族が適切な対応方法をとれる	● 内科的評価のための受診 ● アルコール専門医院の受診 ● 断酒会への参加を勧める ● 家族に依存症についての正しい知識を持ってもらう ● 家族に対する精神的支援を行う
637	入院中は飲酒せずに済ませているが、退院と同時に我慢ができず飲み始め、下血や転倒による骨折などで入退院を繰り返している。今度こそは飲酒を止めようと思っているので、何とか実行できるようにしたい	● 趣味仲間ができ、楽しい毎日が送れるようになり、飲酒に対する執着がなくなる ● 食生活が安定し、健康に対する関心が深まる	● 食生活のリズムが構築される ● 施設通所や地域の催しなどの誘いを受け、生活を楽しめるようになる ● ヘルパーとのコミュニケーションができ、ひとり住いの寂しさが軽減できる	● 元気なころ好きだったカラオケや小物作りを復活させる ● 通所施設で他者と触れ合う ● 社会参加につながる情報提供 ● 地域の催しなどへの参加 ● ヘルパーとともに調理をする ● ヘルパーと楽しいことなど前向きな会話をする

16 介護負担

事例No.	ニーズ	長期目標	短期目標	サービス内容
638	家族に介護から離れ、休む時間を持ってほしい	● 家族が介護から離れる機会が増え、在宅介護生活の継続ができる	● 家族が定期的に休息日をとることができる	● 日常生活全般の見守り ● 宿泊・食事の提供、入浴介助
639	夫の介護による在宅生活を継続したい	● 夫が介護に慣れ、介護サービスの利用で在宅生活を継続できる	● 夫と介護支援者との役割分担ができ、介護が継続できる	● 夫に対して介護方法の指導 ● 家事援助 ● 訪問入浴介護 ● デイサービス利用 ● ショートステイ利用
640	介護サービスを利用して長年連れ添った夫を介護し、自宅での生活を維持していきたい	● 介護負担が過重にならないようにして在宅生活を維持していける	● ヘルパーの援助や通所施設・短期入所施設の利用ができ、負担なく介護生活を送れる	● ヘルパーと妻とで協力し介護に当たる ● 短期入所施設で生活全般の見守り ● 通所介護で入浴や他者との交流
641	介護者である妻も病気があるので、介護の負担を軽くしたい	● 妻に気兼ねなく、妻の体調に合わせたペースで介護ができる	● ヘルパーの援助で妻の介護負担が軽減できる	● 妻の困難な部分の介助 ● レスパイトケア

事例No.	ニーズ	長期目標	短期目標	サービス内容
642	半身麻痺と右上肢拘縮があるため、自分で寝返りや起き上がりができないが、妻や子の介護負担を減らしたい	● 自分でできることが増え、家族の介護負担が軽減できる ● 残存機能を活用し、起居動作が可能になる ● ベッドから車いすへの移乗ができる	● 起居動作ができるようになる ● 施設通所により日中家族が休むことができる	● 特殊寝台・付属品貸与 ● 訪問O.Tよりひとりでできる起居動作・車いす移乗など日常生活動作訓練 ● 家族も介護方法を習得する ● 通所リハビリ
643	介助を受けながら在宅での生活を続けたい	● 介護支援を受けながら在宅生活が継続できる	● 家族の介護と介護サービスのスケジュール調整がマッチする	● 家事援助 ● 身体介護 ● デイサービスの利用 ● ショートステイの利用
644	ポータブルトイレを使い、排泄できるようになりたい	● ポータブルトイレを使用し、排泄が自分でできる	● 見守りにより、安全にポータブルトイレの使用ができる	● ポータブルトイレ購入 ● 安全な移乗方法の修得 ● 安全な移乗ができるよう見守り・確認

事例No.	ニーズ	長期目標	短期目標	サービス内容
645	尿瓶を使いこなせるようになりたい	● 日々の排尿は家族などの介助なしにできる	● 尿瓶がうまく使え、後処理もできる	● 尿瓶の置き場所の準備 ● 尿瓶使用時の方法の指導 ● 尿瓶使用後の処理の手順の確認
646	夜間の排泄が安心して行えるようになりたい	● 事故がなく排泄が自分でできる	● ベッド横にポータブルトイレを置くことで不安なく夜間排泄ができる	● ポータブルトイレ購入 ● ポータブルトイレの処理（家族）
647	夜間の介護負担を軽減し、家族での在宅介護を続けたい	● 夜間の介護負担が軽減し、自宅での介護が継続できる	● 夜間の介護が軽減する	● エアマット使用 ● 夜間訪問介護によるおむつ交換・体位変換 ● 訪問看護で褥瘡の発生を監視する ● 栄養状態の管理

事例No.	ニーズ	長期目標	短期目標	サービス内容
648	妻が脳梗塞による重度の右半身麻痺。ほとんどベッド上の生活で夫の介護負担が大きいが、夫婦での在宅生活を継続したい	● サービスを利用しながら夫婦協力し合って在宅生活を送れるようにする ● リハビリにより離床時間を長くする	● ヘルパーとともに妻の介護ができるようになる ● 簡単な家事ができるようになる ● 介護者の休養時間が作れるようになる	● 通所によるリハビリ・機能訓練・入浴介助 ● 介護者とヘルパー協働の家事援助 ● おむつ交換（陰洗含む） ● 身体清拭など身体介護 ● 変化・問題点の把握 ● 遠方の家族との連絡調整
649	意思表示ができない妻の介護を高齢の夫が行っている。十分な介護はできていないが、自宅で夫婦二人の生活を維持していきたいと思っている	● 妻の病状を維持し、自宅で夫婦二人の生活を維持していける	● 医師にしっかり在宅の状況を伝え、適切な治療をスムーズに行うことができる	● 居宅療養管理指導 ● 訪問看護 ● 身体介護 ● 夫のできない部分の家事援助 ● 夫以外の家族の介護参加の促し
650	日常生活全般に介護が必要であり、介護者の負担が過重であるため、退院後は自宅でリハビリを継続したい	● 本人の運動機能が回復することにより介護負担が軽減する	● ヘルパーの支援により介護負担が軽減する	● 訪問リハビリ・作業療法 ● ヘルパーによる日常生活動作の見守り・一部介助 ● 通所リハビリ ● 自宅での下肢筋力向上運動

第3章　居宅サービス計画書(2) 項目別文例集第2部

事例No.	ニーズ	長期目標	短期目標	サービス内容
651	おむつ交換や更衣の際に介護者の腰痛がある。介護者の負担を軽減したい	● 介護者の腰痛が悪化せず、介護が継続できる	● ベッドの高さを調整することで、介助の際の負担が軽減できる ● 介護者の介護回数が減少し、介護負担の軽減ができる	● 特殊寝台及び付属品の貸与 ● 介護者の体調観察 ● ベッド機能を活用した安楽な介助方法のアドバイス ● 身体介護
652	認知症があり介護の手間も増えている。介護者も高齢のため、今後のことを考えると不安であるが、最後まで夫婦一緒に暮らしたい	● 必要な介護をしながら自宅での生活を継続できる	● 介護が過重になっている部分を支援してもらうことにより生活が安定する ● 支援者がいることで介護者の精神的な不安が軽減できる	● ヘルパーによりできない部分の支援 ● 介護者の心身の状況把握 ● 家族の介護力の把握 ● 相談援助
653	認知症が進行し、幻覚でライターを持ち出したり、首を吊ろうとしたりするため、片時も目が離せなくなっている。同居の息子夫婦も高齢のため、在宅介護は限界にきているので何とかしてほしい	● 高齢である介護者の負担が軽減され、心身の安定が保てるようになる ● 利用者自身の身の危険を回避できる	● 服薬により幻覚症状が減少する ● 療養病棟に入ることができる	● 主治医と相談の上精神科を受診し、服薬により幻覚症状の軽減を図る ● 服薬管理 ● 入院に向けての働きかけ（療養病棟）

16 介護負担

事例No.	ニーズ	長期目標	短期目標	サービス内容
654	歩行が困難なため日常生活全般に介護が必要であり、介護者の負担が過重になっているので援助してほしい	● 残存機能活用と家族の介護力・介護サービスの協働で負担なく介護生活が継続できるようになる	● 介護しやすい環境を整備し、過重な負担なく介護ができるようになる ● ヘルパーの援助により心身ともに負担の軽減ができる	● 室内環境整備 ● 移動など身体介護 ● 機能向上訓練 ● 通所リハビリまたは通所介護 ● 短期入所
655	夫の介護をしている妻が要支援状態になり、介護負担が大きくなったが、今まで通りの生活を続けたい	● 夫婦での在宅生活を継続できる ● 夫婦そろって過ごす生活を楽しめるようになる	● できない部分の支援により、精神的負担が軽減できる ● 家事負担の軽減ができる	● 家事全般の支援 ● 本人・介護者のできる部分とできない部分の選別 ● ヘルパーと家事の分担をする
656	介護者も高齢のため、高血圧や不整脈などの疾病があり介護が過重になっている。家族の健康も守り介護生活が維持できるようにしたい	● 介護者の通院など介護者自身の時間を確保することができ、病状の安定を図ることができる	● 介護者の予定に合わせ、サービスを利用することで、無理なく介護ができるようになる	● 短期入所により生活全般の介助 ● 通所により入浴介助など日中の見守り支援 ● ヘルパーの身体介護
657	四肢麻痺があり介護にかなりの時間がかかっている。介護者の負担が大きいため援助をお願いしたい	● 介護負担が軽減し、在宅介護が継続できる	● 家族の介護負担が軽減する	● 家族と協働の支援 ● モーニングケア ● おむつ交換 ● 更衣介助 ● 食事介助 ● 訪問入浴

事例No.	ニーズ	長期目標	短期目標	サービス内容
658	四肢麻痺で介護にかなりの時間を費やし、家族の仕事に支障が出ている。夜間の介護（おむつ交換や体位変換など）が負担になっているので、夜間に対応できるサービスを利用したい	● 家族の介護負担が軽減し、在宅生活が維持できる	● 夜間の介護が家族の負担なくなされる	● 夜間の訪問介護サービス ● 排泄介助 ● 体位変換 ● 水分補給
659	脳梗塞後遺症によって日常動作が不安定であり、生活全般において援助が必要である。特に朝は家族も忙しく手が回らないため手伝ってほしい	● リハビリの継続でできることが増える ● 車いすで洗面所へ行き口腔ケアができる ● 排泄動作がひとりでできるようになる	● ヘルパーの介助や作業療法により起居動作・ポータブル移乗ができるようになる	● 訪問リハビリで残存機能を向上させ、日常生活の活動領域が拡大するための指導 ● ヘルパーもアドバイスしながら声かけ・見守り・一部介助 ● 安楽で安全な介助方法を学ぶ（家族の協力）
660	下肢筋力低下に加えて、認知症も進行し、仕事をしていても心配が絶えない。月に一度でも夫婦でゆっくりできる時間がほしい	● 介護負担が軽減し、優しい気持ちで介護生活を継続できる	● 介護者夫婦の介護負担が軽減する	● 短期入所サービスにより生活全般の見守り ● 訪問サービスによる外出介助 ● 利用者とともに片付けや掃除をする

16 介護負担

事例No.	ニーズ	長期目標	短期目標	サービス内容
661	徘徊防止のため、土・日はできるだけ買い物や散歩に連れて行きたいと思っているが、夜も寝かせてもらえないことが多く、疲れがたまっている。外出や散歩の介助をお願いしたい	● 介護負担の軽減ができ、夜間の睡眠がとれて介護生活が維持できる	● ヘルパーの介助で外出・散歩ができる ● 徘徊が減少する	● 外出前後の排泄促し ● 水分補給の準備・促し ● 会話しながら本人の行きたい所へ付いて行く（場所によっては市町村の了解を得る） ● 散歩コースや話の内容から、本人の思いを受容していく
662	家族は姉弟2人だけなので、時間を作って訪問しているが、毎日の訪問がつらくなり、ヘルパーさんの介護支援も得ている。心身ともに疲れが限界にきているため、施設に入れてもらいたい（弟の要望）	● 施設入所ができ、常に見守りがある中で安全・穏やかに暮らせるようになる	● 施設入所までの間、短期入所施設において安全・穏やかな生活が送れる	● 短期入所施設により日常生活全般の見守り・介助 ● 本人の生活状況の観察 ● 家族に対して施設入所の情報提供 ● 施設入所のための手続き
663	昼夜逆転の生活となり、夜中もずっとごそごそしている。転倒がよくあるため危険で家族も眠れず、仕事に支障が出ている。何とか昼夜逆転の生活を改めたい	● 夜間は熟睡できるようになる	● 日中適度な運動と刺激を得ることができ、夜間睡眠がとれるようになる	● 通所施設でスタッフや他の利用者とのかかわり ● 運動やゲーム、脳トレーニング ● 宿泊サービス（自費）

第3章　居宅サービス計画書(2) 項目別文例集第2部

事例No.	ニーズ	長期目標	短期目標	サービス内容
664	高齢の妻と二人暮らしであるが、妻に対してわがままが多く、通所時の送り出し準備ができない。きちんとした姿で送り出しができるようにしたい	● 身体介護はヘルパーが支援することで、迎えの時間に合わせて通所の送り出しができる	● ヘルパーの支援で通所時の妻の介護負担が軽減する	● 整容 ● トイレ移動 ● 更衣介助 ● 玄関までの移動介助
665	娘が家事をすべて行い、帰宅後に入浴介助をしているが、娘の負担が過重になっている。入浴だけでも助けてもらいたいが、本人の拒否があり困っている。娘の介護負担を軽減したい	● ヘルパーだけでの入浴介助、もしくは施設での入浴が可能となり、家族の負担が減少する	● 家族と協働しての入浴介助ができるようになる ● 通所施設の協力・一日妻が付き添うことにより、施設に慣れて通所できるようになる	● 慣れるまで家族と一緒にヘルパーが入浴介助する ● 手すりの設置 ● シャワーいすの購入 ● 通所施設の入浴が利用できるような促しをする
666	日中は傾眠状態が多いため、夜間になると起き出してごそごそしている。家族は就労のため、夜間眠れるようにしたい	● 日中に行動し、夜に眠る生活リズムが確立する ● 家族が夜間眠れるようになる	● 日中の傾眠時間が減少し、夜間の睡眠が増加する ● 短期入所中にゆっくり眠れるようになる	● 精神的要因を探り、服薬治療 ● 通所施設で日中過ごす ● 定期的に短期入所を利用する

事例No.	ニーズ	長期目標	短期目標	サービス内容
667	尿意が鈍く、移動動作も緩慢なため、尿失禁が増えている。家族は就業しているため日中の処理だけでも手伝ってもらいたい	● 失禁回数が減り、排泄処理負担の軽減ができる ● 家族が安心して就業できる	● 時間を決めた声かけなどで失禁が軽減される ● 施設通所により、家族が安心して就業できる	● 通所施設での排泄管理 ● 定期的な訪問により、排泄促し・確認 ● ポータブルトイレを利用する ● 夜間の定期的な声かけ・排泄管理（家族の協力）
668	寝たきりの妻の介護をし、簡単な掃除や料理は行っているが、おむつ交換や着替え・入浴などが体力的に困難になっている。これからも夫婦での生活を維持したい	● 介護負担の軽減ができ、安定した夫婦での生活を送ることができる	● ヘルパーの援助により過重な身体介護やベッドメイクが省けるため、介護者の精神的・体力的なゆとりが出る	● 訪問入浴 ● 通所施設での入浴 ● おむつ交換 ● 更衣介助 ● ベッドメイク ● ベッド周りの清掃 ● 高齢の介護者への配慮
669	妻の認知症状が進み、昼夜逆転の生活となって、夫は夜中も寝かしてもらえない。夫も病弱なので、ゆっくり体を休める時間を持ち、介護の継続ができるようにしたい	● 時間的・精神的に余裕のある在宅介護生活が送れる	● 介護者が安心してくつろげる時間ができる ● ヘルパーと外出や室内の片づけなどを一緒にすることで、日中の睡眠が減少し、夜間眠れるようになる	● 短期入所サービスにより生活全般の見守り ● ヘルパーの外出介助 ● 利用者とともに片付けや掃除 ● 夫の気晴らしのため、家族介護の会などの情報提供

事例No.	ニーズ	長期目標	短期目標	サービス内容
670	夜中に何度もトイレに行き、その都度、ガタガタと音を出してすぐ寝ようとしない。夜中はゆっくり眠らせてほしい	●夜中に起きることが減少し、家族も休めるようになる	●ポータブルトイレの使用に慣れる ●日中、他者と会話やゲームなどを楽しむことで、夜に眠れるようになる	●受診・服薬管理 ●ポータブルトイレの購入 ●通所施設で多くの人と触れ合い会話を楽しむ ●ゲームや適度な運動をする ●本人が楽しめることを探す
671	医師から治療するところはないと言われているが、常に体の痛みを訴え、受診を要求する。通院以外は外出をしなくなっているため家族が疲れ切っている	●受診要求が減少し、ヘルパーの支援で家族の介護負担が減少する	●通院の要求回数が減ってくる ●ヘルパーと一緒に簡単な調理ができるようになる	●医師と連携を図る ●体の痛みを受容し、共感的態度でアドバイスなど本人が前向きになれるように接する ●健康以外に気持ちが向くような代替を見つける
672	半身麻痺で介護が必要になっている。妻も高齢であるため、夫の介護負担を軽減し、妻との生活が継続できるようにしたい	●自力でできることが増え介護負担の軽減ができる	●訪問サービス利用で介護負担が軽減できる ●福祉用具と残存機能の活用で起居動作ができるようになる	●ヘルパーによる身体介護 ●訪問リハビリがひとりでできるよう起居動作・車いす移乗などの練習 ●特殊寝台貸与 ●介助バー付きサイドレール・車いす貸与

16 介護負担

事例No.	ニーズ	長期目標	短期目標	サービス内容
673	ヘルパーがいても妻の顔が見えないと騒ぐため、妻は片時も離れられず買い物や必要な外出もできない。時にはゆっくり外出して息抜きがしたい	● 息抜きの時間ができ、在宅生活が無理なく継続できる	● コミュニケーションの構築により少しの間はヘルパーと留守番ができるようになる	● 妻と一緒に介助しながらヘルパーに対する信頼を得る ● 排泄介助 ● 水分補給 ● 見守り ● 会話・傾聴など
674	夫が心筋梗塞で倒れ、高齢の妻が介護している。心配した息子夫婦は同居を勧めているが、夫が嫌がっている。夫の気持ちを尊重し、このままこの家で暮らしていきたい（妻）	● サービス利用により、夫婦の希望に添った在宅生活が継続できる ● 介護者・息子夫婦と連携を図り、不安なく在宅生活を維持できる	● 各関係者の介護の分担が確立されるようになる ● 対象者や家族の精神的負担が軽減する	● 通院介助（妻） ● 通所による入浴介助 ● 介護者休養のための短期入所 ● ヘルパーによるベッドメイク ● トイレ・浴室の清掃 ● 夫婦の心身の状況把握 ● 連絡ノートの活用 ● 家族との連携
675	夫は透析治療をし、下肢に痛みが生じているため、常に機嫌が悪く、同居の妻に介護疲れが出ている。特に調理に関してはストレスの要因となっているため、援助してほしい	● 支援者とともに調理を行うことでストレスの発散をし、介護負担の軽減ができて、介護生活が継続できる	● 支援者の協力で、調理の献立時、利用者の希望を聞く等して、利用者自身のストレスも軽減できるようになる	● 利用者の希望を聞きながら妻と一緒に病状に合わせた献立を考える ● 妻と協力し調理を行う

事例No.	ニーズ	長期目標	短期目標	サービス内容
676	日中徘徊があり、帰宅できなくなることが度々あるため目が離せない。介護から解放される時間が欲しい（介護者）	●サービスの利用で介護者の負担を減らすことができる	●徘徊のきっかけなどを観察して理解することで、徘徊の回数が減少する	●徘徊に同行し、行動観察する ●氏名・連絡先を書き込んだものを携帯する ●ご近所・関係機関への協力を依頼する ●短期入所や通所介護の利用
677	介護が長期化しているため介護者の負担が大きく、介護者の健康に不安が出ている。高齢者世帯なので何とかして安心して暮らせるようにしたい	●施設入所ができ、介護者の体調の良い時に面会をするだけで、介護から解放される	●定期的な短期入所を利用し、介護者の休息日を確保できる	●短期入所サービスにより生活全般の見守り介助 ●ヘルパーにより妻の困難な部分の身体介護
678	入浴が好きで長時間入浴しているが、認知症と下肢不安定のため見守りや介助が必要になっている。介護者も腰痛がある。定期的にゆっくり入浴ができるようにしたい	●不安なく心身の余裕を持ってゆっくり会話しながらの入浴ができ、身体の清潔を保てる	●ヘルパーとの協働で定期的に入浴ができる	●浴槽内出入りや移動等、入浴の一部介助（ヘルパー） ●見守り（妻） ●妻が見守っている間にベッドメイク、ベッド周りの清掃（ヘルパー） ●入浴前後の更衣介助（妻） ●浴室の掃除・片付け（ヘルパー）

事例No.	ニーズ	長期目標	短期目標	サービス内容
679	最近、失行や失認の症状が見られ、二人暮らしの妻の負担が増えている。入浴だけでも事故がなく安全にできるようにしたい	● 入浴時、妻の介護負担の軽減ができる	● 安全に入浴ができるようになる ● 入浴に対する不安がなくなる	● ヘルパーによる入浴介助 ● デイサービスでの入浴介助 ● 他者と触れ合い、会話ができるような状況作り
680	介護者（妻）が高齢であり、入浴の介護負担が過重である。手伝ってほしい	● 入浴時の介護者（妻）の負担がなくなり、夫婦で安定した生活が送れる	● 入浴時の介護者（妻）の負担軽減ができる	● 居室から浴室内移動介助 ● 浴槽出入り介助 ● 洗身一部介助 ● 更衣介助
681	介護者（妻）が高齢であり何をするにも時間がかかる。家事や介護に追われているため、入浴の介護が負担過重になっているので手伝ってほしい	● 他者の介護介入により会話の幅が広くなり、介護者（妻）の負担が心身ともに軽減される	● 体に負担のかかる部分をヘルパーが行い、着替えは妻が行うなど協働で入浴介助ができる	● 介護者（妻）と連携を図り、介護負担の軽減に配慮する ● 居室から浴室内移動介助 ● 浴槽出入り介助 ● 洗身一部介助 ● 浴室の掃除・片付け

事例No.	ニーズ	長期目標	短期目標	サービス内容
682	家族に負担をかけることなく排泄ができるようになりたい	● ポータブルトイレがひとりで利用できるようになる	● 一部介助、または見守りによりポータブルトイレの利用ができるようになる	● 移乗を安全・安楽に行えるよう、声かけ・見守り・一部介助 ● ズボンの上げ下ろしを安楽に行えるよう、声かけ・見守り・一部介助 ● ポータブルトイレの購入
683	週3回の通所時以外は、娘が自営業を営みながら介護している。長い時間の留守ができないため、月に一度でも息抜きの日が欲しい	● 家族が安心して出かけたり、くつろいだりする時間ができる	● 家族の留守中も不安なく過ごせるようになる	● 短期入所により生活全般の見守り
684	家族が外泊の必要がある時にひとりで留守番ができない。家族が安心して外泊できるようにしたい	● 家族が外泊の必要がある時、安心して外泊できるようになる	● ショートステイになじめるようになる	● 宿泊 ● 食事など生活全般の見守り介護

事例No.	ニーズ	長期目標	短期目標	サービス内容
685	多くの疾病があり、頻回にふらつくことがある。定期検診や近くの医院などへの通院が多く、生活全般に見守りや介助が必要になっている。就労の介護者に疲れが出ているため少し休ませたい	●通院の継続ができ、病状の悪化防止と家族の介護負担が軽減できることで、現状の生活が維持できる	●定期的な通院が確保され、病状変化の早期発見ができる	●通院介助 ●家族への状況報告
686	息子夫婦と同居するようになったが、家族以外知った人もなく、話し相手がいなくて淋しい。息子夫婦に過度な負担をかけず毎日張りのある生活を送りたい	●自分自身の生活リズムができ、息子夫婦に負担をかけることなく生活を維持できるようになる ●環境(地域・生活)に慣れ安心して過ごせるようになる	●地域の環境を理解し、活用できるようになる ●施設に通所し友達を作ったりして、楽しい時を過ごせるようになる ●身体機能の低下を防止できる	●地域行事に参加し、多くの人と触れ合う ●近隣者との親睦を深める(本人・家族) ●通所リハビリ ●他者と会話しながら楽しめる入浴、食事の提供 ●個別機能訓練
687	外出すると財布やカバンを忘れてくる、何度も同じことを言ったり聞いたりするなど介護者のストレスがたまっている。自分の病状管理に専念したい(妻)	●妻のストレスが軽減し、自分の病状管理ができるようになる	●利用者残存能力が把握でき、効率的な介助を検討できる ●定期的にショートステイを利用し休養日を作る	●医師との連携 ●利用者をよく観察し、残存能力の把握 ●家族の病状理解 ●忘れや失敗を指摘しない ●レスパイトケア ●短期入所の利用

事例No.	ニーズ	長期目標	短期目標	サービス内容
688	寝たきりにならないよう、ベッドからの起き上がりや立ち座りを介助してもらっているため、介護者（夫）に腰痛が出てきた。夫の腰痛がひどくならないように何とかしたい	● ヘルパーの援助を得るとともに、楽な介助法が身に付き、介護生活が維持できる	● ひとりで抱え込まず、援助によって負担の軽減ができる ● 短期入所を利用し、介護者（夫）の体を休める時間ができる	● 福祉用具を活用し、安全・安楽な起居動作のリハビリ ● 安楽な介助法の指導 ● 短期入所により生活全般の見守り介助 ● 介護者（夫）への配慮
689	肺梗塞で少しの動きでも咳と息切れで苦しくなるため、すべてにおいて妻の介助を受けている。妻は疲れ切っているので、少しでも妻がゆっくりできるようにしたい	● 在宅酸素吸入しながらギャッチアップ機能を活用し、体調に合わせて座位保持を自力で行える ● 妻とゆっくり会話をし、労いの言葉かけにより妻の介護負担が軽減できる ● 好きな時にひとりで起居動作ができるようになり、夫婦でゆっくり話す余裕ができる	● ギャッチアップ機能を活用し、体調に合わせて座位保持を自力で行える	● 療養管理指導 ● 在宅酸素吸入 ● ギャッチアップ機能を活用し、30度位の座位から徐々に90度まで座位が保てるようにする（本人操作修得） ● 妻に感謝の意を表す（本人） ● 妻の心身の状況把握（各訪問スタッフ）

16 介護負担

事例No.	ニーズ	長期目標	短期目標	サービス内容
690	本人だけでなく、妹も高齢で体調を崩し、定期的な見守りも困難になっている。在宅生活が限界になっているため、施設入所を考えたい	● 施設入所ができ、常に見守りがある中で、安全で穏やかに暮らせるようになる	● 施設入所までの間、短期入所施設において安全に過ごすことができる	● 短期入所施設により、日常生活全般の見守り・介助 ● 家族に対して施設入所の情報提供 ● 施設入所のための手続き
691	介護者である妻がこれまでの介護で腰を痛めて通院介助できないので、妻の介助なしに安心して通院ができるようにしたい	● 歩行器を使用し単独通院ができるようになる	● 介助により、歩行器使用で安全に通院ができる ● 歩行機能が向上する ● 下肢筋力が向上する	● 通院介助 ● 訪問リハビリ ● 通所リハビリ ● 歩行機能訓練 ● 歩行器貸与 ● 通院等乗降介助
692	脳梗塞の再発や認知症の悪化を防ぎ、現状より悪くなることなく、夫婦で最後まで自宅で穏やかに暮らしたい	● 介護者の介護負担、心理的苦痛・不安が軽減される	● 介護者が心身状況の安定を保てるようになる ● 夫婦での会話を多くし、失敗しないでできることを見つけられるようになる	● 通院介助 ● 薬の一包化 ● 医師との連携 ● 利用者をよく観察し体調変化の早期発見 ● 残存能力の向上を図る ● 夫婦間のコミュニケーションを図れるよう支援する ● レスパイトケア

事例No.	ニーズ	長期目標	短期目標	サービス内容
693	通所日はいつもより早く起きるので機嫌が悪く、歯磨きや整容を嫌がり準備に時間がかかる。そのため、送迎に間に合わず待たせることが多い。迎えの時間に合うように手伝ってほしい	● 高齢の妻と協力し、迎えの時間に間に合うよう準備ができる ● 高齢の妻の心身の負担を軽減できる	● 楽しい会話で気分を盛り上げ、自ら動くように働きかけて、時間通りにできるようにする	● 明るく笑顔であいさつ ● 整容の声かけ・見守り・一部介助 ● トイレ誘導 ● 気分を盛り上げるよう、会話しながらの更衣一部介助 ● 居室から玄関先までの移動介助
694	妻も高齢であるため、起居動作が安全にできるようになり、介護してくれる妻の負担を軽減したい	● 起居動作が安全にできるようになり、妻の介護負担の軽減ができる	● 福祉用具の操作が安全にできるようになる ● リハビリの継続ができ、残存機能の活用が増幅する	● 特殊寝台貸与 ● 介助バー付きサイドレール貸与 ● 動作時にヘルパーによる一部介助 ● タッチアップ手すり貸与
695	高齢の妻と二人暮らし。通所日の朝は妻が着替えや整容などを介助しているが、わがままが多く、妻に怒ってばかりである。その影響で妻の体調が悪くなっているため手伝ってほしい	● 妻の介護量の軽減ができ、気分的に余裕が持てるようになる	● ヘルパーの援助でモーニングケアがしっかりでき、玄関先まで送り出しができる	● 朝食の配膳までを妻がする ● 朝食の見守り・一部介助 ● 口腔ケア・整容 ● トイレ誘導・更衣介助 ● デイサービスへの送り出し

17 経済的負担

事例No.	ニーズ	長期目標	短期目標	サービス内容
696	経済的に苦しいが、透析治療を行い、体調を安定させたい	● 透析治療が継続でき、体調が安定して過ごせる	● 制度の申請手続きによって負担が軽くなり、透析の継続ができる	● 特定疾病療養受療証の手続き ● 通院等乗降介助
697	廃用症候群で受診の待ち時間が長くなると眩暈や嘔吐があり、医師より入院を勧められている。入院するたびに借金が増えるので、心配なく入院ができるようにしたい	● 適切な治療を受け、病状管理ができる	● 治療費の心配なく適切な治療が受けられるようになる	● 身体障害者手帳3級の見直し申請を医師と相談する ● 見直し申請の手続きを行う
698	自分の病状もしっかり把握できず、日常生活も支援なしでは維持できない。終末期のため、頻回の見守りが必要になっているが、単位数オーバー分を自費で払えない。本人の希望通り在宅で見送ってあげたい	● 本人が満足な生活を送ることができる ● 孤独死することのないように見送ることができる	● これまで連携を図り支援した各関係者、地域ボランティアの協力で不足部分の見守りができる	● 訪問医療・訪問看護 ● ヘルパーによる生活援助 ● ボランティアの見守り依頼（民生委員・福祉委員・近隣者・ケアマネージャー・サービス事業者など）
699	排泄におむつを使用している。経済的負担が大きいので支援してほしい	● 市町村事業の介護用品支給により経済的負担が軽減できる	● 必要な紙おむつを経済的に利用できる	● 市町村事業によるおむつの支給 ● パッドの使用

事例No.	ニーズ	長期目標	短期目標	サービス内容
700	尿意はあるが間に合わず汚すためリハビリパンツを使用している。金額が大きく経済的に負担が大きいので何か良い方法を教えてもらいたい	● ポータブルトイレを使用し、失禁がなく、リハビリパンツが不要になる	● ポータブルトイレ利用に慣れ、失禁が少なくなる	● ポータブルトイレ購入 ● 自立に向けてポータブルトイレ使用の排泄動作の見守り・一部介助 ● 心的負担を与えないよう、排泄にゆっくり時間をかける
701	医師より入院を勧められているが、お金のことを考えると入院はできないので、何とか在宅療養で済ませたい	● 適切な治療を受け、病状管理ができる	● 治療費の心配なく適切な治療が受けられるようになる	● 生活保護申請の手伝い

17 経済的負担

第4章

居宅サービス計画書(1)
総合的な援助の方針文例集

分野	例文
病状管理	医師との連携を図り、指示の確認と実践を支援しながら病状管理を行っていきます。
病状管理	高血圧の治療がきちんとできるように、食事内容等の日常生活を支援します。
病状管理	適切な食事や服薬管理など、糖尿病悪化を防ぎ、合併症が出現しないよう支援していきます。
病状管理	糖尿病の症状が安定し、在宅生活の継続ができるよう支援していきます。
病状管理	褥瘡予防の対応を充分行い、安楽な生活が継続できるよう支援していきます。
病状管理	膝・腰の痛みが軽減し、独居生活を不安なく継続できるように支援していきます。
病状管理	リウマチの症状緩和に努め、日常生活がより安楽になるよう支援していきます。
病状管理	痛みが緩和し、少しでも安楽な在宅生活が続けられるよう支援していきます。
病状管理	脳梗塞の再発防止や心疾患の異常の早期発見など、ご本人やご家族様が安心して生活できるよう支援していきます。
病状管理	既往歴に糖尿病や高血圧症が見られることから、健康状態（特に足先のケガ等）には注意した支援を行っていきます。

第4章 居宅サービス計画書(1) 総合的な援助の方針文例集

分　野	例　　文
病状管理	利用者様とご家族の希望に添いながら病状管理ができるよう医療と連携を密にし、安定した在宅生活が維持できるよう支援を行います。
病状管理	独居であり病状管理が充分でないため、病状や生活状態の管理を行い、安定した在宅生活が継続できるように支援します。
病状管理	腰痛による歩行困難で日常生活動作に支障があるため、無理なく治療に専念でき、改善に向かうような支援を行います。
病状管理	抱えている多くの疾病の病状安定が図れるよう、医療関係者・福祉関係者・家族とともに情報を共有し、一丸となり支援を行っていきます。
病状管理	術後の下肢筋力低下が徐々に回復しつつあるも、今後も現状のサービスの継続をし、再発防止のための病状管理に留意した支援を行います。
病状管理	転倒防止のため、安全な生活動線の確保、安楽な生活動作の確保ができるよう室内環境の整備を行い、自立に向けた支援を行います。
病状管理	既往の糖尿病や高血圧症・腰痛などが悪化せず、自立に向けた無理のない生活が維持できるよう支援していきます。
病状管理	長期入院され、退院後の身体機能の低下が著しいため、短期間の回復に向けた集中的サービスを導入し、身体的・精神的な面での状況に合わせてプラン変更を行いながら支援していきます。
病状管理	徐々に回復されているが、既往の糖尿病・高血圧症・腰痛などが悪化しないように、もうしばらくサービス内容は現状の継続としながら、回復に向けた支援を行っていきます。

分野	例文
病状管理	高齢ながらも心身ともに状態を維持されており、今後も家族支援と介護サービスは継続とします。病状管理を行い、現状の前向きな生活意欲の継続ができるよう支援していきます。
病状管理	退院後であり状況が変化していく可能性もあるため、常に利用者と向き合い心身の状況把握に努め各関係者と連携を密にし、支援を行っていきます（プラン通りにできないことも想定されるので、速やかな連絡により、適切な対応ができるようにする）。
健康管理	医療と連携し、病状の把握や指示に基づく健康管理を行っていきます。
健康管理	病気の予防・早期発見ができるよう日々の健康管理に留意し、日常生活の支援を行っていきます。
健康管理	病気の再発予防のため、日々の健康状態を確認していきます。
健康管理	栄養管理に気をつけ、体力を維持増進できるよう自立に向けた支援します。
健康管理	歩行状態がほぼ回復されているため、サービス内容の削減をするも、既往症が悪化することなく維持、改善ができるように支援します。
家事援助	生活全般において見守りが必要なため、家事全般を支援者と協働で行うことで自立につなげるよう支援していきます。
認知症	介護の要因となっている物忘れが少しでも改善され、進行防止が図れるよう支援します。

分野	例文
認知症	物忘れがひどくなり、意欲の低下も見られます。現状の認知症の症状は生活に支障が出るまでには至りませんが、認知症進行防止のためデイサービスを活用していきます。
認知症	生活の活性化を図り、認知症の進行予防と、心身機能が維持、向上ができるよう支援していきます。
認知症	専門医を受診し、家族ともに精神面で安定した生活を送れるよう支援していきます。
認知症	専門医と連携し、認知症の進行を防げるよう支援していきます。
認知症	認知症が増悪し、専門医の受診を受けて服薬治療中です。不定期な受診状況ですが、家族と連携し、状況を見ながら必要であれば区分変更届を出すこととします。当面はこれまでのサービス内容の継続で支援を行います。
独居	緊急時の対応・病気や生活への不安などの相談ができる体制で支援していきます。
独居	独居生活の不安を取り除けるよう、信頼関係の構築を図り支援していきます。
独居	一人暮らしを維持するための健康管理や緊急時体制づくりを図っていきます。
独居	主介護者の所用時も安心して在宅生活ができるよう支援していきます。
独居	日中独居のため、日常生活に支障が出ないよう配慮し、ご本人・家族ともに安定した生活が継続できるよう支援していきます。

分野	例文
独居	疾病を抱えて身寄りのない不安を取り除けるよう、困難な生活動作の支援を行い、気軽に相談ができるような関係づくりも併せて支援していきます。
独居	独居で身寄りがなく不安を抱えています。病床生活を不安なく継続できるよう、介護サービスや友人・近隣者の協力により支援していきます。
転倒予防	住宅内の整理整頓や環境整備を行い、転倒事故予防の支援をしていきます。
転倒予防	住環境を整え、転倒なく安全に過ごせるよう支援していきます。
転倒予防	安全に屋内移動ができるよう身体機能の維持・向上を図っていきます。
転倒予防	歩行時の転倒には注意して見守りを行い、事故なく安定した生活が維持できるように支援していきます。
転倒予防	転倒がないように環境を整備し、残存機能を活用して心身機能の低下を防止できるよう支援していきます。
通院	定期的な通院により医療との連携を図り、適切な治療ができるよう支援していきます。
ターミナル期	癌によるターミナル期です。告知を受けておられるご本人の意思を尊重し、痛みの軽減を最優先とし、医療と連携を図り支援していきます。
ターミナル期	体調の急変に備え、家族・医療・各福祉サービス、友人・知人等連携を保ち精神的な支えができるような支援を行います。

第4章 居宅サービス計画書(1) 総合的な援助の方針文例集

分野	例文
相談援助・手続き代行	介護サービスではできない部分の援助に対しては、障害者居宅介護や移動支援の利用可能な手続きを行い支援します。
生活意欲の向上	閉じこもりを防止し、毎日の生活が楽しめるように、各介護サービスを利用し生活意欲が向上するように支援します。
生活意欲の向上	ご本人も前向きにリハビリ等考えておられるので、意欲を尊重し、自立に向けた無理のない生活が維持できるように支援します。
心身機能の維持	残存機能を活用し、心身機能の維持・向上を図ります。
心身機能の維持	心身機能の低下を予防し、日常動作の維持・向上を図ります。
心身機能の維持	心身機能を維持・改善し、自身で行えることが増えるよう支援していきます。
心身機能の維持	継続したリハビリを行い、身体機能の維持向上を図ります。
心身機能の維持	残存機能を活用し、自分でできる生活動作が増えるように支援していきます。
心身機能の維持	生活リハビリで、下肢筋力の維持・向上ができるように支援をしていきます。
心身機能の維持	運動の機会をつくり、自分でできる生活動作が増えるように支援していきます。
心身機能の維持	定期的にリハビリで、自身で行える生活動作が増えるように支援をしていきます。
心身機能の維持	定期的にリハビリで、筋力低下を予防していきます。

分野	例文
心身機能の維持	リハビリにより下肢筋力維持できるよう支援していきます。
心身機能の維持	日常生活の中で体を動かす機会が増えるよう支援していきます。
心身機能の維持	身体に無理がなく安心・安全に過ごせるよう、訪問介護に加えて、福祉用具貸与等必要な社会資源を活用します。無理のない範囲で生活の活性化を図り、心身機能の維持向上ができるよう、支援を行っていきます。
人工肛門造設	ストーマの管理など、身体状況に変化に戸惑いもあり一人暮らしに不安があると思われます。ご本人は前向きに自分でできることは自分で行い、できない部分だけの支援を望んでおられるので、ご本人の意向に沿い、安全に安定した生活が送られるよう、支援します。
失禁	排尿・排便パターンを把握し、失禁回数の減少ができるように支援していきます。
在宅生活の継続	ご夫婦の気持ちに添い、夫婦での在宅生活が可能になるよう、また心身の機能の低下防止ができるよう、介護サービスや地域ボランティアサービスなどを活用し、支援していきます。
在宅生活の継続	「できるだけ他人を頼らず生活を維持したい」という気持ちを大切にして、躁鬱病の改善、糖尿病など多くの疾病の管理に配慮しながら、ご本人の望む生活に近付けるよう支援していきます。
環境整備	半身麻痺で体のバランスが悪く、転倒の危険性が高いため、室内動線に添った移動環境の整備を図り、事故防止ができるよう支援を行います。

分　野	例　　文
家事援助	生活歴から見て家事の経験がなくほとんどできないため、援助を受けながら少しずつできることが増え、生活意欲が向上するよう支援していきます。
家事援助	生活全般にできないことが多くなっているため、病状に合わせた食事作りを主として、日常生活に支障がないように支援していきます。
外出交流	外出や交流の機会を確保し、家族以外の方と話ができるようにしていきます。
外出交流	友人との交流や外出の機会をつくり、生活に楽しみができるように支援をしていきます。
外出交流	他者と交流を図り、精神的な活性化と、生活意欲が出るような支援をしていきます。
外出交流	他者との交流や外出で気分転換を図り、前向きな気持ちを持てるよう支援していきます。
外出交流	趣味である将棋や囲碁が楽しめるように、また身体を動かす機会をつくり、身体機能の低下を防ぐよう支援していきます。
外出交流	家庭での役割を持ち、生活意欲を回復できるように支援していきます。
外出交流	他者との交流で気分転換を図り、生活意欲を引き出せるよう支援をしていきます。
外出交流	多くの人とふれあい、生活に楽しみを持てるようになり、日常生活に対する意欲が向上するようQOL向上を目指した支援を行います。

分野	例文
外出交流	閉じこもりがちなため、多くの人とふれあい、会話ができ、生活意欲が向上するように支援していきます。
外出交流	多くの人とコミュニケーションが図られ、生活領域が拡大し、生活に張りが持てるように支援します。
外出交流	新規転入で友達もなく話す相手もいないため、地域資源を活用できるよう情報提供を行い、毎日の生活をいきいきと過ごせるように支援していきます。
外出交流	下肢筋力が向上し、不安なく外出ができるようになり、社会参加が拡大するよう自立に向けた支援を行います。
外出交流	多くの人とふれあい、生活が活性化するような支援を行っていきます。
介護負担	徘徊が減少するような支援を行いつつ、地域の住民の協力を得て、徘徊の時の対策を立て、介護者の心身の負担軽減を図っていきます。
介護負担	介護者の負担を軽減し、安心できる在宅介護が続けられるように支援をしていきます。
介護負担	家族の不在時の介護を支援していきます。
介護負担	家族の介護負担を軽減し、精神的ゆとりをもって在宅介護が続けられるように支援していきます。
介護負担	日中家族が安心して外出ができるように、家族の介護負担の軽減を図ります。

分野	例文
介護負担	老々介護であることから、介護負担の軽減を図りながら介護者の健康維持にも留意し、在宅生活が続けられるように支援をしていきます。
介護負担	家族の介護負担の軽減を図り、在宅生活が継続できるように援助をしていきます。
介護負担	高齢の妻の過重な介護負担回避のため、短期入所介護で息抜きをしていただきながら施設入所の手続きを行います。
介護負担	介護者の体調や介護力を把握し、利用者・家族ともに納得できる支援ができるよう、観察を怠らず、各関係者連携を保ち、支援していきます。
介護負担	主介護者である妻が体力的に負担過重になっているため、介護負担が軽減できるよう配慮した支援を行います。
介護負担	長期入院をされていたため、介護量が増幅しています。妻の介護が過重にならないよう留意し、各種サービスを利用しながら状況に応じて在宅生活が維持できるように、随時プラン変更を行います。
医療との連携	医療との連携を密にし、痛みの緩和や健康維持ができるよう支援していきます。
医療との連携	在宅酸素や褥瘡手当等、医療的支援があるため、医療・福祉で情報を共有し、連携をもって支援していきます。
医療との連携	医師との連携困難なため通院時、医師と本人の希望により受診同行し、病状管理を行い悪化防止ができるよう支援します。

分野	例文
QOLの向上	買い物同行は曜日を決めず体調に合わせ、柔軟に事前の報告でできるようなプランでQOLの向上を図ります。
QOLの向上（認知症）	入退院の繰り返しという環境の変動が大きいため認知症周辺症状が顕著に出現しています。長女の介護負担も限界にきているため、慣れ親しんだ通所施設で自費の宿泊サービスを併用・利用し、安定した生活を維持しながら、ご本人家族のQOLを高めるよう支援していきます。
QOLの向上	日常生活において困難な部分の支援を行いながら支援者とコミュニケーションを図り、ひとりではないことが実感できる支援を行います。
QOLの向上	長期入院のための歩行不安定な状態もほぼ回復して、車いす貸与は終了し、家事ができるよう生活リハビリに力を入れた支援を行います。
QOLの向上	他者の手を借りずに夫婦で生活を維持したいという意欲を尊重し、望む生活が可能になるような福祉用具等、社会資源の情報を提供します。そして、家族への配慮も合わせ、いつでも相談できる体制で支援していきます。

第 5 章

居宅サービス計画書
参考事例

フェイスシート

サービス利用者名　Aさん

78歳　女性　要介護2
主な病名：第1腰椎圧迫骨折・骨粗鬆症
　　　　　9年前の脳出血の後遺症により左半身不全麻痺（左半身に常に痺れあり。特に手指の痺れがきつい）
　　　　　糖尿病（服薬治療中）
　　　　　変形性膝関節症・腰痛

状況

上記骨折により2か月程度の入院。その間に介護認定手続きを取られた。今回の骨折も、左不全麻痺のため、力が入らないのがわかっていながら左手で支えようとして崩れ落ちてしまい骨折に至ったと本人の弁。
入院中にしっかりリハビリを行い、退院後も二度と転倒のないように気を付けて生活を営んで行くと、前向きに考えておられる。

本人の希望

転倒防止のため、手すりを付ける等、室内環境を整えたい。
早く良くなって、働いている娘の役に立ちたい。
好きな料理ができるようになり、以前のように友達を呼んで食事会を開きたい。

生活歴

夫を早くに亡くし、以後、非常勤講師として学校でピアノを教えていたが、定年になり、自宅で近所の子供たちを教えるようになった。脳出血を発症して以後ピアノも弾けないようになったため、近所の人達で集まり、食事会などを楽しみに生活をしておられた。

家族の希望

母は努力家で、懸命に私たちを育ててくれたので、無理をせずゆっくりして自分の楽しみだけを考えてほしい。

家族構成

本人　　　長男（家庭あり）別居
夫（死別）　次男（家庭あり）別居
　　　　　　長女（独身）同居　就業……キーパーソン

住宅環境

戸建て住宅（持家）で静かな住宅地。環境は良好。

居宅サービス計画書(1)

利用者及び家族の生活に対する意向

本人：これまで通り、自宅で生活を送りたいが、足の痺れや膝の痛みで歩行が不安定であるため行動に制限がある。また、以前のように友達を呼んで、料理をしてみんなでおしゃべりをしながら美味しい物を食べたい。

長女：胸椎圧迫骨折で入院しリハビリでいくらか良くはなっているが、以前に脳出血をした後遺症で左半身に軽い麻痺があるため、歩行はまだ不安定で転倒の危険がある。手すり等により、室内を安全に移動できるようにしたい。
また、日中独居のため、ヘルパーさんの援助もお願いしたい。

総合的な援助の方針

日中独居のため日常生活に支障が出ないよう配慮し、住環境を整え、転倒なく安全に過ごせるようになり、ご本人、家族ともに安定した生活が継続できるよう支援していきます。
定期的な通院によって医療との連携を図り、適切な治療と定期的なリハビリの継続ができるよう支援していきます。
自身で行える生活動作が増えていくように自立に向けた支援を行います。

　　　　　緊急連絡先　　長女：090……
　　　　　主治医　　　　○○病院　○○Dr　TEL……

居宅サービス計画書(2)

生活全般の解決すべき課題（ニーズ）	長期目標	短期目標	サービス内容
移動時に転倒の危険があるため、安全に室内移動ができるようになりたい	● ひとりでも不安なく室内移動ができ、近くなら歩行器によって単独歩行ができる	● 手すりを利用し、転倒や事故なく室内移動ができる	● 手すりの設置
入浴が不安である。特に浴槽の出入りと浴槽内立ち上がりが困難なため、安全に入浴ができるようにしたい	● 定期的な入浴が安全・安楽に自分でできる	● 介助を受けながら転倒なく安全に入浴ができる	● 浴室内移動見守り ● 浴槽出入り介助 ● 洗身一部介助 ● 更衣一部介助 ● 浴槽内いすの購入
毎月3回以上の通院があるがひとりではとても行けない。不安なく定期通院ができるようにしたい	● 安全な定期通院ができ、病状の管理ができる	● 転倒等の不安なく安全に通院ができる	● 通院等乗降介助
娘は朝早くから帰りも遅いため、日中独居となっている。定時の食事を摂り、清潔な部屋で療養したい	● 自力で定時の食事ができ、清潔な部屋で過せるようになる	● 支援により定時の食事ができ、清潔な状況で体調の改善ができる	● 調理、買い物代行 ● ベッドメイク ● ベッド周りの清掃
低い固定ベッドを使用しているため起居動作が困難である。安全・安楽に行えるようになりたい	● 腰の痛みが改善し、手すりなしでも起居動作が安全にできるようになる	● 痛みが軽減でき、フレームコルセットが外せるようになる	● タッチアップ手すり貸与

フェイスシート

サービス利用者名　Bさん

77歳　女性　要介護3
主な病名：パーキンソン病　　平成13年
　　　　　腰部脊柱管狭窄症　平成22年

状況

パーキンソン病が顕著に悪化傾向にあり、不随意運動も出現するようになっている。歩行もままならず、軽度アルツハイマー型認知症の夫と2人暮らしをされているため、他県在住の息子夫婦が同居を勧めるも現状維持を望んでおられる。
元々、しっかりされた方なので、できるだけ他人に迷惑をかけたくないと思っておられる。介護不足のように思うが、ご本人の意向に添ったサービスで見守っている。

本人の希望

できるだけ他人の手を借りずに夫婦で生活を維持していきたい。

生活歴

結婚以来、夫とともに洋品店を営み、2人の息子を育ててこられた。15年ぐらい前からパーキンソン症状が出現し仕事はやめたが、夫も続いてアルツハイマー型認知症になった。夫婦で助け合いながら2人で一人前と言っておられたが、だんだん深刻になり、最近はあまり笑いも出ない状態になっている。

家族の希望

長男：同居できればよいが、家も狭いため両親が嫌がっているので、しばらくは様子を見ていようと思います。何かあれば連絡してください。

家族構成

軽度認知症の夫と2人暮らし
子供：息子2人　別居であるが長男がキーパーソン

住宅環境

マンション3F 1室自己所有　日当たりや室内環境良好

居宅サービス計画書(1)

利用者及び家族の生活に対する意向

本人：病状が増悪し室内の歩行も困難になっているため、息子夫婦も頻回に訪問してくれているのは心強いが、日内変動がひどく夫と二人きりでオフ状態になった時が不安である。息子の勧めもあり、できるだけデイサービスにも行くようにし、自宅内でも動くように心がけていくが、これまで通りヘルパーさんには手伝ってもらいたい。

長男：日中はできるだけ離床し、買い物も気晴らしになると思うので自分で献立と食材選びをし、少しでもできることを増やしていくようにしてほしい。

総合的な援助の方針

・訪問介護利用により、家族の協力が困難な部分の支援
・訪問看護により、医療的観点から病状の把握とリハビリ等体調管理
・通所介護で心身ともに余裕ができて、生活を楽しめる
・福祉用具貸与を利用し、安心できる生活が送れる
各関係者一丸となり、ご本人の希望する生活が営めるように支援していきます。

　　　緊急連絡先　長男：○○　○○　TEL……
　　　主　治　医　○○病院　○○Dr　TEL……

居宅サービス計画書(2)

生活全般の解決すべき課題（ニーズ）	長期目標	短期目標	サービス内容
Drより服薬調整のため入院するように言われているが、入院はせず自宅でリハビリをしながら療養したい	●Drとの緊密な連携が取れ自宅療養ができるようになる	●訪問看護により医療的観点から自宅の状況や問題点などの把握ができ、Drとの連携が密に保たれる	●看護師による服薬病状管理 ●心身の状況の観察 ●医師との連携 ●体調に合わせ歩行訓練 ●下肢筋力強化運動

日内変動が顕著で、日常動作も困難。調理ができるようになり、気晴らしのため食材を見て献立を考えながら買い物がしたい	●自分の好みに合ったおいしい食事が摂取できるようになる	●介助により買い物に行ける ●献立を考え、ヘルパーと自分の調理法について会話するなどで、気分転換が図れる	●買い物同行、調理、台所片付け、掃除
夫の通所日は不安である。同日に別の施設に通所して他の人達とふれ合い、張りのある生活を送りたい	●安定した毎日を楽しむことができる	●多くの人と会話し、行事に参加することなどで、楽しみを作る	●他者との交流の場 ●季節の行事 ●ゲームや脳トレーニング
ふらつきやめまいがあり、腰の痛みもあって家事が困難になっているが、室内を清潔に保ちたい	●清潔な室内で快適な在宅生活が維持できる	●室内の清潔を保てる	●居室、台所、トイレ、浴室の掃除
下肢筋力の低下を防ぎ、事故がなく、室内移動は自分でできるようになり、時には外出もしたい	●病状把握ができ、無理なく室内移動や外出のタイミングがわかるようになる	●歩行器を利用し室内移動ができる	●室内用歩行器 ●手すりの設置 ●車いす貸与 ●買い物時車いす介助
通院時、車の乗り降りも困難であり、院内もひとりでは移動できない。安全に通院ができるようにしたい	●事故がなく安楽に通院ができ、病状管理ができる	●車いすで車に乗ることができ、心身に負担なく通院の確保ができる	●通院等乗降介助 ●院内移動介助

フェイスシート

サービス利用者名　Cさん

72歳　男性　要介護2
主な病名：過度な飲酒による栄養失調、脱水状態で救急搬送歴2回あり
　　　　　軽度認知症

状況

当初ヘルパーの受け入れも悪かったが、現在はサービス終了後1時間後には「ヘルパーが来ないがどうした？」と待つようになられた。
喫煙は規定位置で行っているようで、缶の中に大きな灰皿を置き、今のところは問題なさそうだが、気を抜かず絶えず声掛けや確認をしている。アルコールもほとんど飲まず栄養状態も徐々に良くなっている。

本人の希望

ひとりで何でもできるし、食事は近所の食堂やスナックで食べているから何もいらない。ヘルパーは来ても何もしていない。

生活歴

3人兄妹の長男で親代わりになり、妹たちの教育費など面倒を見て結婚歴なし。身寄りは他県に住む妹のみ。大手企業に勤め、退職時は役職に就いておられたようでプライドが高いが、退職後はアルコールに浸って心身ともに低下し、認知症状も出現している。

家族の希望

妹：遠方に住んでいるため頻回には行くことができない。本人は、とにかく頑固者で認知症もあり、言っていることもよくわからずご迷惑をかけますが、よろしくお願い致します。

家族構成

独身、独居、身近に身寄りなし。
妹：他県在住、高齢でもあり年に1～2度の訪問（その際は娘夫婦に車で送ってもらっている）。

> **住宅環境**

集合住宅の2Ｆ。室内環境は改善したい状態であるが、本人の拒否がある。まだ不衛生だが、危険度の高い部分から改善し始めている。

居宅サービス計画書(1)

> **利用者及び家族の生活に対する意向**

本人：ずっとベッドの上でトイレに行くときくらいしか動かないので掃除はしなくてよい。調理は外食するから必要ない。洗濯も自分でできる。ゴミ出しもできるし、入浴も月に一度背中を流してもらえばよい。でも、介護保険料を払っているのだから、ヘルパーが来ないと困る。

家族：足はふらふらし、認知症もあるようなので、ひとりではとても生活していけないと思います。頑固者ですが、よろしくお願いします。

> **総合的な援助の方針**

ヘルパーの見守り援助により、これまでの外食や飲酒の機会を減らします。生活状況を改善し、医師の指示に従うようにします。肝機能障害の悪化防止のため、塩分制限の食事、栄養バランスのとれた食事摂取量の確保など、現状の継続で支援します。

独居のため、入浴などにも不安があります。デイサービスの利用や福祉用具の利用等は、現在ご本人は拒否していますが、情報提供や説明などをこまめにし、ご本人が納得でき、在宅生活を安全に過ごせるよう、民生委員をはじめ福祉委員や見守り隊等ボランティアの協力も得て、各関係者と連携を密にし、支援していきます。

緊急連絡先　：妹　〇〇県〇〇市　　090……
主治医　　　：〇〇病院　〇〇Dr　　TEL……

居宅サービス計画書(2)

生活全般の解決すべき課題（ニーズ）	長期目標	短期目標	サービス内容
バランスの良い食事を摂取したい	●病状が悪化することなく在宅生活を維持できる	●バランスのとれた食事の確保ができる	●塩分、油分を少なくし栄養値の高い食材を選び、栄養バランスに配慮する ●好みの食材を聞いたりして、食事を楽しめるような雰囲気を作る
ヘビースモーカーのため火災の不安がある。安心できるようにしたい	●安心して在宅生活が送れるようになる	●灰皿の場所を継続して守れるようになる ●外出の機会を作り、喫煙量が減少する	●喫煙状況の確認 ●危険性を認識できるよう常に声かけの継続 ●買い物同行
毎日4〜5回分の失禁の汚れものがあるが、ポータブルトイレやリハビリパンツは拒否しているため、せめて身体・室内の清潔を保てるようにしたい	●リハビリパンツを常用できるようになり、身体の保清ができる	●訪問時の声かけにより失禁回数を減らし、清拭により清潔を保てるようになる	●排泄の声かけ ●下半身の清拭 ●ベッドからトイレまでの動線の拭き掃除 ●トイレ掃除 ●洗濯 ●リハビリパンツの使用の促し（強引な促しにならないようにする）

常に見守りが必要な状態になっているため、通所介護の利用を勧めたい	◉ 安定した在宅生活が継続できる	◉ デイサービスの利用ができるようになる	◉ 生活全般の見守り、自立に向けた支援内容の説明や情報提供 ◉ デイサービス利用に向けた働きかけ
歩行不安定であるが、ヘルパー訪問時に外出していることがある。事故の不安があるため、見守りを強化したい	◉ 事故がなく安定した生活が維持できる	◉ 単独外出の危険性が理解できる	◉ 民生委員・福祉委員など近隣者の協力依頼 ◉ 情報の共有

あとがき

　本書の執筆を依頼されたとき、普段作成しているケアプランから抜き出せばいいだけだと軽く考えてお引き受けしてしまいました。
　ところが、いざ取り掛かってみると、とんでもない、自分がこれまで作成したケアプランの文例はこれでいいのだろうかと思い悩むことばかりで、少しも前に進みません。提供した実際の内容そのものは、その時点で考えられる最善のものを考え、提供してきたという自負はあるものの、それを文章として、しかも文例集として公表することは恥ずかしい限りでした。
　これまでケアマネージャーとしてやってきたつもりでも、ケアプラン作成という点では、まだまだ不十分だと思い知らされた次第です。まして、新しくケアマネ業務に就かれた方や、これまで文章作成の機会が少なかった方にとっては、もっともっと大変なことだと思いました。拙い内容ではありますが、本文例集はお手本ではなく、より適切なケアプラン作成のための参考としてお役に立てていただければ幸いに存じます。
　なお、本書の作成は私ひとりでは、おぼつかなく、仕事を通じて知り合った、社会福祉士、介護福祉士、看護師、理学療法士、福祉用具相談員などの資格を持つ方々の多大なるご協力をいただきました。
　いわば、「微風ワークグループ」として出稿できたものです。紙面をお借りして、ご協力に感謝いたします。

　　平成26年11月1日

微風ワークグループ
代表　岡本　幸子

さくいん

あ
- 圧迫骨折 …………………… 226
- アルコール ………………… 289
- 安否確認 …………………… 170

い
- 意思疎通 …………………… 261
- 意思表示 …………………… 296
- 異常行動 …………………… 258
- 痛みの軽減 ………………… 98
- 一緒に行う ………………… 115
- 意欲的 ……………………… 102
- 胃瘻 ………………… 125,190
- 飲酒 ………………………… 289
- インスリン ………………… 129
- インスリン注射 …………… 106

う
- 鬱 …………………………… 200

え
- 栄養管理指導 ……… 192,199
- 栄養失調 …………………… 190
- 栄養バランス ……………… 191
- ＳＯＳ ……………………… 258
- 嚥下 ………………… 95,194

か
- 介護困難 …………………… 277
- 介護者の負担 ……………… 147
- 介護タクシー ……………… 119
- 外出 ………………………… 144
- 改善意欲 …………………… 119
- 買い物代行 ………………… 238
- 買い物同行 ………………… 238
- 回覧板 ……………………… 156
- 下肢筋力低下 ……………… 94
- 家事分担 …………………… 239
- 活性化 ……………………… 256
- カテーテルの管理 ………… 104
- カニューレ ………………… 121
- 癌 …………………………… 105
- 感染症 ……………………… 249

き
- 機械浴 ……………………… 213
- 義歯 ………………………… 185
- 機能訓練 …………………… 99
- 気分転換 …………………… 142
- 共感的態度 ……… 96,100,157,277
- 狭心症 ……………………… 119
- 協力依頼 …………………… 159
- 居宅療養管理指導 ………… 296
- 拒否 ………………………… 277
- 起立性低血圧 ……………… 199
- 禁煙 ………………………… 101
- 緊急時 ……………………… 106
- 金銭管理 …………………… 259
- 筋力訓練 …………………… 169
- 筋力低下 …………………… 204
- 近隣者 ……………………… 100

け
- 傾聴 ………………… 100,277
- 傾聴サービス ……………… 97
- 傾聴ボランティア ………… 284

傾眠状態	92, 275
血糖値	108
言語機能	172
言語障害	104, 172
言語聴覚士	256
言語療法	169

こ

抗癌治療	235
口腔ケア	96, 186
口腔体操	95
攻撃的	278
攻撃的態度	260
高血圧	96, 126
拘縮	126
誤嚥性肺炎	95
骨粗鬆症	107
ゴミ出し	240
ゴミ屋敷	100

さ

座位姿勢	92
在宅酸素吸入	213, 309
在宅酸素療法	109
在宅生活	124
作業療法	169
さりげなく	278
残存機能	101, 242
残存機能の強化	138
残存能力	114

し

四肢麻痺	298
歯周病	111
自助具	96, 185
施設入所	300
歯槽膿漏	189
自宅療養	105
市町村ゴミ出しサービス	240
失禁	206
実現可能	170
室内移動	138
歯肉炎	187
尿瓶	295
社会参加	162, 170
社会資源	251
社交性	158
収集癖	285
状況把握	269
情報提供	100, 115
情報の共有	105
食材管理	97
食材宅配	230
食材の管理	257
食事療法	107
褥瘡	103
自立歩行	132
視力	154
人工透析治療	107
心疾患	109
腎臓病	192
身体障害者手帳	312
身体的負担	184
信頼関係	100

す

睡眠障害	275
ストーマの管理	104

ストレス	238
すり足歩行	136
スロープ	165

せ

生活意欲	113,131,266
生活改善	160
生活継続	263
生活動線	137
生活保護	313
精神障害	261
精神的安定	184
成年後見制度	120
脊柱管狭窄症	173
積極的	255
セルフケア	119,136
セルフリハビリ	94

そ

咀嚼機能	185
尊厳	278

た

体圧分散	176
体位変換	175
大腿骨骨折	136
大腸癌	116
短期入所	298
段差	139
段差解消機	165
断酒	289
単独移動	128

ち

地域の催し	292
地域包括	254

昼夜逆転	280

つ

通院介助	130,236
通所施設	102,300
通所リハビリ	94,109,234
通訳的存在	169

て

デイサービス	233
適量摂取	201
手すりの設置	130
転倒	123
電動車いす	149
転倒の不安	102

と

透析	118
動線確保	136
糖尿	107
特殊寝台貸与	133
特定疾病療養受領証	312
盗られ妄想	285

な

内部障害	112

に

日常動作訓練	169
日内変動	145
日中独居	247
認知機能	98
認知症	124

の

脳梗塞	94

は

パーキンソン病	116

徘徊	273
肺梗塞	183
排泄管理	302
排泄動作	139
廃用症候群	203
半身麻痺	176

ひ

被害妄想	275
非言語	258
皮膚病	250

ふ

不穏	258
不穏状態	280
福祉委員	100
福祉用具	311
服薬管理	118
不整脈	154
不全麻痺	167
布団干し	235

へ

変形性膝関節症	99
便秘	209

ほ

暴言	277
訪問看護	119
訪問サービス	241
訪問入浴	213,302
訪問リハビリ	94
暴力	277
ポータブルトイレ	294
歩行器	152
歩行機能の低下	204
歩行困難	112,205
歩行不安定	223
補助具	96
ボランティア	97

ま

末梢神経障害	198
慢性腎不全	167
万引き	266

み

民生委員	100

め

メニエール病	218

も

物忘れ	90,111

や

夜間安眠	90

よ

要因確認	170
腰痛	90

り

リウマチ	119,216
理学療法	179
離床時間	175,245
リハビリ	150
リハビリ訓練	247
料理教室	237

れ

レスパイトケア	113,308

ろ

弄便	252,288

常に見守りが必要な状態になっているため、通所介護の利用を勧めたい	● 安定した在宅生活が継続できる	● デイサービスの利用ができるようになる	● 生活全般の見守り、自立に向けた支援内容の説明や情報提供 ● デイサービス利用に向けた働きかけ
歩行不安定であるが、ヘルパー訪問時に外出していることがある。事故の不安があるため、見守りを強化したい	● 事故がなく安定した生活が維持できる	● 単独外出の危険性が理解できる	● 民生委員・福祉委員など近隣者の協力依頼 ● 情報の共有

あとがき

　本書の執筆を依頼されたとき、普段作成しているケアプランから抜き出せばいいだけだと軽く考えてお引き受けしてしまいました。
　ところが、いざ取り掛かってみると、とんでもない、自分がこれまで作成したケアプランの文例はこれでいいのだろうかと思い悩むことばかりで、少しも前に進みません。提供した実際の内容そのものは、その時点で考えられる最善のものを考え、提供してきたという自負はあるものの、それを文章として、しかも文例集として公表することは恥ずかしい限りでした。
　これまでケアマネージャーとしてやってきたつもりでも、ケアプラン作成という点では、まだまだ不十分だと思い知らされた次第です。まして、新しくケアマネ業務に就かれた方や、これまで文章作成の機会が少なかった方にとっては、もっともっと大変なことだと思いました。拙い内容ではありますが、本文例集はお手本ではなく、より適切なケアプラン作成のための参考としてお役に立てていただければ幸いに存じます。
　なお、本書の作成は私ひとりでは、おぼつかなく、仕事を通じて知り合った、社会福祉士、介護福祉士、看護師、理学療法士、福祉用具相談員などの資格を持つ方々の多大なるご協力をいただきました。
　いわば、「微風ワークグループ」として出稿できたものです。紙面をお借りして、ご協力に感謝いたします。

　　平成26年11月1日

微風ワークグループ
代表　岡本　幸子

〈執筆〉Well-Being
　　　　微風ワークグループ

居宅ケアプラン　コンパクト文例集

2015年1月10日　初　版　第1刷発行
2020年3月1日　初　版　第5刷発行

編　著　者		ＴＡＣ株式会社
		（居宅ケアプラン研究会）
発　行　者		多　田　敏　男
発　行　所		ＴＡＣ株式会社　出版事業部
		（ＴＡＣ出版）

　　　　　　　　　〒101-8383　東京都千代田区神田三崎町3-2-18
　　　　　　　　　電話　03(5276)9492（営業）
　　　　　　　　　FAX　03(5276)9674
　　　　　　　　　https://shuppan.tac-school.co.jp

組　　　版		朝日メディアインターナショナル株式会社
印　　　刷		株式会社　ミレアプランニング
製　　　本		株式会社　常　川　製　本

© TAC 2015　　　　Printed in Japan　　　　ISBN 978-4-8132-5829-2
　　　　　　　　　　　　　　　　　　　　　　N.D.C. 369
　　　　　　　　　　　　　　　　　　　落丁・乱丁本はお取り替えいたします。

本書は，「著作権法」によって，著作権等の権利が保護されている著作物です。本書の全部または一部につき，無断で転載，複写されると，著作権等の権利侵害となります。上記のような使い方をされる場合，および本書を使用して講義・セミナー等を実施する場合には，小社宛許諾を求めてください。

視覚障害その他の障害により視覚による表現の認識が困難な方のためにする本書の複製にあたっては，著作権法の規定で認められる範囲内において行ってください。

TAC出版 書籍のご案内

TAC出版では、資格の学校TAC各講座の定評ある執筆陣による資格試験の参考書をはじめ、資格取得者の開業法や仕事術、実務書、ビジネス書、一般書などを発行しています！

TAC出版の書籍

*一部書籍は、早稲田経営出版のブランドにて刊行しております。

資格・検定試験の受験対策書籍

- 日商簿記検定
- 建設業経理士
- 全経簿記上級
- 税理士
- 公認会計士
- 社会保険労務士
- 中小企業診断士
- 証券アナリスト
- ファイナンシャルプランナー(FP)
- 証券外務員
- 貸金業務取扱主任者
- 不動産鑑定士
- 宅地建物取引士
- マンション管理士
- 管理業務主任者
- 司法書士
- 行政書士
- 司法試験
- 弁理士
- 公務員試験(大卒程度・高卒者)
- 情報処理試験
- 介護福祉士
- ケアマネジャー
- 社会福祉士　ほか

実務書・ビジネス書

- 会計実務、税法、税務、経理
- 総務、労務、人事
- ビジネススキル、マナー、就職、自己啓発
- 資格取得者の開業法、仕事術、営業術
- 翻訳書 (T's BUSINESS DESIGN)

一般書・エンタメ書

- エッセイ、コラム
- スポーツ
- 旅行ガイド (おとな旅プレミアム)
- 翻訳小説 (BLOOM COLLECTION)

(2018年5月現在)

書籍のご購入は

1 全国の書店、大学生協、ネット書店で

2 TAC各校の書籍コーナーで

資格の学校TACの校舎は全国に展開！
校舎のご確認はホームページにて

資格の学校TAC ホームページ
https://www.tac-school.co.jp

3 TAC出版書籍販売サイトで

TAC出版書籍販売サイト

TAC 出版 で 検索

24時間ご注文受付中

https://bookstore.tac-school.co.jp/

- 新刊情報をいち早くチェック！
- たっぷり読める立ち読み機能
- 学習お役立ちの特設ページも充実！

TAC出版書籍販売サイト「サイバーブックストア」では、TAC出版および早稲田経営出版から刊行されている、すべての最新書籍をお取り扱いしています。
また、無料の会員登録をしていただくことで、会員様限定キャンペーンのほか、送料無料サービス、メールマガジン配信サービス、マイページのご利用など、うれしい特典がたくさん受けられます。

サイバーブックストア会員は、特典がいっぱい！(一部抜粋)

 通常、1万円（税込）未満のご注文につきましては、送料・手数料として500円（全国一律・税込）頂戴しておりますが、1冊から無料となります。

 専用の「マイページ」は、「購入履歴・配送状況の確認」のほか、「ほしいものリスト」や「マイフォルダ」など、便利な機能が満載です。

 メールマガジンでは、キャンペーンやおすすめ書籍、新刊情報 のほか、「電子ブック版 TACNEWS（ダイジェスト版）」をお届けします。

 書籍の発売を、販売開始当日にメールにてお知らせします。これなら買い忘れの心配もありません。

書籍の正誤についてのお問合わせ

万一誤りと疑われる箇所がございましたら、以下の方法にてご確認いただきますよう、お願いいたします。

なお、正誤のお問合わせ以外の書籍内容に関する解説・受験指導等は、**一切行っておりません。**
そのようなお問合わせにつきましては、お答えいたしかねますので、あらかじめご了承ください。

1 正誤表の確認方法

TAC出版書籍販売サイト「Cyber Book Store」の
トップページ内「正誤表」コーナーにて、正誤表をご確認ください。

URL：https://bookstore.tac-school.co.jp/

2 正誤のお問合わせ方法

正誤表がない場合、あるいは該当箇所が掲載されていない場合は、書名、発行年月日、お客様のお名前、ご連絡先を明記の上、下記の方法でお問合わせください。
なお、回答までに1週間前後を要する場合もございます。あらかじめご了承ください。

文書にて問合わせる

● 郵送先　〒101-8383 東京都千代田区神田三崎町3-2-18
　　　　　TAC株式会社 出版事業部 正誤問合わせ係

FAXにて問合わせる

● FAX番号　**03-5276-9674**

e-mailにて問合わせる

● お問合わせ先アドレス　**syuppan-h@tac-school.co.jp**

お電話でのお問合わせは、お受けできません。

(2018年1月現在)